U0596075

戴国辉
讲台湾

爱憎
二二八

神话与史实：
解开历史之谜

戴国辉　叶芸芸／著

九州出版社　中信出版集团

图书在版编目（CIP）数据

爱憎二二八：神话与史实：解开历史之谜／戴国

辉，叶芸芸著．--北京：九州出版社，2021.4

ISBN 978-7-5108-9993-5

Ⅰ．①爱… Ⅱ．①戴… ②叶… Ⅲ．①台湾人民"二

·二八"武装起义－研究 Ⅳ．①K266.540.7

中国版本图书馆CIP数据核字（2021）第013398号

爱憎二二八——神话与史实：解开历史之谜

作　　者：	戴国辉　叶芸芸　著	
出版发行：	九州出版社　中信出版集团	
出 版 人：	张黎宏	
责任编辑：	郝军启	
地　　址：	北京市西城区阜外大街甲35号（100037）	
发行电话：	（010）68992190/3/5/6	
网　　址：	www.jiuzhoupress.com	
电子邮箱：	jiuzhou@jiuzhoupress.com	
印　　刷：	三河兴博印务有限公司	
开　　本：	650毫米 × 960毫米　32开	
印　　张：	13	
字　　数：	260千字	
版　　次：	2021年07月第1版	
印　　次：	2021年07月第1次印刷	
书　　号：	ISBN 978-7-5108-9993-5	
定　　价：	78.00元	

★ 版权所有　侵权必究 ★

第一篇

爱憎交错的前史

第一章　狂欢与幻想的杂奏：光复在台湾

第二章　惨胜狂想曲：胜利·内战在大陆

第三篇　病变的后遗症及影响

给读者的话

林彩美

　　惋惜戴国辉（1931.4.15—2001.1.9）没能看到今天祖国欣欣向荣的景况。但是他留下的《戴国辉讲台湾》与《戴国辉全集》获得九州出版社的青睐，他们透过戴国辉的学生雷玉虹女士与我联系促成这桩好事。《戴国辉讲台湾》即将初次在祖国出版与读者见面，他应该含笑九泉。

　　戴国辉与大陆的接触始于1988年10月30日，他陪同所任教的立教大学校长参加与南开大学结成姊妹校的仪式。此后到2000年之间，他偶尔会到大陆参加学术研讨会、旅行与演讲等。然而所能直接接触的人毕竟不多，一般读者对他该是陌生的。

　　承蒙大师、挚友们惠赐大作盛情推荐戴国辉，让读者认识他。我要替他向诸位大师、挚友深深鞠躬，由衷感谢。我在此也要感谢九州出版社与雷女士玉成《戴国辉讲台湾》在祖国付梓，成全他的心愿（与其让一亿日本人读他的书，我揣测他更希望十四亿中国人读他的著述）。

　　戴国辉一生命运多舛，出生于被殖民的台湾，遭遇十五年日本对祖国的侵略战争，大多数台湾人不能声援更不能共赴国难，还被迫站在祖国的对立面配合寇仇间接打击祖国，甚至于年轻人被征召去对岸当军夫帮日本军搬运枪炮、做杂务或当翻译，真是不堪回首。

1945 年日本战败，台湾光复回归祖国。国民政府来台湾接收（被喻为"劫收"），官员的傲慢、公器私用，加上通货膨胀、物价飞腾等社会与经济问题，民怨四起，1947 年爆发"二二八事件"。1948 年发生"四六事件"，以师范学院为主体联合台湾大学所发起的以"救苦、救难、救饥荒、停止内战"诉求为主的学生运动。当时有自大陆来台就读的学生，以及本地不少的知识分子抱有社会主义倾向，引发当局的大规模逮捕行动。当局为防范台湾"赤化"，于 1949 年 5 月 19 日颁布台湾省"戒严令"。

"宁错杀一百，也不放过一人（匪谍）"的说法流窜，全岛屏息，噤若寒蝉。是时戴国辉就读建国中学。他避开是非之地台北，悄悄南下报考省立台中农学院农经系。刻意低调，不露头角，不生是非，只求平安度过大学四年与预备军官训练一年，目标是通过考试争取留学的机会。

1955 年他如愿负笈东瀛，代父探望战后不曾回台的二哥于东京。他想先报考东京大学农经系硕士班，在日本待两三年再转赴美国。逃离台湾的解放感，让他立马与志同道合的留学生组织读书会，联合东大中国同学会又办会刊《暖流》。此番举动不慎碰触到"台湾驻日大使馆"的禁忌，上了黑名单导致旅行证件被注销。此后，只能留在日本做研究。好在日本战败后尚有学术研究的自由，史料也充足，颇能任其涉猎并养成他收集书籍之嗜好。

他站稳自己的人生主轴，公正不阿，不偏不倚，以出生在台湾的客家人与中国人的立场写台湾史；追溯甘蔗糖业的发展写出两岸经济史；以知日而不是亲日的滞日华侨身份研究近现代中日关系史、两岸关系史以及台日关系史、华侨史；以带着原罪的汉人后裔，替台湾少数民族收集资料并研究编写英勇抗日的雾社蜂起事件；也因长期（四十一年）滞日，更有立场以中国人身份频频写时评给广大日本人民谆谆的诤言；倾三十年心血投入亲身经历的"二二八事件"史料的搜集与研究。戴国辉的史论、文笔铺叙引人入胜，长短论文仿如叙说一则则故事，把自身经历遭遇串连到海峡两岸及中日关系的故事之中。

最后也让戴国辉自己来说话：

我不是"台湾史的历史家"。

我是要把台湾史放在中国史（而且是亚洲史、世界史）之全历史过程中正当地定位，以此再构筑"中国史像"是我的目标。

作为住在日本的客家裔台湾人（更是中国人）学者，有明确的责任参加我自己以及自己家族所生存社会的改善。

随便任由激情做出强硬言行，与努力保持最高的学问水准并追求最高的知性，两者之间有所不同，我是明辨自知的。（摘自戴国辉写给林彩美的献辞〔自戴国辉遗物中寻获〕，载于《戴国辉全集1》，台北文讯杂志社2011.4.15出版）

一位才德兼备的史学家：戴国煇

许倬云

国煇和我之间有很多相同的兴趣，主要是我们都是关心社会史，尤其是长程的社会发展，不是短程的事件。我们相逢且比较常见的时候，大约在 1985—1990 年之间，我在台湾，他也在台湾，我们常在杨懋春先生位在桃园的工作室相逢。杨先生是台大农业推广系的教授，他在桃园有一个工作站。当时有一个小型讨论群，成员包括杨先生、邹文海、吴聪贤、唐美君、李亦园、国煇和我，常常见面，讨论共同关心的问题。

他是一个客家人，桃园本地的客家人。我呢，应该讲是"新客家"，1948 年以后，把台湾当作新家。新、旧客家都有相同关心的问题，就是在这个新到的地方，我们怎么样理解过去，怎么安顿和定位自己？他经常记挂，如何将数以吨计的书籍，搬回台湾；我则正在烦恼，如何摆脱台湾官方人士对我的干扰，俾得安心工作。

他所关心的当然是台湾过去一百年的历史。这一百年来，台湾确实不幸，颠颠簸簸，从日本占领到 1945 年回归中国，然后中国内战，国家分裂，台湾变成两方对抗中的一方。这个时候，台湾找不到自己在历史上怎么定位，犹如一个孤儿：有一段时候，寄养在别人家里面，寄养的一段过程，总是留下许多的记忆，更留下许多伤痕。五十年了，台湾的伤痕够深的。

国辉关注的问题，一个是台湾少数民族在日据时代，遭逢了怎么样的情景。一般来讲，少数民族在日据时代，日化相当深，他们几乎都会说日本话，这是因为移居台湾的汉人，并没有尽力推广福建话、广东话。当日本统治以后，日本殖民当局却全力贯彻了日文教育。二战期间，许多少数民族青年被调到东南亚去作战。少数民族去南洋作战的人数，大概比台湾广东、福建两省来的后代，在比例上更多一些，虽然人数上不一定更多。

所以这一段历史，使得国辉相当关心，日本当局如何对待少数民族。他从日据时代官方记录发掘出，日本当局如何从小小临时事故，发展为全面镇压，竟出动正规军，使用现代武器，甚至飞机和大炮，发射毒气弹镇压少数民族。人类史上，宗主国对自己殖民的居民，以如此残暴的方式处理，实属罕见。

这个记忆在日本长期统治期间被蓄意掩盖，却致力于表扬少数民族军夫出征东南亚，或少数民族少女又是如何相送日本青年军人出征，视作非常浪漫的一段过程，谱为情歌，如"沙林之爱"等赞扬歌颂。国辉根据日本官方档案，揭发日本殖民当局在"雾社事件"中的残暴。他的作风，当然和许多亲日的"皇民"后代，在意见上有相当大的差距。"皇民"是日本在台湾培育的一批亲日分子。他们改用日式姓名，日常使用日语，自动同化于日本，这就是"皇民"。台湾最显赫的"皇民"是李登辉，所以"客家"戴国辉和"皇民"李登辉之间，在这个问题上，他们的意见非常不一样。

第二桩国辉费心研究的历史事件，就是我们知道1947年2月28日，发生那一段非常不幸的动乱，到今天还有许多人对此有不同的解释，陈述其历史上的意义。我仔细阅读过许雪姬和赖泽涵等人受委托撰写的一篇报告书，内容相当详实。可是，也有人还认为当时台湾人是反对中国人，不一定是反对当时的中国政府而已。也有人对于当时罹难人数（多少大陆人？多少台湾人？）持不同的说法。等到台湾当局开放，"二二八"不再是禁忌话题，这时候当局决定赔偿"二二八"受损害的遗族，由当时"副总统"吕秀莲女士主持发放赔偿费事宜。到现在为止，大概真正登记、取得补偿的人数，也就二千多人，这和上述许、赖报告的估计其实相当吻合。当时罹难者总数并没有三万多人，而且有一批受到冲击的大陆人，或已死亡，或已离开台湾，到今天还没有得到补偿。牵涉于"二二八事件"的人物，有从南洋回来的"军夫"，也有当时中国共产党在台湾的人物，例如谢雪红带领的游击队……国辉他为了寻找真相，凭着一己的努力和良心，不偏不倚，也做了相当详尽的研究。

我佩服国辉之处：这个人对自己身处之地的过去，认真执着，不折不挠之外，还必须不受别人偏见的影响，不媚时，不曲解，以史实和史料为主。国辉有一宏大的计划，要将台湾的长程和今日的过去，都纳入研究并有所记录。我的专业是古代文明，方法学是社会学，对台湾的过去和今日，也都有所接触，这两方面我们都有很多可以讨论的空间，有许多的机会可以互相交流，这使得我对他非常佩服。我认识的这个人——戴国辉，正是一位认真执着的学者。

在桃园相交的时段，我们发觉彼此研究途径颇有交集：我们都习惯于借重韦伯和雅斯贝尔斯的理论，思考自己钻研的问题；也都习惯于文化宏观与比较的研究。而且，我们也都重视文化传统对于个人取舍抉择的影响。我们在提到韦伯和雅斯贝尔斯理论时，由于我是通过英文译文学习，他则从日文译文研读，彼此之间的沟通，还颇费周章，交错交融，方能渐入佳境。我们逐渐感觉对于专题研究，对于彼此"所见略同"的愉快。

同在桃园交会时期的不同场合，我感觉，他对于自己的归属感颇为重视，承认文化归属，要比地域归属，更有认同功能。我自己，生于战乱流离，不遑定居，处处是家，视家如寄，旅途暂歇，"故乡"永远在梦中。有一次，我对他自称"新客"，称他为"老客"，并且戏称："也许，我们更适宜在全球化的大趋势下，做世界公民吧。"他静默片刻回答："我不能，我终究是客系中国人。"其实，我自己又何尝能够如此抛开"中国人认同"？

我前面讲过，他是客家人，我也是客家人；只是，我是新的客家，他是旧的客家。台湾的客家是从广东迁移过来的，他们大概在魏晋南北朝、"五胡乱华"的时候，开始"永嘉南移"的长征，整族长途跋涉，从中原迁移到福建和广东；他们几千年来，离乡背井，却一直严守着故乡的风俗习惯；他们的语言，依旧还是当年中古时期，以中原的口音为主体。这些永远是客居的离人，对于个人的过去，总有两个认知，两个自己，一个是"个人自己"、生物性的"个体自己"，我们是张三、李四；另外一个自己是其所来自的族群及其文化背景，这就是台湾人所说来自"中原的中国人"。纵然离开家乡到外边去，必须要自己挣扎求生存，但是不能背离自己文化传统。文化传统可贵的地方要继续保守，而且要发扬光大，文化传统中有不适宜的地方，要随时纠正、修改，处世为人的大原则，则必须恪守不离。

这个立身的认知，我和他一样。我于1948年离开中国大陆，今天我寄居在海外，我也真的是他乡作客的"客人"，这是二十世纪中国内战所造成的后果。我们彼此同意：一个人的认同感，不单自己是张三、李四，还有自身究竟是从哪里来的认同。不一定是我的籍贯，不一定是我的姓氏，不一定是我祖先的谱系，而是贵重、真实留下来的文化遗产。这份遗产，他和我所承受的有相当大的部分类似，就是中国经过不同时期的整合，终于归纳为儒家、道家、阴阳家，以这几家为主体的综合的思想，同时，不自觉地吸收了佛家的思想，也吸收了摩尼教、祆教，并受其影响，还吸收了后来基督教的影响，等等，各种的影响抟成了一个多元复杂的融合，一个复杂的有机体。

事实上，这一整合，乃是撷取世界上各个文化最为可贵之处，并融合在一个系统里面。这个系统，我认为是未来世界走向大同、走向全球化以后，取得的综合的人类文化，其内容就和中国几千年来，一步步整合的情形，可能是，也应当是兼容且接近的。我们既然已经在这一点工作上，在世界各国之中，在各个民族之中，这些中国的新客家、旧客家，已经走了两千多年，我们应当自许走出了现在的成绩。这些成绩，得来不易，我们应当在这个时机，反馈全世界。世界正在走向全球化，这全球化的趋向，不可任由一个国家独占霸权，坚持霸权，而永远将其作为某一家的特色，笼罩全世界。人类世界会有，也更可能有一串普世价值，但普世价值不是任何一家文化所能独占，这些普世价值应是结合与诠释各种情况下，寻找适应时代、适应地理情况、适应个人，所提出的解释。国辉和我，这两个"老客""新客"，在这方面，我们也有相当契合的地方。

国辉未终天年，不幸早归，我很想念这位朋友。我们年龄相当，只是我多活了二十年，使我对许多问题的想法，又和当年不太一样。他离开太早，有许多高见犹待发挥，即已离去，令人遗憾，我们也因此更加怀念这位优秀的学者。他在举世疯狂时让大家清醒，他在别人有偏见的时候，毅然廓清矫正偏见，不屈不挠，坚持守住自己的立场。一位历史学家能做到这一点，且得到令人钦服的佳绩，既是史学专业训练使然，更在其学者的风范。我向戴国辉先生，一位史才、史德兼备的历史学家致敬！

他不仅是一位历史学家

陈孔立

　　戴先生和我是同一世代，都是 20 世纪 30 年代初出生的。那时中国大陆和台湾都不采用公元纪年，我生于民国十九年（1930 年），他生于昭和六年（1931 年）。当我们成年时，两岸已经处于隔绝状态。戴先生长期生活在日本，早期都用日文发表论文，我无缘获知。直到改革开放以后，大约在 1984 年，我才知道他 1981 年用日文写的文章曾经引用我 1979 年在上海出版的书，但未见到原文。

　　到了 1986 年我这一辈的大陆学者才有机会出国，我在芝加哥台湾学者林孝信主持的士林书苑中，发现戴先生著的《台湾史研究》（1985 年台湾出版），这是他第一本用中文出版的著作，我如获至宝。在书中获知若林正丈是戴先生的"第一位学生"、"台湾近现代史研究会"的少壮派中心人物，而我们早已认识若林了，因为他 1983 年就来到我们台湾研究所做过三个月的访问研究。他曾经写道，1983 年 5 月"三日傍晚抵达厦门。第二天起，四日五日两天，见了所长陈碧笙，副所长朱天顺、陈在正，《厦门史话》作者陈孔立等台湾研究所的主要成员"。其实那时我还没有调到台湾研究所，只是做一些兼职研究。

　　在书中也看到戴先生 1983 年曾经与陈映真先生、李哲夫先生进行过对谈。不久，李哲夫先生（1987年）、陈映真先生（1990年）先后来厦门大学台湾研究所访问，我作为所长，接待了他们。李哲夫先生曾经对我们所有如下评论："厦门大学的台湾研究所给人一个印象，他们的研究工作注重历史性的、考据式的研究，可是，台研所的新生代，他们虽然才加入研究所一两年，他们的工作成果已经足为厦大台研所改观，给予一个清新的面貌"；"我没有把握是否在台湾岛内的每个年轻人都像他们一样，对于台湾现阶段的民主潮流有那么多的关注"。陈映真先生则说："厦门大学台湾研究所对台湾的研究就比台湾对大陆的研究做得好。"

至于戴先生本人，一直到1995年在庐山举办的"台湾史学术研讨会"上，我才有缘和他见面。那时我们所是主办单位之一，其他三个主办单位都是北京的，会议主要由他们操办，接待工作由他们承担，我们很少有机会和戴先生交谈。但我的同事记得戴先生很幽默，他在会上发言超时了，不但不道歉，反而说："年纪大，学问太多，没办法。"

我早年研究台湾历史，1987年以后研究重点转移到台湾政治与两岸关系。后来，我读过他的著作《台湾总体相》《爱憎二二八》《爱憎李登辉》等书，这次九州出版社准备出版戴先生的著作系列，让我读到许多以前没有读过的、从日文译成中文的论著，对他的研究才有了比较全面的了解。

读了戴先生的论著以后，可以看出他的每一项研究都有自己的动机和目的。例如，研究清代台湾历史，特别是洋务运动时期的台湾，就是要说明清代后期台湾有了相当的发展，而不是什么"不毛之地""荒芜之地"，不能把台湾的现代化归功于日本的殖民统治。研究日本殖民统治时期的历史，就是要揭露日本的侵略和掠夺，说明日本的殖民统治丝毫不是为了台湾人的利益。因此，台湾人没有任何理由感激日本人的殖民统治。日本殖民统治台湾留下的"遗产"也不是日本人心甘情愿地留下来给台湾岛民的。是因日本战败，日本人被逼迫无法带回日本去，不得不将"副产品"留下来。研究台湾战后史的目的在于追索台湾光复后，台湾人的身份认同问题。

至于"下功夫研究台湾史的原因"，他明确地指出有以下三个因素：一是因为"台独"以及"许多台湾知识分子"都是"媚日"的，这就可能会"自误误人"给台湾以及中日关系带来灾祸；二是因为"台独"认为日本给台湾带来了资本主义，促进了现代化，日本人一般听起来很顺耳，很可能就变成了甜言蜜语，这可要害人不浅，为害的范围很可能还要扩展到东南亚；三是因为大陆对台湾的认识不深入，也不可能全面。不论干部或老百姓都不能认识台湾的真面目，他说："我发现这种情况值得忧虑，认为我得好好研究台湾而把成果呈献给大陆同胞，最好能帮一帮他们开一开眼界才对。"

还应当看到，他研究"二二八""台湾人""台湾结与中国结""社会记忆""群体心态""台湾民族""台独"等等，归根结底是研究认同问题，为解决"认同危机"、反对"台独"找出一条正确的道路。他提出"睾丸理论"就是探讨两岸关系"在一个中国的大前提下，一致对外，对内可用和平手段来协商、沟通以及调适"的道路。他指出，统一是一个大前提，统一是一个过程，统一的过程需要摸索。

正如他自己所说的："我既爱我出生之地台湾，又深爱我祖先之原乡中国大陆，并关怀它的前途。我愿为我们及我们祖先的乡土海峡两岸之进步和福祉，奉献绵力，给它的人文、社会科学的园地扎实地、持续地添些砖，加些瓦。"

总而言之，戴先生热爱台湾、热爱中国、热爱中华民族，他毕生的研究都是站在中华民族的主体性立场，为解决两岸的"认同危机"、实现中华民族的大融合、大团结贡献自己的心力。

读过戴先生的论著之后，我认为他不仅是一位历史学家，他的研究涉及历史学、文学、经济学、政治学、社会学、心理学，即涉及人文社会科学的多个学科。他自己谦称"我没有搞过政治，但是作为一个社会科学研究者，并且对心理历史学抱着深厚兴趣的学人"，他也自负地表示，"在坚持学术的纯洁和尊严上，我固执这样几个原则：1.进行原理性，也就是根源性的探索；2.注重从逻辑层面进行探讨；3.力求从思想层面进行探讨。努力保持最高的学问水准并追求最高的知性。"

作为一位人文社会科学家，戴先生当之无愧。

读了戴先生的论著以后，我发现我和他有不少"同好"，他研究的许多课题，我也做过研究。早期我研究过"日籍浪人"（1979年），他称之为"台湾呆狗"；他研究"雾社事件"，我也写过"雾社深仇"（1980年）；他写过《台湾总体相》（1989年，实际上是一部台湾史），我主编过《台湾历史纲要》（1996年）。由于戴先生过早地逝世，他的研究成果基本上是20世纪的。他研究过的一些课题，在21世纪我继续进行研究，例如，有关群体心态、社会认同问题，我写了《台湾民意与群体认同》（2013年）、《两岸的文化认同》（2020年），在批判"台独"史观、"台湾民族论"、维护中华民族认同方面，我也写了系列论文。我希望能够追随戴先生，为中华民族的大融合贡献个人的微薄力量。

我是怎样走上研究"二二八"之路的

　　每一个历 30 多年而不辍地浸淫某一领域的学术研究者，其实都有着难以为外人道的内在深情，便是这深情引领着学术研究者即使上穷碧落下黄泉，或寂寞地踽踽于思索的道途中，亦不觉其辛苦。作为一个二二八事件及台湾史的研究者，我常在午夜梦回的寂寞之中自问：是什么力量驱动我走上这道路？是什么历史的或无由言说的深情可以令人一往而无悔呢？

　　记忆于是回到 1945 年至 20 世纪 50 年代前半期的往事，那些热情而真挚的、带着青春期的正直与理想主义色彩的同学的面容，那目睹愤怒民众砸烂专卖局台北分局而惊心动魄的自己，以及一个因"白色恐怖"而自陷颓废主义、借酒浇愁的好友面容。是那些年少时代被摆布到历史巨大变局中的心灵震动，引着我直至今日？抑或大量的捕杀让流寓日本的我，全心要解开这命运之谜呢？理性的认识与感性的深情交相绕缠在心中，连自己都难以分辨。

　　1931 年 4 月 15 日，我出生于今桃园县中坜附近客家村庄的小康家庭。

光复时，我正就读于新竹州立新竹中学校[1]二年级。台湾复归中国，对台民是一大喜讯。国府来台接收时，我也夹在欢迎群众中，手拿中华民国国旗和国民党党旗，抱着欢欣鼓舞的心情，热烈迎接国府官员与中央军的到来。

当时接收新竹中学校的是甫从广东中山大学毕业未久的辛志平校长。辛校长在竹中奉献心力办学 40 年，作育英才无数，斐然有声。但当时稚嫩的我却对他的"广东国语"与私德的传闻颇有意见，因而插班转学到台北的建国中学。建国中学校长陈文彬（二二八后避难到大陆，客死北京）原为日本法政大学教授，在东京时即有颇高的声望，光复后返台致力发展教育事业，网罗不少东京帝大等名校毕业的留日高材生至建中任教（像台大医学院小儿科陈炯晖、泌尿科江万煊等教授就曾在建中兼课），建中遂成颇有号召力的名校。我在建中念书时，正临学制的改制期间，寄宿于改制中的台北高等学校及刚创制的台湾省立师范学院附近的住宅区（今泰顺街），那个有池塘、夜深人静的地区，原为日本高级官僚或台北高等学校教职员的宿舍，战后很多从日本各帝国大学或高等学校回台的台籍学生寄居此地，形成各路英杰聚合的"梁山泊"。虽然有一点早熟，正值青春骚动初期的我，却很崇拜这些留日且出身名校、博览群书、学识丰富的学长们，受到他们颇多熏陶。

二二八发生之际，我读初三。2 月 28 日的上午，因有亲戚在台大医院服务，我到医院看他们。自医院楼顶遥望了包围长官公署的请愿群众，并听到了那不吉利的机枪惨叫声。同天下午我还到了城内专卖局台北分局

1　台湾光复后，改名为"台湾省立新竹中学"。（编者注）

附近，目击了愤怒的民众在砸烂分局并焚毁专卖品。

有些流氓模样的青壮年，则仿效日本人头绑白布巾，口骂"支那人""清国奴"，不分青红皂白地找出外省人殴打出气，连就读于台北女师附小（今台北市立师院实小）的外省小孩也无法幸免，惨遭拳打脚踢后，还被推入学校前的深沟中。连我也因闽南语不甚灵光，而被迫唱日本国歌，以证明台湾省籍身份。这些情景，对年轻而富于正义感的我造成很大的心理冲击。我当时固然也对大陆来台行政官员、士兵的贪污横暴等无理的种种深表愤怒不满，但总觉得这样非理性的暴行骚乱，终非正道，眼见许多无辜受殴打者一拨一拨地被送进台大医院，心里非常痛心难过。至于战灾过后不久，物资甚为匮乏，还焚毁专卖品等，叫我惶惑及惋惜。

3月1日，早上到学校等上课时，有一位从日据私立台北中学（今泰北中学）插班过来的高年级学长到我们班上来，他带一点江湖流氓气，语气激愤地辱骂国民党、外省人，鼓动我们跟他上街行动。但由于他出身私校，我们出身公立学校的同学，年轻气盛，不懂事，对他心存鄙视，而且他除了情绪性的煽动字眼外，也未见有足以服人的理由，因此，我们班上没有一个同学附和跟随了他。待我回到"梁山泊"，那些从日本名校回来、社会科学素养深厚的学长，对二二八却有不同的看法。他们虽也批评国民党，但反对殴打外省人的暴力行为，并以社会科学作深刻的分析，令我大为佩服。

不久，建中校长陈文彬被捕，英语教师王育霖（日本"台独"领导人王育德之兄）失踪。家父怕我出事，当即把我带回中坜老家监管。

二二八后，大陆国共对抗的情势愈形严峻。国府的政治腐败，失去民心，军事上也逐渐转衰，大陆青年学生普遍左倾，学潮四起。1948至1949年，大批大陆知识青壮年到台湾的学校任教，其中颇多思想左倾，不少为中共地下党员者。我们肯下功夫的台籍学生慢慢地开始有能力阅读中文刊物，当时大陆深具影响力的报刊，像《文汇报》《大公报》《观察》已涌入台湾，早熟的学生无不至图书馆争相阅读。左翼作家鲁迅、巴金、茅盾等人的小说、杂文也风行一时，成为台湾知识青年一睹为快的作品。在这样的背景下，台湾本地的青年学生也开始对大陆政局的变化热切地关注，与大陆来台学生们会合，搞起活动和学运来。

国民党在大陆军事节节失利。1949年大批军队撤退来台，占据了校舍，学校只能上半天课。而"四六"学潮（1949年纪念"五四"的前期活动所惹起的）后，国民党又大肆搜捕活跃的学运分子，我的同学、学长、老师或被捕，或逃逸大陆，一时风声鹤唳，时局杌陧，学习环境迅速恶化，遂令我兴起远离这"是非之岛"的念头，一方面"想飞"，另一方面"想溜"。加以，当时五十之龄新遭丧偶的家父竟迷恋上一个酒家女，将其娶回家中，令我深为不满；国乱如麻，又遭家变，高中尚未毕业的我经此双重刺激，就"偷"了父亲的钱换成美金，跟一个琉球人商定，以200元美金及三大袋糖为条件，由他帮我经过琉球偷渡到日本，投靠东京的二哥。我先给了琉球人100美元订金和三大袋的糖，10月下旬如约到竹南附近后龙的海口等待出海，谁知苦等一个多礼拜，琉球人却久候未至，于是才知被骗，只有打消念头，废然而返。

1950年6月，我高中毕业，朝鲜战争爆发。国民党在美国第七舰队进驻台湾海峡后，获得美国的军事、经济援助，为了更进一步地巩固对台湾的统治，遂开始实行"白色恐怖"，大肆逮捕并扑杀左翼人士。我许多学识超卓、爱国、正直的同学、朋友、师长纷遭系狱、枪毙。我为免遭无端牵连，并远离中坜老家，遂决定不在台北读大学，转而投考台湾省立农学院，一试中第，就在台中念了四年大学。这一段可以说是我在台湾实践既"半飞"又"半溜"的岁月。

在台中有个值得一提的同学林曲园。他日文造诣极高，又深谙尼采等西方哲学思想，是个热血浪漫的优秀青年。他家世好，性格又豪爽，支援了因二二八和白色恐怖的牵连而需避风头的朋友。此事甚少人知道，只有一位"变节"成为特务的恶棍察觉，以向官府告密揭发相威胁，一再地向他敲诈勒索金钱，林君被迫花钱消灾，心中阴影始终挥之不去，遂陷于消沉颓唐，似乎还有自演"颓废主义"（Decadentisme）的模样，经常借酒消愁，纵情声色。20世纪50年代后期，他得偿夙愿到巴黎深造，但因身体耗弱，心情恺郁，竟罹肺病，终乃不起。一个富于才情的善良青年竟尔早逝于巴黎异乡。林君的遭遇，使我痛感在二二八及"白色恐怖"的乱局中，人格卑劣，趁火打劫，大干出卖、敲诈勾当的台籍人士实在也不乏其人，加害与受害的双方绝不能简单地以省籍判然二分。

1954年大学毕业，在预备军官第三期训练中，我通过留学考试，然后在1955年秋天负笈日本，终于得偿远离"是非之岛"的夙愿。

从1945年盛夏到1955年深秋这10年间，我经历了台湾光复、二二八、白色恐怖这段台湾社会政治翻腾搅扰不已的多事岁月，其中掺杂了欣喜、愤怒、悲哀、壮怀激烈的各种复杂情绪。我的许多朋友、同学、师长在二二八、白色恐怖中，有的冤死莫名，有的慷慨赴义，有的身陷囹圄，饱受身心摧残。另一方面，我也眼见耳闻数之不尽的公报私仇、政治权力倾轧、斗争、欺骗、勒索、出卖等卑鄙丑陋的邪恶行径。可以说，人性的崇高与卑劣、真实与虚伪在这过程中，交互呈现，做了最彻底无遗的展露。对这些我不能无动于衷，于是发愿要把二二八、白色恐怖的源头、过程做全面的探讨，既为剖解未明的疑惑，也可为当世与来者之借鉴。

1956 年 4 月，我进入日本东京大学就读，就开始着手搜集二二八史料。我找出二二八当时的《大公报》《文汇报》《观察》等报刊，阅读了庄嘉农的《愤怒的台湾》、林木顺的《台湾二月革命》、唐贤龙的《台湾事变内幕记》、王思翔的《台湾二月革命记》、台湾省行政长官公署初编《台湾省二二八暴动事件纪要》、台湾省行政长官公署新闻室编印《台湾暴动事件纪实》、台湾正义出版社编印《台湾二二八事件亲历记》、劲雨编《台湾事变真相与内幕》、江慕云《为台湾说话》、"国防部新闻局"扫荡周报社编《台湾二二八事件始末记》等书。举凡周边状况的有关文献，像：沈仲九主编《台湾考察报告》、福建省县政人员训练所编述《陈（仪）主席的思想》、台湾省行政长官公署宣传委员会编印《陈长官治台言论集第一辑》、台湾省行政长官公署宣传委员会编行《外国记者团眼中之台湾》、台湾省行政长官公署人事室编印《台湾省各机关职员录》（中华民国三十五年七月发行）等，都是我熟读的对象。尤其能看到《1949 年美国对华白皮书》的英文本 *United States Relation with China: with Special Reference to the Period of 1944—1949* 及贾安娜（Annalee Jacoby, 1916—2002）、白修德（T. H. White, 1915—1986）著《中国暴风雨》（《中国的惊雷》）的英文本 *Thunder Out of China* 获益真不少。这两本批判及抨击国民党当局的美国书籍，提醒我对同样的事物可有多元的视野来比较思考，从而增加阅读，使我初步了解到，胜利前后远东及中国的军事、政治、经济等的大景况。在日本，我一边专力于本行的学术研究，确立在日本学术界的地位，养家活口，一边"上穷碧落下黄泉，动手动脚找东西"地搜寻二二八有关史料与资料。

20 世纪 60 年代，台湾文学界耆宿吴浊流先生数度来日，我协助他出版《亚细亚的孤儿》等书，提示二二八相关资料并与他讨论二二八，敦促他写成记录二二八的《无花果》。"国府监察委员"丘念台先生在奉派来日疏导留学生时，我也与他就二二八深谈多次，明白了原来"国府"和国民党并非铁板一块，其中派系倾轧斗争激烈，实非一般不谙中国传统政治文化的台籍人士所能想见，而国民党及"国府"有关人员也绝不能等同于外省人、中国人。此后，我还访谈了叶荣钟、王诗琅、杨逵等前辈，对二二八有了更清楚的了解。

1983 年春夏之交，我正在加州大学伯克利分校访问研究，叶荣钟先生的女儿叶芸芸女士为了筹备《台湾与世界》月刊在美国发行，特地到柏克利看我。我建议她开辟专栏，整理有关二二八事件的史料。我认为，二二八是当代对台湾影响极为重大深远的历史事变，对中国现代史（当然包括台湾史）及东亚的和平有独特的重要性，必须对之作出公正而客观的省察，总结这段历史经验，才能有助于台海两岸的和平与中华民族的团结。

当年的国民党当局虽然没有明令禁止二二八的研究，但人人自危的社会氛围下，当然就没有人敢去碰它。当局对整个事变讳莫若深，极尽掩盖之能事。经历过二二八的世代，对当年国府接收人员的贪婪残酷与镇压事变时的凶狠毒辣，虽有极深的憎恨与惶恐，但在"戒严"高压体制下的台湾岛内，除了偶尔私下吐露几句愤懑之词外，只有噤默不语，不敢声张；而战后出生的世代则靠着父母辈的一些传闻，撷取一鳞半爪，滋长出不断增高的愤懑与抑郁。"台独"人士则利用国民党当局的不当禁制措施，置二二八的历史真相于不顾，反而利用其"黑盒子"制造些神话，夸张失实地大作政治性的煽动蛊惑文章，有意无意地借此制造仇恨，加深省籍矛盾，以求扩充政治资本，趁而建构其"台湾民族论"及凝聚其"台湾人意识"，企图为夺取政治权力铺路。这种做法只会造成历史悲剧的恶性循环，无法疗伤止痛，达到吸取历史教训的目的。而大陆方面也不脱政治挂帅的窠臼，鲜见对二二八本身做客观的总结及学术研究。

为此，我遂自1983年8月起，在美国发行的《台湾与世界》杂志上以"梅村仁"的笔名开始连载"二二八史料举隅"，将我搜集到的史料分篇、整理、注释并考证，逐月发表，目的在提供乡亲资料和一些看法，并期待能就正面层次来刺激有关二二八的研究。这个连载后来引起海内外人士的重视，直至1984年4月初我返日本，看时机认为预期的目的已达成后，适可而止，便留下一些"余韵——重要史料"而自主地停载。

在《台湾与世界》连载中，有不少机会和叶女史面叙及书信的往来。不久，我发现了她的才华和条件。她的家庭背景（她先尊叶荣钟先生带给她的余荫）和持有美国护照（方便走动）这些甚难有人能够兼备的条件，正是她能够做好采访二二八有关人士的绝妙大前提。我向她建议，小心被拖下"政治"的旋涡，只要能保持不涉及"政治"并固守学术研究立场，你可以完成任何台籍有识人士都无条件完成的业绩。

近年，叶女史开始把她的采访记录结集成书，公之于世，其中有关二二八的佼佼者，当为《证言二二八》（人间出版社，1990年2月）。

我们两人，一直怀有合撰通俗本二二八事件的计划。本于我过去一贯的做法，是先公开资料方便学术界同好之士的利用，以期公平竞争，互相提升研究水平，反馈社会；继之着手学术专著的撰写，完成通俗本却是我每一个个案研究的最后一段的作业。

1985年后，我开始能返台；返台机会增多后，我发现上述一类的执着和做法在价值观混乱、知性的诚实不被尊重的台湾颇难适用，有可能被投机分子趁机恶用，将有为害台湾学术界之嫌。

我们所注目的二二八的研究动向，逐渐大白于世。台湾省文献委员会及"行政院'二二八事件'研究小组"的研究报告将于1992年2月28日以前公布。我们终于决定,我们非"国府"、非中共、非"台独"(他们的立场振幅相当地大,暂以"台独"的概称来代称)的第四个立场的初步研究报告,也应该在同一个时期披露,仰请社会诸贤的批判及斧正,这才是公正堂皇的做法。

因而,我们俩将多年累积下来的研究心得及认知总结合撰成此书,第一篇和第三篇由我,第二篇则由叶芸芸执笔,因我尚留在台湾之故,最后的定稿及校正则由我一人负责,以供关心二二八者参酌。本书的完成虽未及参看海峡两岸未公布的官方典藏史料,但我们依多年搜集所得的资料与亲访见证人,将整个事变作一宏观而科学的分析,相信不无一得之愚。

我始终认为,只有站在公义、公正、不偏不倚、客观理性的学术立场上来探讨二二八事件的全貌,才能接近事变的真相,才能有效地抚平历史创伤,从而将悲剧性负面经验转化为正面的历史鉴戒。

因是立意撰述通俗本(自感不够通俗,差强人意)故,我们考虑到读者诸君阅读时不感枯燥及琐碎,而尽量免去脚注,方便一读能终篇。在可预期的将来,我准备完成精磨细琢的二二八学术研究专著及资料汇编,斯时,笔者当然将作必须作的一切交代。

为了完成这一本书,我们得过无数前辈和朋友的帮助,我们应该感谢。

我们得特别感谢的有吴克(《美洲时报周刊》副总编辑)、杜继平(同前周刊主任)两兄。他们让我有机会先连载(自第348期〔1991年10月26日,11月1日号〕至第357期〔1991年12月28日,1992年1月3日号〕)一部分,不但在整理原稿上拔刀相助,还让我享有再推敲的机会。

还得感谢的有我内子林彩美和叶女史的先生陈文典博士。林彩美女史

22

有时帮我誊清稿件及整理资料，陈博士和林女史他们两人分别当为第一个读者，常常提出一些尖锐且具批判性的可贵观点来鼓励我们撰述。

必须特别作好交代的是，本书书名的来由。诗人杨泽博士（《中国时报·人间副刊》主任）把本书第十一章"统独争议的本质与导向"选登于《人间副刊》时（1991年11月16日），另取大标题"爱憎二二八"，这个给了我们启示，终于决定以此为书名，谨向他致谢。

远流出版公司的王荣文发行人非常宽容，一直等待并支援我们完成这本书，资深编辑林淑慎小姐帮忙整理及校正，让本书不致有太多错误，我们由衷致谢。

我们在撰述过程中，一而再地确认了我们应该坚持的立场和撰述的态度。第一，我们就事论事，不褒不贬；第二，我们只准备并冀望对历史能作好交代，但不准备迁就任何个人及社会、政治势力；第三，我们等待的是"世界史和人类史法庭"的审判及善意且具有建设性的批判和指教，但拒绝一切低层次的"假批判"及围剿性、贴标签式的无聊攻击抑或耳语。

显然，撰写当代史自求冷静、理性、客观比力求正确来得容易。我们相信本书疏漏的地方必还不少，如蒙方家指教，深为致谢。

戴国煇谨志

1992年1月20日于台北

第一篇

爱憎交错的前史

第一章

狂欢与幻想的杂奏：

光复在台湾

导言　寻找历史真相

　　台湾光复后仅仅一年四个月加二天就发生的二二八事件，悠悠已过了四十多个年头，然而这场历史悲剧的真相却未因时日的流逝而大白于天下，其所遗留的伤痕也未因政治禁忌的突破而弭平。反而在政治斗争的干扰下，历史显得暧昧混杂，纪念活动则多半沦为政治秀，也鲜见有客观、公正且够水平的二二八学术研究。

　　一般说来，当代史由于相关的当事人尚存，许多事情也还没有尘埃落定，变量颇多，故而不太容易研究；但，不论是台湾光复或二二八，都已是四十余年前的旧事了。经过时光之流失和冲洗，一些历史的尘埃，不复沾滞，现在已很可以用严谨的史学方法来排除时间的局限性，对光复到二二八的这段历史做冷静的探索了。

　　我探讨二二八的目的是，以社会科学的方法及客观且诚实的态度把二二八事件的真相整理出来。我处理二二八可有两种立场：首先，当然是从知性来说，作为史学家或社会科学家的立场；其次则是从感性来说，作为在台湾出生、成长的台湾人的立场。这两种立场并不矛盾冲突，然而对感性出发的第二个立场，我当然要时时警惕勿为感情蒙蔽理智，力求将感性体验提升乃至升华为理性的认知。

"光复"，这个只用两个汉字来表达的词，若从社会科学的观点来看，其实是一段结构极其复杂而微妙的历史过程。

光复那年，我14岁，正就读初中二年级；因此，我也可以说是一个历史见证人。长年来，我一直在思考这样的问题：我生于台湾，成长于日本殖民体制下，日本战败，第二次世界大战结束后，台湾回归中国，国民政府来台接收，我该如何定位这个历史过程？首先，我必须自问：从"日本统治下的本岛人"身份转为"中国台湾省住民——（暂称为）台湾人"究竟是怎么回事？再者，"光复"的意义又是什么？这两个问题联系起来就构成一个严肃的命题，那就是：中国及中国人这个身份对我的"存在"有什么样的意义？

这么多年来，这些命题时时刻刻萦绕在我的心怀。这或可说是我个人极力追索自我认同而挣扎，但也未尝不可说是全体台湾人普遍要面对的命题。最近的五六年内，"台湾往何处去？"的历史课题将面临必须解决的时段。事实上"台湾往何处去？"绝不单只是涉及台湾一地的问题，它与"中国往何处去？"具有不可分割的结构性关联。而以整个中国（大陆、台湾、香港、澳门）的人口之众多与幅员之辽阔，中国的动向势必予整个亚洲乃至整个世界深刻的影响。

我从事台湾战后史的研究，固然是为了追索和升华我个人上述的身份认同的困扰，但由于这个身份认同问题对台湾人具有普遍的意义，因此，我的研究对台籍同乡解决和升华认同问题，也该不无裨益。我是通过回忆自己当年周围的生活状况，同时参考一些文字记录来探讨台湾光复时的实际状况，现将之爬梳整理，备供读者诸君参考。

光复狂欢，殴打日本警察及其走狗

1945 年 8 月 15 日，天气热得叫人发昏。然而，通过前一天的无线电台广播预告，知道中午会有"重大放送"的中坜街的朋友们，聚集在街上最多不超过十来台的收音机旁，集中精神聆听着质量不高的收音机，播放出来的低沉而又充满杂音的天皇"玉音放送"。天皇的"玉音"究竟在说些什么实在很难听懂，不过，我们大概可以猜得到是战争结束了，日本接受中、美、英三国在 7 月 26 日签（8 月 8 日苏联才参加）的《波茨坦宣言》，宣布无条件投降。其实，所谓"无条件"还是有条件的；我们这里暂且不谈。

然而，一直要到 10 月 25 日，陈仪以中国台湾省行政长官兼台湾省警备总司令之职，作为受降代表，在台北市中山堂（前公会堂）接受日本帝国的末代台湾总督安藤利吉的降书之后，台湾的治权才正式归还中国。因此现在我们所说的"光复节"是 10 月 25 日，而不是日本战败的 8 月 15 日。

从 8 月 15 日到 10 月 25 日的这段过渡时期，就我当年的所见所闻，整个台湾社会只能用一个词——狂欢——来形容。大家都处在一种兴奋的状态中。其实这两个月又十天的期间，整个社会心态也有它一定的发展过程：开始的时候，台湾老百姓还不敢乱动，密切地注意着日本军队与日本人的动态。毕竟，日帝占领台湾初期头十年（1895—1905年），日本人先屠杀平地台湾人，然后再镇压山地台湾人，并且继续以警察特务强权政治的恐怖统治，记忆犹存。

至于我们这些中学生，乃至于年纪更大一点的知识分子们，从8月15日起就注意着时势的变动。然后，通过年纪较大者不知从哪里搞来的《三民主义》和《总理学说》等教本，开始搞起小规模的读书会以及学生联盟之类的组织。

经受了日本人50年的统治后，显然，台湾一般老百姓在面对日本人时，心理是不大健康的，他们怕日本人；因此，对日本人竟有一种非常复杂的自卑感；他们虽然憎恨，抑或恐惧日本及日本人，但一方面又认为日本的一切都进步、高级，男人英俊、女人漂亮。这大概是任何一个殖民地人民都可能会对统治民族抱持的错觉及可能产生、被扭曲的心态。当然，知识分子是有一些例外。

然而，日本战败以后，事情却在起变化。到了八月底九月初的时候，街头上渐渐看得到一些日本军人出来开理发店、卖点心的。事实上，因为征兵制之故，日本军人里头是各行各业的人都有的。当他们一旦脱离军队体制的束缚而经营理发生意时，他们因为比台湾师傅还要客气、干净，而赢得台湾顾客的偏爱。至于那些昔日耀武扬威的日本警察，情况变了，因为害怕报复，只好拼命逃躲了。一般说来，当学校老师的日本人，则受到保护；同样的，那些当日本走狗的台湾人，特别是警察，也难免挨揍而迅速地隐蔽起来。

虽然，尚存一知半解的状况，毕竟"日本鬼子"是战败了，他们再也不能骑在我们头上作威作福了。

台湾民众对大陆不了解

一句话，当时台湾老百姓的想法是很单纯的！大家都在时代潮流中自我陶醉着，我们的中国是四强之一，我们的未来是辉煌且灿烂的。似乎没有人想过复员建国是一条艰难而坎坷的道路，更没有人去想，究竟光复对自己是怎么一回事？回归中国又是怎么一回事？日本战败后又会怎么样？大家都在"恋母情结"心态下，一心一意只想要回到慈母的怀抱。我记得，我的父亲当时曾经对我这么说过："把我们抛弃的是清朝，是满洲人；但孙文先生和阿石伯（蒋介石）则不同，他们是汉民族，是好人。"

的确，当时绝大多数的台湾老百姓还只知道蒋介石，似乎不太有人知道毛泽东及中国共产党的存在。这种现象一直持续到20世纪50年代初期。我记得，当时国民党"打倒朱毛匪帮"的反共口号喊得震天价响的时候，似乎还有很多人不知道朱德与毛泽东。从这个现象，我们不难理解，台湾老百姓在战后初期对大陆的状况可以说一无所知。

且看中部开明大地主，属于中间偏右的民族主义者、曾经领导过全台湾抗日运动的林献堂先生一伙人的动态。林的老秘书亦是昔日战斗伙伴的叶荣钟先生，给我们留下了贵重的原始资料，特此以原文公布如下：

台湾光复，全岛额手，有心者莫不同深感慨也！

兹为国府接收委员不日驾临，同胞俱皆翘首以待。顷为差商欢迎事宜起见，敢烦先生为筹备委员，希予快诺。爰定明十号下午三点钟起，在台湾信托台中支店楼上开筹备委员会。伏乞拨冗光临，共商一切。专此奉达。并候

崇安

（1945年9月9号）

欢迎国民政府筹备会公启

一、会名：欢迎国民政府筹备会

二、筹备委员选任

三、欢迎筹备事项：1. 国旗　2. 国歌　3. 欢迎门　4. 欢迎会并祝贺会　5. 接收军官接待所　6. 余兴　7. 游行（音乐队市民游行等）

四、经费筹出

五、委员事务分担

　　总务部——庶务会计接待计划等

　　连络部——郡市间官厅间情报等

　　设备部——1. 欢迎门　2. 国旗国歌　3. 接待所　4. 欢迎及祝贺会　5. 余兴及游行

　　欢迎门表示："欢迎行政长官陈仪先生莅任"

　　光复祝贺会绿门表示："欢迎国民政府"

欢迎国民政府筹备会

常任委员

　　陈炘、黄朝清、张焕珪、王金海、洪元煌、叶荣钟、杨景山、庄垂胜、张星建、张聘三

事务分担

　　庶务：张焕珪、洪元煌、庄垂胜、叶荣钟、蔡先于、林庆、张星建、林汤盘、杨贵、林培英、陈逊章

　　会计：王金海

　　接待：林烈堂、林献堂、陈炘、张鸞生、林阶堂、巫永昌、林资彬、林攀龙、吴子瑜、林澄坡、林少聪、林根生、郭顶顺、陈茂提、白福顺、林垂拱、曹玉坡、张焕三、张冬芳

右（以上）总务部

　　黄朝清、张聘三、杨景山、黄登洲、黄三木、廖德聪、吴天赏、张风谟、黄再添

右（以上）连络部：

　　纪金欉、林子玉、何集璧、张星建、黄栋、何永、何赤城、张深鑐、杨基先、黄兴隆、林金峰、徐灶生、张大钦、李荣煌、黄华山、谢金元、赖德华、李石樵、汪连登、杨清泉、张浚源、刘益岳、赖振英、巫永福、高两贵、陈金枝

右（以上）设备部

　　这一份名单是可贵的。除了老台共的谢雪红以外，可以说，全中部有头有脸的名士都被网罗在内。杨逵也以真名杨贵列上。至于杨肇嘉尚在大陆，没有来得及赶上，近几年活跃于党外运动的欧

吉桑张深镽、巫永福，以及值得人人缅怀，但在二二八牺牲的陈炘也参与其中。另，文中虽带些日本风味的"汉语"表现，其实以胜利初期，未开始正式接收前期来言，已甚为高水平了。

时序进入 10 月，"祖国"的影子终于在台湾出现了。5 日，台湾省行政长官公署及台湾省警备总司令部的前进指挥所在台北成立。17 日，国府所属的第七十军分别搭乘美国军舰，在一片旗海飘扬的欢呼声中登陆基隆。我记得，当家母听说国军就要经过中坜火车站时，因胃癌长期卧病在床的她，还特地换上一身不知藏在哪里的旗袍（日帝警察在晚期禁止台人穿布扣中国式衣衫），要家人到街上找辆人拉的黄包车，赶到火车站去迎接国军。在欢迎国军的人群中，我看着她穿上那身我从来没看过的旗袍（尽管她因为罹患胃癌，开过刀，而使得旗袍宽松了些），手里挥舞着一面不知从哪里来的青天白日满地红国旗，像其他人一样热烈地在欢迎国军。

事实上，当陈仪长官两度改变抵台时间，而于 24 日飞抵松山机场时，台湾老百姓的欢迎热情不但没有衰退，反而达到最高峰。现在看来，当时台湾老百姓的那种狂热，里头并没有任何阶级性、地域族群性或其他的因素，可以说，只是一种素朴的民族情感流露的中华民族主义吧！

当然，我们现在可以用社会科学的方法来分析当年几种不同类的台湾老百姓，对光复的反应与感受，但事实上，就当时而言，大部分的老百姓是不曾考虑到这些问题的。他们所能想到的只是：日本鬼子再也不能欺侮我们了！他们要滚蛋了，现在，我们可以做一个真正的中国人了！我们已经回归祖国了。日本人走了后，我们可以接替他们的位置，配合祖国的建设来建设新台湾，让中国成为全世界的四大强国之一（联合国在同年 10 月 24 日正式成立）。所憧憬的是一个既富强又美丽的伟大中国。

这里，我们发现了一些问题。这些问题其实与当年台湾知识界的局限性有关。第一个问题就是，属于真正知识界的人数并不多。当然，这是日本帝国主义教育政策的歧视与限制的结果。不用说留学过美国的人没几位，即使是留日的，不是学医，便是学法律，因为念了其他的也没有出路。一般大公司全权掌握在日人手上，根本不采用台籍人士；更重要的是，日据时代根本不允许台湾人从政，所以台湾人没有办法发展。因此，当时的台湾知识界无条件成熟又不够成熟，许多人的看法很狭窄，对国际局势也不甚了解。当时台北帝国大学（今台大）的正式教授，我记得台湾人只有两位，一个是医学部的杜聪明，另一个则是理农学部的徐庆钟，不过，我记得他只是副教授而已。其他后来成名的医生在当时都还只是助教级或是医专的兼任讲师。而一般的医生绝大多数又是开业医师，他们的格局甚小，只顾赚钱，哪里会去注意什么国际局势的演变呢？这当中只有文化协会的蒋渭水、赖和、李应章、何礼栋等少数几个抗日的医生是特例。最后一个问题则是，他们都普遍地缺乏语言表达的手段。一般说来，能懂英、法、德语文的没有几位，当时的台籍知识分子，日本话好像都讲得不错，但是真正能够用日文写出好文章的人，似乎也没有几个。到了战后，我数了一下，就算记者也不到 20 位；而他们当中能写中文的人，更是少得可怜。

"台湾人"概念的内涵

接着，我们要来谈谈"台湾人"。

现在，我们很随便就会用上"台湾人"这个词。但是，在日据时代，事实上却很少听见台湾人这个词汇，日本当局及日本人在公共场所称呼我们，全称为"本岛人"，"福佬人"为福建人，客家人则错称为广东人，歧视我们抑或骂我们时一概叫为"支那人""清国奴"。山地人，在雾社事件以前叫"蕃人"，以后改称"高砂族"。日本人又沿袭清朝时期的称呼，把"蕃人"分为"生蕃"和"熟蕃"。"熟蕃"后来被改称为"平埔族"，有别于"高砂族"。因而我们有时也自称为"本岛人"。日本当局及日本人政策性地把朝鲜人叫作"半岛人"，或者是贱称其为"鲜人"。事实上，只要把日据时代的户口誊本调出来看的话，就会发现，当时台湾的户口制度把汉人社会中的两个主要族群——客家人与闽南人称作"广东族"与"福建族"。日帝采用的当然是"分割统治"政策，统治方永远是怕被统治方民众的团结和整合的。但话得说回来，当年的台湾社会经济状况尚是分歧而割据的。日据早期，不只是闽客间仍然有对立，闽南中的泉漳间还有械斗的事例。

所以，可以说，当年的本岛人也还没有一个共同的连带意识，它是被切开的。因此，我们看历史一定要有阶段性，需要透过一定的过程来认识它，否则容易以当前的概念及表象来涵盖过去的一切。事实上，当年连"本岛人意识"都还称不上，更不用说是当今流行的所谓"台湾人意识"的萌芽了。

除了主观的"本岛人"意识还没建立之外，当时台湾内部的社会力量也是散漫不成形的，还不曾建构。

记得，有一位日本左派学者说过："战败时，我们面对着饥饿与焦土发呆。明治维新以来的巨大中央集权国家只有借着战败才能迫使其崩溃，但崩溃后，却看不见能继起支撑的政治社会力。帝俄在第一次世界大战末期至终战后，有像俄国布尔什维克（Bolsheviki）党或社会革命党这样有实力的政治势力可取代既有权力并维系国政，但日本却付诸阙如。一小部分革命家被冻结在监狱内，完全看不到兵士、劳工、农民的起义与民众的蜂起。日本所有的住民在盛夏的高温下发昏、疲困，不知所措时，美国的占领军却带着'非军事化'和'民主化'的使命感，闯进来推行'革命'。"

迄今，我还不曾听到台籍人士对台湾光复时的状况有过像这样的客观分析。

认同的困扰

　　事实上，光复当时，台湾内部没有任何形式的政党抑或政治团体足以取代日本总督府的统治权力，以填补其遗留下来的权力空间，只有一心一意等候祖国接收官员和国军来临的"欢迎国民政府筹备会"而已。

　　就农民组织而言，日据时代"农民组合"的干部们应各地农民的要求于1945年10月20日，在台中市成立"农民协会"，想要继承并发扬昔日"农民组合"的精神。然而，由于军统局在台代理人刘启光（即日据时农组干部侯朝宗）及一部分观望投机者的阻挠、破坏，"农民协会"陷于停顿，无所作为，最后也遭当局解散。

　　至于工人组织，日据时代的工会会员与意图搞工运的工人也于1945年10月20日，在台中市组织"台湾总工会筹备会"。但是，台湾大部分的工业由于战争期间受美军轰炸、日本技术人员的部分遣返及国府官员漫无章法的接收、破坏而陷于支离破裂的惨境。台湾工人普遍失业，因此也就谈不上什么工会组织的运动了。再加上稍后又受到国府《人民团体组织临时办法》的打击，台湾的工人运动似乎都转入了地下。众所周知，台共组织本就脆弱，又遭受过日本帝国主义的大逮捕、大破坏，已无力自我重建，光复后也等待着祖国来人的领导，期待自日共的台湾民族支部正式归建于中共麾下。

总之，当时的台湾人正陶醉于回归祖国、投向慈母怀抱的狂喜之中，根本就不曾思考也看不清楚，究竟"中国""中国人"的内涵是什么？将入台的国府官员及国军其性格及内部结构为何？对这些重要问题，台人既懵懂无知也不曾躬自查问。

一直到现在，有许多台湾人仍然连自己的身份认同（identity，或译"自我同定"）这个个人问题都未曾细加省思，都还搞不清楚却迫不及待大言不惭地奢谈什么台湾人的"主体性"这个普遍性的命题！

记得，早在 1985 年 4 月 2 日，我就以"两个尺码与认识主体的确定"为题在台大校友会馆演讲，大声疾呼：建立独立自主性思考的主体性尺码，已是刻不容缓的课题。

如今台湾知识界扩大了，知识水平颇有提升，政客也实繁有徒，"台湾人出头天"的口号喊得震天价响，夸夸其谈并非难事，但却难得见到真正独立自主地思考"台湾往何处去？"的真正思维者与实践者。光复迄今已过了漫长的 40 多年，然而台湾知识界的状态与光复时依然所差无几，实为莫大的讽刺和憾事。台籍政客除了未能超越日本尺码外，又套上了美国尺码的枷锁而不自觉，非但没有克服二房东心理，还依旧浸淫在光复当时的山头主义中，尽顾着抢权位——当不了正室，退而求其次，当个大姨太也不坏，再不然，当二姨太也行，以此类推，如此等等，这种利欲熏心、迷恋权位的病症，历40余年而未改，真叫有识之士痛心疾首。

以台湾与朝鲜来比较，可以显出两者明显的差异。首先，朝鲜半岛被日帝统治36年，朝鲜是整个国家被日本帝国主义者并吞，因此保有了整合的主体性，他们的抗日运动显现了坚强的朝鲜主体意识。但是，台湾的状况却不太一样，台湾是作为中国的一部分被日本帝国从中国割裂出去的，因此，台湾光复并不只是单纯从日本帝国的殖民统治解放而已；可以这样说，台湾的主体性解放运动是很微弱的，台湾的"解放"并不是台湾人自己与日帝对抗、从日帝手中争取过来的，而是因日帝战败、第二次世界大战结束而捡来的。这与朝鲜显然不同。

再者，朝鲜原有自己的国家、军队与文官制度等，但台湾却不曾有过，所以只有欢迎祖国来人接收、回归祖国。同时，在回归祖国的过程中也产生了几种新的社会现象：第一，那些当了汉奸，或者与日本人合作的上层台籍士绅等投机者，惊慌失措，不知如何是好。过去他们所依附的日本吃了两颗原子弹后，战败投降。这是他们所始料未及的，他们压根儿没有想到日本竟有战败滚蛋的一天！乍失所恃，如丧考妣，一时不知所措。毕竟，他们除了少许人与加拿大系或英国系长老教会有些微弱的关系外，与战胜国美国不曾具有密切的关系。勉强与美国有关系的，只是一些曾经在台北高等学校听过柯乔治（G. H. Kerr）的英文课（1942—1943年）的青年精英而已，他们在柯乔治来台担任美国驻台领事馆副领事职务时，与柯再接触、结识。所以，一般台籍士绅咸感彷徨茫然，莫知所适。不过，很快地，一部分的"半山"从大陆回来了。

对于"半山"，一般老一辈台籍人士多年存有"贪官污吏"的刻板印象，且因同属台籍，就比对大陆人——"阿山"还更憎恶。但必须澄清的是，并不是所有的"半山"都是坏的，其中还是有些像丘念台、游弥坚（曾任台北市长）、宋斐如（曾任教育处副处长）等有识之士，甚至于有中共背景，返台来准备搞革命的，但这些人士通常不被称为"半山"。

事实上，从大陆回来的"半山"可以分成三种类型，但一般人却没有搞清楚。第一种是从重庆后方回来的"半山"，这些人里头有的跟国民党 CC 派有关，有的则跟情治系统的军统有关，有的则有国民政府的背景。第二种是从沦陷区回来的"半山"，像吴三连在天津，杨肇嘉在上海，张我军、洪炎秋等在北平。这些人虽然并不是真正与日本人合作，但是为了生存，多多少少还是与日本侵华势力有过瓜葛的。我们绝不能忽视的是第三种类型的"半山"。在日本占领区特别在闽广两地，有一些假借日本淫威，作恶多端的"台湾歹狗"（他们的恶劣行径可参照洪炎秋著《又来废话》，与张果为著《浮生的经历与见证》）。这批人为了逃避汉奸罪名的追究，奔窜回台，虽不敢公开活动，但始终在暗中作孽。

这些不同类型的"半山"从大陆回台湾以后，行动模式也不太一样。为参加抗战而到大陆的老实人，回来后也是真心想为台湾做点事；可惜，这种人为数不多。大多数的"半山"一回台就劣根性毕露。当时台湾一般民众对大陆的政情及作风，毫无所悉，抱着欢欣回归祖国的心情，一些"半山"就趁机为非作歹。毕竟，热烈欢迎他们归来的老百姓并不知道他们真正在大陆干了些什么事。那些在伪满洲国、北平、天津等日本占领区与汪伪政权的南京、上海生活过的台湾人，对具封建积习的中国官场习性颇为了解，且颇能适应，他们为了避免被揭穿"汉奸"的面目而纷纷找不同的保护伞。据闻，中部著名的士绅 Y 氏便投靠 CC；南部的名人 W 氏一直以社会贤达的身份周旋于台湾社会；至于日据时期留学北平师范大学，曾在《台湾青年》撰文积极鼓吹白话文，将"五四"新文学运动传播回台湾的张我军，因为在日本占领下的北平任教，参加过"大东亚文学者会议"而备受争议，只有秉着良心默默苟活！

基本上，这种种典型都反映了台籍人士缺乏独立自主的思考能力，充满着没有主体性的"二房东"心理与社会行为。

重建的崎岖与曲折

第二次世界大战后，各殖民地国家的民族独立运动风起云涌。台湾的状况与这些殖民地国家既有相似之处，又有因特殊的历史因素而相异之处。我们冷静地考察战后的台湾社会，就可发现有几个非常重要的问题正摆在欣喜狂欢的台湾人民眼前，等待他们来解决。

第一件事就是秩序的重建，这包含了重新分配权益与解决利益冲突的争端。秩序的重建有两种含义：第一种是，在日本殖民统治结束后，应该从日式殖民体制的秩序转而重新建构自主的新秩序；第二种是，从战乱破坏的混乱失序中恢复和平常态的秩序。这两种秩序的重建有其重叠之处，但也有应该划分层次分别对待的地方（这是指客观存在的利害纷争事项）。

第二件事就是价值体系的重建。光复后，站在自主的立场来说，我们不该让日本殖民统治时期的价值观（或说殖民价值体系乃至于"皇民化"价值体系）继续存在，必须加以批判，创建出我们该有的新价值体系。然而，长久以来，我用心观察却鲜见有人思考过这个问题。我只在徐庆钟先生的侄子徐琼二（徐渊琛）所写的《台湾现况一夕谈》一书中，看到他有这样的思考。这本书虽是在二二八之前写的，却颇能从学理立论。他主张在孙中山先生的"三民主义"指导下，建设好新台湾。他在序文中宣称，他要通过自己在帝国主义统治下的生活经验来总结日本的殖民统治。就当时台湾思想界的水平而言，徐琼二的这些反思是相当有深度的。只可惜，在那个时代没有几个具备这样思想水平的人，因而未能发挥什么作用。更令人非常遗憾的是，徐先生竟在 20 世纪 50 年代的白色恐怖时期以"共党嫌疑"之名被枪杀了。属于人的思想（主观存在）层面的价值观重建，一般来说，很少受到注意。其实客观存在的利害纷争与主观存在的价值体系纷争常常是纷缠交错、盘根错节，难以划然二分的。我们在进行重建工作时，除了要加以厘清因应之外，还应特别留意不要被陷于纷争的当事人误导，坠入其恩怨利害之争的漩涡，而失去清明理性的认知，这点颇值得有识之士注意剖析。

当时除了徐琼二之外，也有几位从东

有关台湾社会实况极具深度的著作，徐琼二的《台湾现况一夕谈》，1946 年出版

京回台的留学生组织了读书会，探讨如何将台湾定位，如何参与台湾光复后的建设。据"新台湾建设会"成员魏火曜教授的口述回忆，有一部分思想左倾者后来被逮捕、枪杀了，他自己和台大医院的高天成外科主任（林献堂的女婿）、蔡章麟教授则在有关当局的要求下，登报声明"新台湾建设会"在台湾已经没有活动而且解散了，以免受到牵连。

总之，当时台籍知识分子受限于人数不多、年纪尚轻而没有足够成熟的理论、思想和经验来面对抗战胜利及光复后的台湾，因此在庆祝光复的狂欢中便充满了太多的幻想。

幻想的杂奏

　　基本上，台籍人士在光复时所流露的狂欢情绪，可视之为"恋母情结"的心理反映。在现实上，一般的母子状况是"儿不嫌母丑"的。当然，这种关系的前提是儿子是亲妈妈带大的，彼此一起生活过，有亲情共在，即使母亲真长得丑，因为习惯了，儿子也不会嫌其母丑的。

　　就战后的台湾社会而言，"恋母情结"无疑是非常强烈的！但是，相对地，是不是也同时具有"儿不嫌母丑"的社会心态？这点就有必要作结构性的分析了。无可否认地，因为从大陆来台接收的军队与官员的乱七八糟，而那些同为台湾人的"半山"大多也同样只忙着填满自己的"中山袋"（光复初期，来台官员所穿中山装，其口袋比西装者要宽大因而变成贪污的代号）；整个社会风尚也不可能在少数几个有良心、有识人士的努力下扭转过来。因此，渐渐地，台湾人开始觉得这个曾经"抛弃"自己50年之久的妈妈竟然长得那么丑而瞧不起她了。相对地，那个"丑妈妈"则责备小孩说：

"你怎么可以瞧不起妈妈呢？要不是我跟日本人抗战，你将永远当个孤儿，流落在外呢！"然而，做母亲的并不知道，在结构上这个被她离弃了50年的孤儿已经变得有些钱了；同时他也因而有了一定程度的现代化与法治观念；尽管在天皇制的殖民统治下的法律是不利于台湾人的，但"恶法亦法"，它毕竟是有一定的道理可循的！相对地，做母亲以及其母家的仍然"无法无天""秀才碰上兵，有理说不清"的状况，本质上不见有多少的改变；这样就产生了认知差距。这点，我将在后文中详谈。

另外一方面，台湾人一直幻想着，光复以后日本人原来占有的位置应该由台湾人来取代。但是，他们却从来没想过自己没有主体性能如何取代呢？首先，他们连汉文都不会写；而且我们似乎也看不到当时的台籍知识精英能够用完整的闽南话或客家话来演讲！光从这点，我们可再看到台湾人的依赖性，也就是二房东心理很浓厚。事实上，从历史的眼光来看，这个现象也是必然，毕竟殖民地体制是以压制被统治民族为主要统治原理的，何况，台籍人士对抗日帝时，往往又可前赴大陆找避风港，甚至于可以自欺欺人地陷入"共犯结构"而偷生，因而除了一部分革命烈士外，大部分的台籍人士甚少有过为自己的自主权和自己的尊严向日帝真正斗争过。

台湾人从来少有斗争过、挣扎过的经验之大量累积，又怎么能建立主体性呢？而这又因为台湾是一个后开发地区，许多单身汉从大陆过来，然后演变成闽人之间内部的械斗，也搞闽客械斗，最后是日本人的50年统治。在这段历史期间，这些新旧移民连"本岛人"的主体性都还没有来得及建立，当然，也就更谈不上会有什么台湾人主体性了。它一直普遍存在的都只是二房东心理——依赖心理而已！

当年，陈仪并非无意提拔台湾人。其实，在重庆时，台籍人士之间已经在闹山头斗争了；比如说翁倩玉的祖父翁俊明到底被谁暗杀？至今仍然搞不清楚。尽管这样，这几个山头一直在斗，他们的斗法看起来有点像今天的民进党的内斗。

严格说来，当年的部分台籍精英可能已有相当的学历，但学历毕竟不等同于学力，现实社会所呈现的却是没有足够充实的学力来思考、分析下面这个命题。这个命题就是，抗战胜利那年究竟是"民国三十四年"，抑或"1945 年"还是"台湾零年"？如果是"台湾零年"，那正意味着，一切要重新开始。但是，并没有过任何人这样去理解，去认知。"光复"或者"回归祖国"显然是大家对抗战胜利的唯一共识。我记得，有一次在东京大学开会时，"台独"理论祖师爷之一的王育德先生，在报告时还口口声声谈到台湾光复如何如何，显然连这个老"台独"的大师之意识里都还不存在"台湾零年"的认识与思考。再举个例吧！有一次东京大学中国同学会邀请台湾出生的日本文艺评论家尾崎秀树，来谈论后藤新平的治台事迹，"台独"的一位理论家黄友仁（昭堂）在参与谈论时，却以日本人的口吻口口声声称抗日的台人为"土匪"，经我提醒他说："你所说的'土匪'其实是我们的抗日义民或游击队烈士呀！"他才恍然更改用词。

问题是，既然一般台湾人都视抗战胜利为台湾光复，回归祖国＝中国，那么不管它内容够不够，内涵充实与否，当时的祖国便是中国，其该归属的主体一定是四大强国之一的中国；对台湾人民而言，他就必须学着去认识、适应中国社会的种种情况。可是台湾老百姓却只在表面上忙着学习国语，寻觅"祖国"关系，而不曾有就中国的社会、经济、政治作出本质性的思考；这个弱点，一直到今天都仍然存在于台籍知识精英的思考与行动上，但寻觅的对象只是自"祖国"而改为美、日而已。另一方面，国府接收官员的扯烂污，也在一定程度上阻碍了台湾人民适应新社会的进程。因为台湾百姓光复不多久就"嫌母为丑"，同时延伸到不愿认国民党所代表的中国是母亲了，于是唐山来的大陆人就被带着仇视及藐视含意称为"阿山"；那些自大陆回台的台湾人则被冠以另一种污秽的名称——"半山"。这终究是令人心痛的民族悲剧。

值此台湾步入历史关键年代的关口时，我们也许可以通过对由日本天皇广播，经胜利、光复到二二八这段狂欢与幻想杂奏的二二八前史的整理、分析及理解，重新来思考真正的台湾人是指什么？台湾是什么？抗战胜利抑或光复对台湾及台湾人的意义为何？最后则是如何看待中国（不管他是文化的中国，或是政治的中国）及中国人的命题了。因为"台湾往何处去？"的命题终究与"中国、中国人往何处去？"的命题是密切相关而无法分割的。

第二章

惨胜狂想曲：

胜利·内战在大陆

当历史的进程愈来愈走近 21 世纪的时候，不管是台湾、大陆或者是全世界，都呈现风云激荡的局面。面对急速流变的世局，我们就更需要冷静而理性地凝视历史的底流（不易被一般人觉察的暗流）及其流向。

历史底流及其流向

我们已可共享的历史教训告诉着人类，历史的发展轨迹虽然迂回曲折，但其长期导向，却是绵延不易地朝着人类寻求普遍性价值的显现而展开。

这个人类的普遍性价值就是法国大革命揭橥的"自由、平等、博爱"三大原则，与第二次世界大战时美国罗斯福（F. D. Roosevelt）总统所倡导的"言论、信仰、免于匮乏、免于恐惧"四大自由。近两百年来的历史可以说就是人类奋力追求实现这个普遍性价值的过程。

在这样的认知下，我认为知识界人士不应随波逐流，眩惑于一时的泡沫现象而左右摇摆，反之，应秉持"slow but steady"（沉稳踏实）的态度，冷静、理性而从容地扮演好促进认知并实现普遍性价值和探索真理的社会角色。

通过这样的观点，我们可以整理出一个历史的规律，那就是：任何一个国家、社会在转型时一定会对转型前的历史——政治、社会、经济、文化等作出总结性的批判。新的领导层希望通过这样的程序，除了总结既往的经验，探索一条适合新体制的道路外，也能释放原先被压抑的社会力量以及部分知识分子的能量（energy），并企图把他们纳入新的体制来，这不但有助于扩大参与的幅度，更有利于执行新的政策。

就苏联而言，已有两次前例可鉴。1956 年 2 月 14 日至 25 日，苏共召开第 20 次全国代表大会，当时的第一书记赫鲁晓夫在闭幕前一天深夜，作了关于斯大林问题的报告。这个题为《关于个人崇拜及其后果》的秘密报告，批判了斯大林的黑暗统治并否定了斯大林。这是一份对苏联人民与全人类都非常重要的历史性文书。赫鲁晓夫虽然在 1964 年 10 月的一场政变中被打倒下台，但他批判斯大林的道德勇气还是值得后人肯定的。

再一个例子就是戈巴契夫（戈尔巴乔夫）。他虽在今年（1992 年）的"八一九政变"险遭灭顶，改革政策受到了短暂的挫折，但他自 1985 年 3 月任苏共总书记以来，提出"重建"苏联政策，并主张"信息公开"（即打开一切黑盒子，把所有的信息向人民公开）；1986 年 2 月又在苏共 27 次全国代表大会完成新的党纲，可见他迥异于以往的苏共领导人，敢于揭露苏共本身的错误，公开加以批判。这确是相当激烈的总结历史的方式，也是世界共产主义运动史上不曾有过的创举。

至于中共，我们也可以举中国共产党第十一届六中全会通过的《关于建国以来党的若干历史问题的决议》（1981 年 6 月 27 日）为例。以邓小平为首的中共领导层，对中共建政 32 年来中国共产党的重大历史事件，特别是"文化大革命"作出了一定程度（抑或原则性）的历史总结，其目的主要为建设社会主义现代化及改革开放的政策路线铺路。相对于赫鲁晓夫与戈巴契夫，邓小平的总结方式就来得稳健平和多了。对毛泽东的历史地位和毛泽东思想，他们作出了些自认为实事求是的评估和论述，而不是像赫鲁晓夫批判斯大林那样地全面否定毛泽东。

另外，我们也可以看一下邻国日本朝野的做法。1985 年 8 月 15 日恰好是日本败战，我们中国人胜利的 40 周年。当时的中曾根首相，发表了他一系列的总结性发言并展开了总结性的政策。此外，值得我们重视的却是在野的具有中立性格的学术界及知识界，也作了甚多"回顾"及"反思"败战或"终战"40 年的历史总结。他们的目的当然在于探索适合他们国情的未来走向，他们能否作好总结是另一回事，但"以史为鉴"向前看的反思态度是值得国人注意的。

然而，令人遗憾的是，日本当权者与亲现存体制的知识界迄今仍不愿坦承自己在二战时期发动战争的侵略罪行，也不敢面对战败投降的耻辱结局，只是遮遮掩掩、暧暧昧昧地以"过去甚为不幸的战祸""终战"或"战后"的说辞来掩饰其"侵略"与"战败"的不光彩事迹。这种对自己更对邻国被侵略人民不够诚实也不十分坦诚的态度，不但让我们及甚多亚洲朋友觉得日本人的历史总结做得不够彻底，难以获得邻人的信任，甚至有时还会招来质疑和抨击。

比起日本人敷衍塞责、不彻底的总结，德国人则本乎深刻彻底的历史总结，做了严格的自我批判，并向犹太裔及被侵略的邻国人民致以诚恳的道歉和赔偿，从而赢得举世普遍的赞誉与信赖。

那么，回头看看我们自己的台湾社会又是怎么样呢？很有意思的是，在"只能意会不能言传"的社会氛围下，我们也可以在蒋经国晚年的台湾社会看到类似历史总结的一些预兆。比如当时党外杂志曾有批判蒋家的一些纪事，可惜水平不够高，扒粪般的内容又甚少能叫读者心折。后来孙立人事件的平反，张学良西安事变的历史翻案，乃至于"二二八和平日"运动等，亦可算入历史总结的预兆或小动作。然而，叫人纳闷的是，这些具有历史总结性格的社会运动很大一部分是来自海外的异议中国人，或者是出于所谓台湾人的策动。真正由台湾社会内部发动，出自深层草根思想的并不多。同时，相对于前面所举的苏联、中共、日本与德国，台湾的这些总结性反思运动几乎都不是由"国府"体制内部的力量来发动。这一点，是相当值得我们研讨及注意的。即使是岛内部分在野人士推动的二二八和平日运动，基本上也是得到海外台湾人支援而有所扩展的。

在辛亥革命80周年纪念日刚刚结束的现在，我们是不是也可以试着以总结历史的态度来重新省思一下：究竟抗日战争的胜利对中国与中国人有些什么影响？同时又因为它与第二次世界大战的反法西斯战争的胜利有密切的关系，我们也可以从世界史的格局去理解在大陆的所谓"惨胜"（pityful victory）狂想曲的相貌及它所衍生的社会现象，进而对胜利后的大陆与光复后的台湾社会重新定位。这一点，我认为有它根本而不可忽视的意义。理由是：国民党当局的政治结构、派系斗争以及还都南京后管辖区内发生的一系列社会现象，与台湾光复后所遭遇的政治、经济、社会等问题有密不可分的有机关联，这样的探讨可供台湾2000万人思考时代新课题时参考。

从"九一八"到太平洋战争

国民党一贯的官方宣传常把中国的抗日战争说成"八年抗战"。然而，只要我们站在广大中国老百姓的立场来看，这场战争实际上应该从1931年的"九一八"算起，也就是说，抗战不仅仅是8年，而是15年。另外，中国的抗日战争在珍珠港事件（1941年12月8日）爆发后被编入第二次世界大战的一部分，因此，对中国的抗日战争我们除了以中国人本身的独立自主性立场来定位之外，我们是不是也应该从世界史的视野来作结构性的分析与定位？我的意思是说，从1941年12月8日的珍珠港事件到1945年8月15日期间的战争，一般通称为"太平洋战争"，然而，当时的日本，却称之为"大东亚战争"。此外，就学术与客观且实际的构图来说，这场战争并不只是我们中国大陆受到日本帝国主义侵略而已，就世界史的观点来看，它基本上更是日本帝国主义与英国帝国主义之间的战争。有人一定会发问：如果是这样，那么，又要怎么解释、定位以及看待美国的参战呢？

许多中国人总是阿Q般地自我怜悯，以为美国是为了我们中国人才参加这场战争；其实，客观的事实并不是如此。美国的参战，第一，是为了巩固本身自大西洋逐渐向太平洋扩张的势力；第二，是为了支援英国。英国、法国、荷兰等同盟国军队的中心战场在欧洲，主要敌人是纳粹德国，然后是意大利。

至于亚洲之所以沦为列强争逐的战场，基本上是因为英国与日本始于1902年的同盟关系破裂，而引起热战。

九一八至珍珠港事件前的这一段亚洲战事，大部分是在中国大陆上展开的，我们中国不曾派遣一兵一卒登陆日本岛及其殖民地打仗，我们始终是在御敌抗战而已，这一点史实，一直被我们自己所忽视。

珍珠港战事爆发后，在亚洲的战争开始被编入第二次世界大战，然后开始被叫作太平洋战争。日、美的决定性战事，主要在太平洋的岛屿、菲律宾等地，最后决战于琉球列岛。如果说，美国的参战是为了我们中国、中国人的话，战争可能不叫太平洋战争，而是远东、亚洲抑或中国战争之类。事实上，除了美国著名记者、作家埃德加·斯诺有过类似的看法外，迄今鲜有类似的称呼及认知。

追溯19世纪后半的亚洲情势，我们就不难发现日美两国的指向。日本明治维新后，先是并吞琉球（1872年）并向台湾出兵（1874年），继而于甲午战争打败清廷，占据台湾（1895年），终乃伺机侵犯中国大陆，自九一八开始冒进。美国则于1898年借古巴的叛乱，向西班牙宣战，这一场美西战争，美方从西国手上夺取古巴、菲律宾及关岛（Guam）作为它的保护国或殖民地。而1897年已签订的合并夏威夷条约也正式生效，夏威夷被纳入美国的版图，从而美国一跃成为跨两大洋——大西洋和太平洋的大国。准备据菲律宾作其向中国大陆伸展的跳板。1899 年及 1900 年两年美国乘机宣告所谓"门户开放政策"（Open Door Policy），向列强要求美国在中国大陆应享有与列强机会均等的任何权利。从此，日美两国隔着太平洋逐渐形成对峙的局面，但两国有志念同，都觊觎垂涎中国大陆的广大市场，欲夺之而后快。换言之，迈入 20 世纪后的日美关系基本上是围绕着争夺中国大陆的利益而纠缠难解。当时，列强争相瓜分蚕食中国大陆，为了维持列强在中国的既得利益，就由自鸦片战争始在中国独占列强鳌头的英国，建立起列强在中国的所谓"国际秩序"。

现在，我们可以通过认识太平洋战争的真正本质来理解，究竟这场战争给中国（当然包括台湾）带来了哪些影响。这些影响可就战争过程及战争结束后两个部分来作些整理和诠释。

战争过程的实质和阐释

起先，日本帝国主义者天真地以为从"七七事变"起的三个月内就可把中国打垮，然而，情势的发展远出于他们的想象。日本"皇军"一天一天地往中国内陆挺进的同时，才发现自己已经深陷泥淖，难以自拔，只能勉强占据大陆的个别城镇或要塞，维持点与线的困窘局面，却无法全盘掌握广大的沦陷区（他们所谓的占领区）。而且就连点与线的日本阵地也不断受到中国老百姓的挑战及威胁。

石油是近代战争的命脉。日本为了获取石油及打开窘境而采"南进政策"，故先偷袭美国珍珠港企图先下手为强，取得制海、空之权，继而又增辟东南亚战场。从此与美、英（包括法、荷在东南亚之势力）发生正面的冲突，这便形成日后的太平洋战争。

日本明治政府自吞并琉球开始追求树立远东霸权，已在前节述及。这段历史包括了几个重要的内容：第一，它意味着清朝帝国与沙俄帝国的崩溃；相对的则是日本帝国主义的兴起；第二，九一八以后，西欧的英、法等资本主义列强日薄崦嵫逐渐衰弱，代起称霸的是美国，然后是社会主义苏联起而抗衡。虽然孙中山1911年的辛亥革命成功了，却无力统一中国；一直要等到国共合作后，蒋介石主导誓师北伐（1926年7月9日），南京国民政府成立（1927年4月），继于次年6月宣告全国统一，中国才勉强地出现了统一的雏形。其实1927年8月，中共自建红军，而各系军阀拥兵自重、割据一方的局面基本上也并未消除。国民党内以汪精卫为首的改组派和以谢持、邹鲁为主的西山会议派，也先后与地方军阀相互利用，甚至另立中央，与国民党中央和国民政府抗衡，政局仍然混乱，战乱频起。

从太平洋战争前夕到抗战胜利，中国内部的政情究竟如何？值得吾人一探究竟。先是清逊帝溥仪于1932年3月在东北成立伪满洲国；1940年3月，汪精卫又在南京成立伪政权，华北一带包括北平则已经沦陷于日本势力之手。至于国民政府则在1937年11月20日宣言迁都重庆，但办公中心仍在武汉。

西安事变（1936年12月12日）后，国共两党宣告第二次合作，建立了广泛的抗日民族统一战线。但国民政府统治区内仍残留着阎锡山的晋军，云南的龙云、卢汉势力，李宗仁、白崇禧的桂军力量等，尚未被真正整合于蒋介石委员长统率的国府中央军之下。此外，不容忽视的则是红军及其陕甘宁根据地延安势力。中共红军虽然在国共合作后，形式上改编为国民政府的八路军和新四军，但实质上依然有相当的自主性，并不完全听命于国府中央。

西安事变后，国共两党基于抗日的民族统一战线而再度合作；

但美国在中国战场主要是支持重庆的国府。然而，令人遗憾的是，当年的重庆政局，国府不同的派系——CC系、黄埔系、政学系、军统、中统、嫡系、非嫡系军队始终不断地在争权夺利。纵然不看中间偏左派以及中共系统人物的著作，从许多以美国人为首的欧美媒体报道，我们也可以看到翔实的记载。在重庆的国府，形式上是蒋介石以军事委员会委员长的身份专权主宰一切；但现实上，他却必须顾及不同派系的利益来作政治上的平衡，甚至以"分赃"笼络人心。或许是时代的限制抑或个人的性格，蒋仍然运作传统的政治手法，拉一派打一派，意图借派系之间的竞争、相互牵制而达到稳固并保持他本身的绝对性权力。因此，基本上，重庆的上层是由"裙带""宗亲"关系构成的一个半封建——前近代的独裁、专制统治圈。

所以，在抗战时期的重庆曾经参与军事机要，且与蒋有过25年亲密关系的张治中，在其回忆录中指摘"抗战到武汉撤退以后，军队的败坏愈甚，到后来几乎完全丧失战斗力了"。然在1941年3月2日，张就政治、军事与党内风气等问题向蒋率直陈词：

政治、军事各方面，均陷于停滞状态之中，形成难治之痼疾。群僚百工，中于明哲保身之毒，只求禄位之保持，不图事业之推展。举目环顾，已无謇谔公忠之风，转长唯诺因循之习。内部充满腐败官僚之习气，偷情苟安。所谓革命精神，在党中已杳不可求，则吾人所肩负抗战建国之伟大任务，自无任何基础与根据，能使其步入成功之途径。迄今则虽临以全力，已常有无法推动之情形，痼疾日深，振作几成绝望。窃谓气象之败坏，无过今日，同时局势之艰危，亦无过今日。（摘要其前言，个

别问题从略）

纵然，有人会说张治中"晚节不保"，和谈失败后"乞降共党"，其言不值一信，但张在回忆录中披露的陈诚（来台后就任"行政院长"及"副总统"等要职）私信足可资吾人参照有余：（时为1942—1943年间）

……然就过去弟（指信主陈诚本人）在中央服务之教训而言，不仅对此（指，张屡次向蒋进言，主张陈诚仍回中枢担负主要任务）深有感慨，亦且极为恐惧。近接渝中友人来函，有云："夫以中央机构之多，人言之杂，私人利害之丛胜，一议之兴，众口阻之，一事方举，多方挽之。益以萎靡之人心，模棱之态度，善良者无辅，强梁者得逞，贤者势孤，不肖者比周，积习已深，来头甚大，非一朝一夕一手一足所能挽救。"真所谓慨乎其言之！总之，以今日一般人对于主义认识之不足，遵奉之不诚，实行之不力，正如吾兄（指张治中）所云"观念未能尽同，步趋亦不一致"，殆为必然之结果。

目击了重庆国府的官场百态，美国一部分的外交官及新闻记者，开始对国府以及蒋介石个人在政治的所作所为有所批判。

美国《时代周刊》驻华自由派记者白修德在其畅销书 *Thumder Out of China* 中以这样的笔触描写了"蒋介石的悲剧故事"：

只有中国人能为自己的人民写作真正的历史。中国战争的故事，是蒋介石的悲剧的故事，他对于这次战争的误解之深，和日本或盟国技术专家对胜利的误解一样。蒋是革命的产儿，但是他现在除了把革命当作必须加以粉碎的可怕的东西而外，他不能了解什么是革命。他曾经拥有一切赞许和光彩——强大的盟国的支持，正义的象征，以及抗战初期全国人民全心全力的热诚的拥护。他所领导的人民，本能地觉得这次抗日战争是一个对抗久远的痛苦之源的整个腐败制度的战争。当蒋氏设法一面对日本打仗，一面保持旧制度的时候，他就不仅没有能够打败日本，而且无力维持自己的权威了。共产党人，他从来的死对头，却从一支八万五千人的部队生长成为百万大军，从一百五十万农民的治理者变成九千万人的主人。中共并没有施用魔术，他们明白人民所需要的变化，他们发动了这些变化。……共产党人有人民在一起，而且因为和人民在一起，他们形成了自己的新的正义。在战争的最后一年间，纵然美国的技术力量移来支持蒋介石了，美国成了他的后盾，也并不能使蒋氏重新获得他在光辉的抗战初年所曾经拥有过的权力。

　　CC派龙头陈立夫在1991年10月号的《九十年代》中说，国共内战时国民党军"兵败如山倒"，观诸45年前（1946年）白修德在抗战胜利后不久，将重庆国府与延安中共两相对照所作的描绘，不正是国府溃败的预兆吗？

惨胜狂想曲下的中国

1945 年 8 月 15 日，日本军国主义终于宣布无条件投降。中国人民的抗日战争和世界人民反法西斯的战争宣告胜利结束。然就中国而言，历经日本军国主义蹂躏领土长达几十年，人民死伤数千万，全国精华地区沦陷殆尽之后，所获得的胜利，其实只是一种充满血泪的"惨胜"吧！即是如此，全大陆人民依然欢欣若狂，兴奋异常，到处鸣放鞭炮，充分弥漫着一片惨胜的狂想曲。

白修德在《中国暴风雨》书中翔实地描述了重庆当时的情景：

当胜利降临重庆时，正是炎热的夏天。那是在一个夜晚……城里的少数几个无线电传来了胜利的消息，这消息又从一个电话到另一个电话，从一个朋友到另一个朋友地传来传去。重庆就立刻爆发为一个欢呼和爆竹的城市，起先还是零星的、错落的，但是一小时之内就成为一个声响与狂欢的火山了。

在日本沦陷区的北平，当日皇无条件投降的"玉音"放送（1945

年 8 月 15 日正午）之后，人们立即涌向街头，城里顿时万头攒动，人潮汹涌，高声呼喊着"胜利!"。当天下午，青天白日满地红的国旗便飘扬在北平的天空……在上海，日本无条件投降的消息在 8 月 15 日晚上，就由苏联侨民（白俄）传出，第二天早晨，全市停业，爆竹之声整天不绝，热闹市区曾有几千人的行列游行示威，狂呼"中华民族解放万岁……"。

然而，诚如 8 月 16 日的《中央日报》社论所云："胜利如果不是最后的胜利，和平就不是永久的和平，胜利就不能算是最后的胜利。"就弥漫着一片"惨胜"狂想曲的中国人民而言，"最后的胜利"，其实还没有降临；当然，更谈不上有所谓"永久的和平"了。因为日本的侵略而暂时隐退的国共两党之间的斗争，实际上，其暗流一直支配着整个大陆。就共产党的立场而言，抗战胜利后，中国革命进入了"全国解放战争时期"（又称"第三次国内革命战争时期"）；因此，从 1945 年 8 月到 1946 年 6 月，是从抗日战争到国内战争的过渡阶段。它的主要任务是保持土地改革的成果以及尽速进入东北。而国民党的新使命则是重建它在 1937 年前的辖区的统治秩序以及迅速地进入东北，进而消灭中国共产党。但是，就中国老百姓而言，由于日本的侵略战争，他们已慢慢凝聚起民族主义的情感及国家意识，大多数的老百姓缺乏深刻的政治意识与认知，只是停留在愤恨日本惨无人道的杀戮暴行，与滥肆轰炸这类感性层次的心境而已。因此，当他们知道仗打完了时，最大的希望就是能够免除战争的威胁，过着安定的正常生活。当时，他们也只知道战后的中国已经与英美苏三国共同成为世界的"四强"了，一心只期待着国共两党能够合作建设新中国；他们怎么也没有想到，更不愿看到，还要面临一场国共之间的内战。

当然一般老百姓无法像白修德一样看出抗战胜利后的隐忧：

> 胜利是来临了，战争是过去了。天明时（8月16日），重庆城又已恢复宁静。狂欢很快地就消逝。和平是到来了，但那陈腐的政府，那由来已久的苦难，那照旧的恐惧，全部依然存在。中国并没有较从前丝毫接近改革，反而是离开国内的和平更远一些了。战争是已经过去了，但是中国还会有长期的大流血和大斗争。

诚然，老百姓就是读到这一段，大多数的人民也绝不愿意相信，美国记者的预测会真正地降临于胜利后中国人民的头上。

抗战胜利后，以蒋介石为代表的重庆国民政府获得了美国的大力支持。为了抗战的果实，美国陆军、海军和空军都动员了他们的力量支援蒋介石，他们赶紧把国府军队遣送到中国最具有政治重要性的华北、华中的沿海城市去接收。这样，由美国训练、美国装备，曾经在缅甸击败过日军的新六军便带着解放者和胜利者的姿态去接收首都——南京；然而，曾经在汪精卫傀儡政府统治下的南京市民，因为对未来的不确定感而没有表示热烈欢迎。南京人，先是经历了蒋介石政府，又遭日本军大屠杀，接着而来的是汪精卫伪政府，现在又得迎接复员归来的重庆国民政府，老百姓给搞得头昏脑涨，一时难以因应，只好冷眼观望。到上海接收的九十四军是一支部分由美国训练的部队，当这些瘦弱、褴褛的士兵，以解放者的姿态，从C54巨型运输机的机门跨出一双双草鞋泥足时，他们立即被等在停机坪上那些身着丝绸、足登革履的被解放者的神采及欢呼的声浪弄得不知所措；然后，这些农民型的士兵们还是在欢呼声与鼓乐声的伴奏下畏缩而怯懦地走下陡峭的扶梯。第三支军队则从各处的群山深谷中，带着他们的苦难和疾病，胜利地沿着五六年前他们溃败时所曾走过的道路，重聚于汉口的美军基地，然后飞往中共心脏地带的北平，想用刺刀和美国的星条旗来重奠国民党的权威。

据白修德等人所述：国民党在未来的内战中并不单只依恃其军队而已！事实上，它早已储备了一种政治资本。也就是说，尽管国民政府在表面上反对与汉奸的一切来往，可是暗地里它却为了私利而与南京、北平的伪政府秘密来往。它希望在战争的最后期间，伪政府控制的军队会在必要时倒戈，攻击日军，更重要的是，不论在什么状况下也都把枪口对向中共的人民解放军。抗战胜利后，就在国共决战的紧急关头时，整个的伪组织居然都投入了国民政府的怀抱。曾经在汪精卫伪政权担任过"行政院长""上海市长"等职的周佛海，摇身一变而被蒋介石任命为"军事委员会上海行动总队总指挥"，打着国府的旗号，继续在上海招摇撞骗，为非作歹。在华北，有六个曾经替日本帝国主义打共产党部队的将官也被收为国民党的卵翼，再度高举国民党的旗帜，抗拒共产党部队向铁道及城市逼近，以等候国民政府来接收。

重庆国民政府虽然在美国的支持下而兵甲壮盛，但党内长久以来的腐化不但没有一定程度的反省与总结，反而变本加厉，江河日下。综观整个国民党高层内部，几乎除了蒋介石、张治中、李宗仁等人外，一般的高官都自我满足地沉醉于"惨胜"的狂想曲中，不能清醒地看到紧跟着"惨胜"而来的历史课题正等着他们去一个个解决。最近，我看了秦孝仪主编，近代中国出版社在 1989 年出版的《史画史话》。这是一本"为中国国民党建党 95 周年志庆"而编的官书，其中仍然把抗战胜利的章节题为"赢得最后的胜利"。事实上，那根本不是什么"最后的胜利"，只不过是抗日战争刚结束而已！从这一个标题，我们不难看到从抗战胜利到现在，国民党的官方史家并没有就抗战作过深刻的反省与总结；他们似乎依然沉醉于抗战胜利后弥漫在整个国统区内的"惨胜"狂想曲里头，并未真正醒悟过来。

接收糟乱，铸成大错

一般说来，一个国家要真正步入现代化须具备三个前提条件，即社会有一体感，政治上凝聚成强大的整体，经济上则建构成共同圈。但是，至抗战胜利时，大陆内部的发展仍极不均匀，交通也极不通畅，地方割据的局面仍未打破，地方主义的分歧依然存在，问题甚为复杂，历史包袱沉重，因此，在政治、社会、经济上都难于整合成一体。胜利后，国府派到各地接收军政的官员充斥着大发"劫收"财、战争财的害群之马，使老百姓对国民党与国民政府大失信心。当时蒋介石委员长虽然已觉察出红军壮大将是莫大的威胁，但他却没能实施对付共产党及红军的良策。中外的有识之士，甚至判定蒋介石及其麾下的国府领导集团根本无能力及无条件因应惨胜后的乱局。

然而，国府虽力有未逮，但心却是有余的。国民党上层人士多认为，国民政府究属正统，国府军尤其是嫡系中央军是沦陷区人民久望的王师。这支王师不单具有美式装备，且有空军、装甲战车。国际上，中国已成四强之一，雅尔塔会议的决议与《中苏友好同盟条约》的订立，足可保证国民党军接收、复员的顺利进行。而美、英友邦又竭力支援，势头正盛，"共产党正可一锅煮掉"（胜利后任军政部长的陈诚之言），岂有惧怕共产党之理？

惨胜的"大好情势"和自我陶醉，有如昙花一现，转瞬即逝。

陈立夫在其《四书道贯》述及："大陆沦陷，政府撤至台湾，检讨得失，病在财政经济之失策，致影响军事；而党务亦难辞其咎。"

但张治中却更明确地指摘：

> 由于黄埔（复兴社、力行社）系和 CC 的斗争摩擦无法消除的关系，使我感到疾首痛心！（中略）CC 系，本来就是个自私自利、腐化党政、压制民主、阻碍进步的小集团，是为一切具有正义感的人们所深恶痛绝的。当然，事实上也没有哪一方面完全对，所以我后来就由厌恶而至于放任，认为是党内无可救药的不治之症。（《张治中回忆录》，页 337）

诚然，甚多关心国家的人士，把自胜利，接收，国共内战，国民党一败涂地至退居台湾的主要责任，归咎于国府层峰及其周围人士的私心、无能、腐败。但我始终认为这一类的批判或谴责是只根据印象或形式逻辑而发的皮相之论，不但不够社会科学，且不够全面。若要对国民党失败之原因做全面的探讨，学界须全盘整理分析围绕当年中国政治家或政客的具体政治、经济、社会条件，此自不待言。

但，此刻我却忆起高中三年级时的情景。1949 年暑假刚结束，来自大陆的同学陆陆续续涌进我们建国中学来。有一天，我问刚插班进来的 L 君说："我看过一些大陆发行的刊物，像'拥护国民政府''军队国家化''官僚资本'等词汇，真搞不通它真正的含义。既然称为'国民'政府，为什么还需要呼吁我们老百姓拥护？军队何以至今还要主张国家化？难道军队不是国家的吗？这在日帝时代是闻所未闻的。而官僚又怎么会有资本呢？做官的怎么可能变成资本家？官僚怎么会与资本黏在一起的呢？"

L 君听后哈哈大笑说："戴国辉，你这个土包子，我们中国的国情跟人家是不一样的啦！我以后会慢慢告诉你……"不过，李宗仁晚年却代替了 L 君更详细地回答了我的发问。

李宗仁在回忆录中批判蒋及陈诚说：

政府在战事接收上的另一重大错误，便是毫无程序，纯以私心为出发点的军队整编。（中略）蒋先生自北伐以来，便一心一意要造成清一色黄埔系军队。他利用内战、外战一切机会来消灭非嫡系部队，这种作风在对日抗战时，更变本加厉。（中略）

据说，胜利将届的前夕，蒋先生向参谋总长兼军政部长何应钦索阅军队番号清册，见非黄埔系的番号尚有百数十师之多，蒋先生顿感不悦，说："打了八年，还有这许多番号？"他的意思当然是怪何应钦太姑息了，为什么不借对日抗战，把这些杂牌部队消灭呢？（中略）

陈诚就任军政部长后的第一项重要命令，便是将收复的伪军及有功抗战的游击队一律解散。解散的方式，也像日军缴械一般，由中央指定各部队集中地点，然后向前来接收的中央军接洽，听候处置。而伪军和游击队的原有防地，却无军队接防，于是，共军又乘虚而入了。这些部队开到指定地点，而他们所奉命要接洽的中央军有些还远在滇、缅一带。这些部队长官久候无着落，又奉严令不准就地筹借给养，因而，老实的将领便将部队解散归农，凄怆情形，难以言状；狡黠的便另打主意，投向中共效力了。在这种不近人情，鲁莽灭裂的办法下，失业军官动以千计，以致后来在南京闹出失业军官"哭陵"的活剧。而向共军投奔的，更不计其数。

李宗仁继续指摘，继何应钦就任军政部长时陈诚所实施的复员整编国军的不是：

陈诚此时实在太自信了，绝不把共产党看成一个威胁。因而他的主要目标，不是在应付日益壮大的共产党，而是处心积虑地消灭内部异己。这种企图又使他想出一个新花样，就是所谓"混编"的计划。前已说过，我国军队历来都有其特殊的系统，将专其兵。这种传统的坏处是容易造成门户之见，好处是将官知人善用，指挥起来可以如臂使指。当然，这个传统未始不可打破，但是要国家承平，中央当局大公无私、汰弱留强，才可逐渐消灭门户之见。可是陈诚的"混编"，目的在排除异己，培植私人势力。所谓"混编"，便是将各集团军中的军、师、团等单位对调，其用意即在将"杂牌军"化整为零，以便吞并消灭的一种阴险手段。这样一"混"，原先本甚单纯的军事系统，反而弄得庞杂了，指挥不易、士气消沉，战斗力也因此丧失。似此鲁莽灭裂的干法，当时纵是"嫡系"部队，也被搅得上下骚然。（中略）陈诚借整编、混编为名，又处处培植他的私人。（中略）诸如此类的故事，在胜利后真是罄竹难书。这些尚是纯就军事观点立论，至于政治和经济上接收的糟乱，尤不胜枚举。例如对伪币币值规定太低，即其一例。刚胜利时，沦陷区中伪币的实值与自由区中的法币，相差原不太大，而政府规定伪币与法币的兑换率为二百比一，以致一纸命令之下，收复区许多人民顿成赤贫了，而携来大批法币的接收人员则立成暴富。政府在收复地区的失尽人心，莫此为甚。

国家在大兵之后，疮痍满目，哀鸿遍野，而当国者却如此以国事逞私欲，国民党政权如不瓦解，真是无天理了！（李宗仁口述、唐德刚撰述，《李宗仁回忆录》，页555—557）

被汤恩伯"尊称"为受降专家的邵毓麟（日本九州帝国大学毕业，历任横滨总领事、重庆军事委员会委员长侍从官少将秘书兼外交部情报司长等）亦写了《胜利前后》（传记文学丛书之十七，1966年9月1日初版），特别对接收变为劫收、"五子登科"（劫收以五子：金子、车子、房子、女子、票子〔北方又将票子改为戏子〕为对象）等政经层面上接收的糟乱状况留下证言。

陈仪及其所率领的台湾省长官公署、台湾省警备总司令部等来台办接收的机关及其人员，是在上述一类的时代大背景下形成的。他们的思维、意识、行动模式以及生活方式当然受制于大陆当年的环境和历史文化背景。此为研究台湾光复史工作者尤应慎知的。

第三章

陈仪的为人、为政及

治台班底

深入客观论陈仪

对史学稍有了解者皆知，研究每一个历史事件都需要把发生的环境与人物之间的有机性关联作好分析、综合、归纳并反思，不能只是机械地排比一些史料、了解并考证事实就了事。不经过综合、归纳及反思以期达到一种历史哲学或历史理论的阐释的话，都是不够理想的，而且高水平的读者也读不出任何创见及历史教训来。

但是，从二二八发生到最近几年前，台湾一直是在威权统治之下，学术研究更受到戒严体制有形无形的压制，对某些所谓"敏感的"历史事件根本无法作好客观的学术研究。

我们都知道发生在 1947 年的二二八事件，有一个非常重要而关键性的人物，那就是当年身任台湾省行政长官公署长官的陈仪。长久以来，我一直留意究竟人们是如何议论他。据我的观察，在"解严"以前，55 岁以上的台湾人可以说都恨他入骨，而且完全没有任何讨论余地就把他当作十恶不赦的巨奸大憝人。这种社会氛围最近甚至有随着二二八事件的政治性炒作，而渗透到年轻一代的趋势。

这里，我们暂且把台籍人士对陈仪的议论撇在一边，我们先来看看外省籍人士对陈仪的看法。据我的调查研究，我认为外省籍人士对陈仪的议论有二种分歧的意见。

首先，就台湾这边来说，陈仪离职回沪之后又接任浙江省主席之职，后来接受中共有关方面的策反而企图说服京沪杭警备总司令汤恩伯停止军事行动，早日呼应中共和平解放上海一带，因此被逮到台湾来枪毙（1950 年 6 月 18 日）。以一般的词汇来说，在台湾当局有关官员眼里，陈仪这个人不折不扣是一个准备投共、背叛国民党的叛徒。在这样的定性之下，台湾的舆论或学者的确也不太容易讨论他，陈的亲朋不用说，与陈同过事、有过往来的国民党有关人员自以不吭气、不置喙为妙。其他局外人及御用文人们要骂他实在是太容易了，但那却是一种"反共新八股"，有为有守者并不愿意自贬身价。然而想要客观评价或者讨论陈仪这个人，实在不是件容易的事，毕竟在"反共戒严"的白色恐怖时期，讨论这样一个"投共的叛徒"，稍一不慎则有被戴上"红帽子"之险！"盖棺论定"的公理，仍然难以适用于当时的台湾。

另一方面，就大陆那边也有其特殊的问题。中共因为有"解放台湾"的目标，需要纪念他们的"二二八起义"，当然不方便公开称赞陈仪为意图促进和平解放上海而牺牲的革命烈士。再则，在"文化大革命"的浩劫中，像陈仪这样是非难以厘清的争议性人物，哪能有条件被客观对待并受应有的学术性评估。在"四人帮"主导的"文革"时期，所要求的是"无限制的纯洁"，像陈仪这种人不但有问题，他的问题甚至是纠缠难解的。"文革"结束之后，基于对台统战的政治性需要，对陈仪这种人也不方便作太多的公开性讨论。从中共方面的文献上看来，中共官方认为陈仪是响应中共的策反工作而被蒋枪毙的（其实，陈仪被枪毙的真正理由，尚待我人深加洞察并研讨）。中共虽也将他定性为革命烈士，但只是暗中通知陈仪的义女陈文瑛而已，并没有公开宣布及宣扬。

近二三年来，不管是台湾或大陆，言论自由相对于以前都比较扩大了。早年，周恩来担任政协主席时，便鼓励那些政协委员把他们所见、所闻、所感的革命经历写下来。现在，这些文史资料，我们台湾住民也都能看得到了。解严以后的台湾，因为与陈仪有瓜葛的蒋氏父子俱已逝世，再加上孙立人、张学良等人的平反，以及二二八和平日的运动，整个社会有一种新的气氛来面对过去的历史。因此我们现在在台湾，也比较有社会条件把陈仪当作历史人物来给予客观的定位。然而，非常麻烦的是有一些抱持所谓"台湾意识"或者是"台湾人意识"而过度走偏锋且强烈倾向"台独"运动的乡亲们，仍然有一种情结牢牢地沉淀于心底，难于释怀，他们非常情绪化地看待二二八事件及陈仪。甚至于有"被迫害妄想症候群"继续蔓延全台籍社区之趋势。

作为一个学术研究者，我虽不能完全克服并升华出生在台湾的客家系台湾人家庭之历史文化背景所衍生的草根性情结，但我仍然愿意首先考虑以一个社会科学研究者，或者是历史科学研究者的立场来对待并研究二二八事件，并且评估陈仪这个二二八事件的关键人物。

　　我以为，我们中国人看问题——特别是在当今的台湾——有一个很大的问题，那就是只求形式逻辑的表面性成立，而不愿意探求它的内涵及其内在诸要素的有机性关联。不仅此也，还把些术语符号化，叫叫口号就满意，敷衍了事，人家说什么我也不加思考地跟着说什么，人云亦云的习气弥漫了整个台湾。因此，贴标签的不良作风也变得愈来愈严重了。另外一个问题是对历史抱持"成者为王，败者为寇"的传统看法。无疑，任何学术、高深研究在某一种程度上是依据常识，从常识出发的，但研究不能拘泥于常识，更不能陷入常识的泥淖而不知自拔。中国的俗语"深入浅出"亦可应用在二二八事件研究。研究二二八应该先深入台湾民间的常识及民怨，加深探讨、整理、综合、归纳，然而又要跃出常识的框框，形成具有反思的理论体系来，从而对二二八事件加深认识与作好平实的阐述。任何道德性批判都难于反对，"众怒"通常亦属于难犯，但学术研究者却不能阉然媚俗，哗众取宠，而随俗浮沉，反而该就客观真实立论，言所当言，不惜干犯众怒。

　　社会科学本来便具有批判的属性。社会科学家的社会角色及学问的使命在于打破常识，道出并提示一般人士不愿听到或不易看到的史实和真理。

　　马克斯·韦伯（Max Weber）曾经一言道破学术训练的真谛说：学术训练的第一步在于，如何做好面对及确认对自己和自己所归属社会具有不愉快感的客观事实。学术研究工作者，绝不该回避客观存在的事实，尤其对自己和自己所归属社会具有不愉快感的一切事与物。

一个社会科学工作者是否能扮演好他的社会角色，基本要件是在于能否不被既存的社会常识（先入为主的观念）拴住，能否不拘泥于人人都称谓"传统""信念"并且可归类于自己所抱持的宗教、道德抑或社会、政治等层次面的偏见，而独立自主地思考，并自由地从事学术研究工作。

我们常常忽视抑或不自觉地，把一般社会所怀有的主观愿望掺杂于自己的理念性判断中，并导出自以为是的"学术性判断"。其实上述的理念性判断，往往并非出自学术研究工作者本身经过真正学术性提炼及挣扎而获得的独特的理念和判断。换句话说，那一类的"学术性判断"也不过是被换装过的"常识"或错觉而已。

在"市民＝公民意识"不够成熟，"知性的诚实"（intellectural honesty）不十分被尊重的社会，具有偏差及不够健康的"常识"往往不易被纠正，激情的"众怒"亦难于克服及升华。有关二二八的"常识"及"众怒"，尚待真正的学术研究来纠正、克服及升华是不必赘言的。笔者是否有能力承担这个迫切且艰难的课题，另当别论，但我从事研究的立意是真诚的。

陈仪的早期经历

陈仪，1883 年（清光绪九年）生于浙江绍兴，曾名陈毅，字公侠，又改公洽，自号"退素"。据陈的义女文瑛说，陈仪自号为退素的来由，系"父亲生平自有自己的政治抱负，为人耿直，清廉方正，与一般国民党官僚不甚相得，故常遭贬挤，父亲不为所动，以'我行我素'处身待人，故自号'退素'"。这是陈女之言，真实如何，请拭目待看下文。

他虽在晚清时期生于浙江绍兴的世代商家，一度受家人之命当过学徒学过商，1902 年，考上浙江省官费留学，前赴日本，进日本陆军士官学校。赴日时与鲁迅、许寿裳、邵明之（后改铭之）等人同船，由而结识，后成知己。1904 年，和鲁迅等四人尚在东京合影留念。

1907 年，毕业回国在陆军部经二等课员起步，后任陆军小学堂监督。1911 年，辛亥革命，武昌起义，浙江起而响应，1912 年，陈受浙江都督之邀，任都督府军政司司长。1914 年应召北上，在北京军政府任政事堂统率办事处参议。1916年袁世凯窃国，不久陈离职。

1917年，经由北京陆军部派赴日本，入日本陆军大学，为中国留日陆大第一期学生，1920年回上海定居。此间无事可做，经人介绍就任垦殖公司的常务董事、上海丝绸银行总经理等职，但所属公司、银行都遭倒闭的噩运。

1924年9月，孙传芳入浙坐定杭州，委任陈仪为浙军第一师师长。此为陈带兵之始。1925年陈仪奉孙传芳令攻击奉军，击败张宗昌部，因战功被擢升为五省（浙闽苏皖赣）联军徐州总司令。

1926年，陈仪驻扎徐州时，国民革命军北伐，势如破竹，已向武汉推进，陈的第一师参谋长葛敬恩向陈仪建议，陈又向孙建议，并得孙军总参议蒋百里（方震）的协助，葛敬恩前往武汉了解北伐军。表面上标榜的是孙传芳的秘密代表，实际上是陈仪和浙军第一师代表；10月22日，葛于江西省奉新县面晤国民革命军总司令蒋介石，达成协议后秘密携回蒋介石的亲笔信和任命陈仪为国民革命军第十九军军长的委任状。

早在10月16日，浙江省省长夏超趁孙部的不备，起义响应北伐军，孙急调宋梅村旅攻浙，夏战败被杀。10月29日，孙传芳派陈仪继任浙江省省长仍兼第一师师长，是为陈仪的第一次主浙，但首尾不足三个月。

当葛敬恩秘密带着国民革命军第十九军的番号赶路返浙时，浙江局势混乱，军政各方面接触频繁，酝酿着迎接北伐军的空气弥漫，革命气息却已风声鹤唳，草木皆兵。

陈仪匆匆归浙虽然接了省政，但一切尚未布置停当。且眼看着夏超独立失败被杀在前，不得不慎重，因此虽然接受了北伐军的委任状和番号，但未敢明白表示依附。为了避免与孙传芳军冲突，将所部第一师中的大部分调往宁波、绍兴一带分散驻扎。等着机会想跟孙面谈，敦促孙与南方（即北伐军）合作。

　　就在这时刻，孙部孟昭月出陈之不意率师潜入杭州，将留杭第一师部队分别包围缴械，并把陈仪看管起来，旋又押送南京，软禁于孙的五省联军总司令部。孙大动肝火，恨之入骨。但经孙部左右总参议蒋百里等陈之旧友婉言向孙传芳为陈缓颊，陈仪终得脱险。

　　陈仪自南京回上海，得知其第一师已被击溃，残部不是投奔了他师就是散而不成军，另一部分散兵则由其旧部第一旅旅长余宪文收容。余不久奉北伐军东路总指挥何应钦之命宣布就十五师师长之职。

　　其后，国民革命军军事进展奇速，孙传芳军最后经龙潭一役，全军覆没。国民党中央任陈仪为江北宣抚使，委其收拾孙的残部，但得不到旧部余宪文的合作。同时北伐军斯时的红人何应钦最忌浙人得势，从中破坏陈仪与旧第一师的关系，因而陈仪不但未就任江北宣抚使，至是从辛亥革命建制起来的浙江陆军第一师遂成为历史名词。

　　从上述可见，陈仪在军界虽具罕有的高学历，但在辛亥建国、军阀割据、北伐（1926年7月至1928年6月，主要为国民革命军与北洋军阀之抗争）的整个动荡过程中，陈不但连小军阀都称不上，真正带过兵的时间也不过是两年多，而且还得依靠同师的旧人葛敬恩来管领军队，可知其基础之脆弱。他迟至 1926 年末才透过葛敬恩与南方（尤其与蒋介石）结缘。

北伐完成（1928 年 6 月）前的蒋介石，在其周围甚少见到像陈仪、孙传芳、蒋方震等留日出身的军界前辈和学长辈。其原因除与局势未分明、识时务的俊杰们皆在观望风色有关外，与他们不愿屈就后辈蒋介石之下也不无关系。蒋的甚多前辈和学长都对蒋抱有类似葛敬恩下述的观感："以前，我对蒋（介石）印象不是很好，一则我把他看作当时所谓嵊县帮（嵊县坏分子所结合的一派，蒋本人虽非嵊县人，但蒋母王氏是嵊县人）有关的人，二则因为他在民国初年生活腐化，觉得他不宜为友。"（葛敬恩，《大革命时期的陈仪》）

1904 年冬，浙江的反清革命人士在上海组织光复会，陈仪响应在日本参加，且与会长蔡元培、秋瑾、徐锡麟、蒋方震、蔡锷、章太炎、陶成章等人结识。值得我们注意的却是，光复会虽然翌年与孙文所主导的中国革命同盟会（1905 年在日本东京成立）合流为一，但逐渐与主要依靠南洋华侨支援、以孙文为首的同盟会不合，1910 年重组，由旅日的章太炎任会长。章虽在辛亥革命后返国参加民国政府，被委任为民国政府顾问，但与同盟会的矛盾并未化解，孙中山先生就任临时大总统后，曾致电广东都督陈竞存（炯明）进行调解。1912 年光复会要角陶成章在上海被刺杀，该会无形中解体。

陈仪为何不曾奔赴广东，投入南方气冲云霄般的革命热潮？

一部分理由，或许可以从其光复会背景来说明。十分有趣的是，1945 年胜利前夕，光复会的旧人们在重庆居然还来个"死灰复燃"的举动，1947 年又要求参加国府立法委员选举，不但未得获准，同年 4 月 22 日（请注意，此事发生于二二八事件之后）还被国府通令取缔。1949 年 1 月光复会曾发表声明，拥护中共所提的八项和平条件，并且从旁策动陈仪实现局部和平，事泄未遂，是后话。陈仪与光复会残余人士不堪寂寞之举动是否有过瓜葛，甚难找出其蛛丝马迹，不过，要知晓陈仪的为人，绝对有必要了解陈在第一次留日期间（1904—1907 年），透过光复会和浙江同乡富于文人气息的革命、开明派人士交往相处的背景。

陈仪的为人

　　总之，陈仪虽然学的是军事，但他的商家出身、光复会成员以及与鲁迅等"硬骨派"文人、思想家的交友等背景，使他难于涉足"腥风血雨"的军事革命舞台。虽然有过少些的人缘和机遇，然而不但遭受了挫折，差一点还送上头颅。但陈仪可以算是一个反清的爱国主义者，他具有非常强烈的民族主义，而且带有一定的社会主义色彩，对改革中国社会现实怀有热情和抱负是毋庸置疑的。我们可以从以下几个事例得到验证。

　　首先，值得我们玩味的是，陈仪惋惜鲁迅谢世之举。鲁迅逝世的时候（1936 年 10 月 19 日），当时担任福建省主席的陈仪接到许广平的电报后，非常悲痛。他认为"鲁迅的逝世是中华民族不可弥补的损失"，同时"出于平时对鲁迅先生的敬重"，陈仪当即电告蒋介石，建议为鲁迅举行隆重的国葬；但蒋介石并没有接受（陈文瑛，《陈仪与鲁迅、郁达夫的交往》）。从此来看，陈仪不可谓不具有军人、政客难有的稚气和文人气质，虽欠缺一般性政治判断，但他是刚直的。鲁迅遭过通缉，国民党痛恨鲁迅都还来不及，有何可能由蒋来主办国葬？

当陈仪在日文的刊物上，看到日本印行《大鲁迅全集》的广告时感叹地说道："这件事又给日本人抢先一步了。"于是汇钱给许寿裳编印国内最早的《鲁迅全集》。（钱履周，《我所知道的陈仪》）

陈仪古道侠肠及爱才，对于创造社创始人之一的郁达夫更是照顾。陈仪主闽时，郁达夫曾写信给陈仪说"想换换环境，请陈仪代他谋职"。陈仪于是邀他来闽，先后委以"省政府参议""公报室主任"（郁在此期间，访日归闽途中，曾访台与台籍文人士绅有过相聚）之重任。后来，郁达夫去新加坡任《星洲日报》编辑，第二次世界大战后不久，遭到日本宪兵的暗杀。陈仪于是与义女文瑛共同教养郁达夫托付的孤儿——郁飞，直至大学毕业。（陈文瑛，《陈仪与鲁迅、郁达夫的交往》）

1927 年蒋介石发动了"四一二"反共政变占了优势，4 月 18 日，另外树立南京国民政府，与武汉的国民政府对立。同年 9 月武汉国民政府倒向南京，蒋介石以国民革命

前排左起：邵明之、陈仪；
后排左起：许寿裳、鲁迅。
摄于日本，1904 年（文讯资料室）

军总司令及政府主席重新整顿了国民政府，逐次得到列国的承认。1928 年初，陈受邀前赴南京，商讨国防建设等问题。同年 3 月，陈仪奉命率团到欧洲考察，主要目标是德国，接触了许多留德的中国留学生。这些学生里头有许多人是带有部分开明性格的旧西北军阀——"基督（徒）将军"冯玉祥派去的。后来冯玉祥的势力被削弱了，这些学生在德国也感到彷徨、无所适从。陈仪于是与他们建立联系，除了支援他们继续进修完成学业外，又督促这些人，让他们返国服务。早期返国者参与了陈仪开展兵工署的事业及继后的治闽，"七七"后才返国者一部分到了重庆，给抗战前后的国民政府灌注了一股新血。譬如俞大维就是陈仪亲自推荐给蒋介石的，先后担任蒋的秘书及兵工署署长，来台后长期就任"国防部长"。当时，俞不过 35 岁左右。此外还有一位留德七年多的经济博士，中国青年党员张果为，后来也应召到闽，帮助陈仪建立统计及税务制度，先后担任福建省统计室主任、财政厅长等要职。

陈仪爱护青年的一斑，我们又可以从汪彝定的回忆录《走过关键年代》得到证实。汪彝定回忆道：光复之后，他来台在"善后救济总署台湾分署"工作时，尽管只是一个二十来岁的小职员，并无特殊关系，却也先后三次被陈仪接见，听取他对台湾社会民情的反映。和汪同一时期来台，初在工矿处任技正兼工业科长，后任台大化工系教授兼系主任，又任台湾肥料公司要职及"行政院经济安定委员会委员"兼化工组组长，并受王作荣先生推崇为"台湾石化工业之母"的严演存，在他的回忆录《早年之台湾》中，又有述及陈仪为人的一段：

既发生了二二八事件，即使基本原因是由于国势，但作为台湾行政长官，陈仪脱不了政治上的责任。不过，有人说陈仪贪污腐败，这是绝对不公平的。

陈仪私人很廉洁，生活俭朴；不住原来总督官邸（今"总统府"附近的招待所），而住延平南路的一幢二楼小洋房（戴按：严可能记错，该是南昌街，旧台湾电力株式会社日本社长公馆）。他存心要善待台湾人民，作风尽量开明，例如长官公署门口不设武装卫兵，对报纸不加干涉。当时若干民间报纸对长官公署的批评甚至攻讦的言论，不仅是当时我国国内所绝对不容许，也是此后台湾一直到一九七八年政治改革止所无。可是陈仪这种对政治开放的态度，也许过分天真，在政治上可说是犯了错误。如果报纸不如此过分放任，同时驻台军队不减少，二二八事件不可能如此扩大。

陈仪对部下绝对不容忍其贪污。例如福建来的某机关中某君，曾向某一接收工矿人员关说，要求其在某企业接收文件中，改一二个字；事为陈长官所知，陈立刻将某君撤职，赶回福建。故在其影响之下，接收人员之风纪与上海、北平相比，是天壤之别。

汪、严两人在写这些文章时（他们的文章先在《传记文学》等报纸杂志登载后，再集结成书），台湾的言论空间还不像当今这么自由，难免有些含糊。同时，文中的一些逻辑亦属于见仁见智者，但我们从这些文章当可以看到，陈仪的为人之几许侧面。除了光复初期来台的外省籍有识人士的证言外，我们还可借飞黄腾达的"半山"典型人物黄朝琴的《我的回忆》作为佐证。黄朝琴说：

我就任市长前后，陈长官对他个人有关事项，有两次指示：其一，他在重庆时曾面嘱我抵台北后代觅住宅一所。他说："台湾总督府将改为博物馆，总督官邸改为民众馆，作为民众集会之用，至于个人住宅，希望只要一栋四五个房间的日式房屋，陈设毋须华丽，惟须有花园绿地。"陈长官决定不用总督府的大楼作为长官公署署址，也不用总督官邸作他的官邸，是一项很开明的决定。如此不但袪除了日本统治阶级的象征，同时表示民主自由和朴实的趋向，增强了台胞对祖国的向心力。

（中略）

陈长官的公馆，经依照他指示原则，觅得台湾电力株式会社日籍社长的宿舍一栋，系以日式为主并有部分西化的平房，精致雅洁，设备完整，庭园花木扶疏，环境十分幽静，私衷以为当可复命。不料当我陪同长官公署葛秘书长敬恩先生察看时，他说："为何觅这种小屋作长官官邸？这事与你前途有关！"我初未料及为长官服务，竟与前途有关！不禁暗自忖度，降级任市长，有何前途可言？为免其误会，遂将陈长官吩咐经过情形告知，他似仍不甚谅解。迨陈长官莅任后即以该屋作官邸，未闻有不满之意。旋他在首届光复节发表谈话时还提到日据时期区区一电力公司首长竟住如此富丽堂皇的房子，使他都不敢居住云云。

黄的回忆给我们带来二种信息：一为有关陈仪的为人，二为其重要幕僚葛敬恩做官之虚假与无聊。有关葛之一些事迹，我们将在文末述及。

去年（1991年）暑假，笔者在大陆搜取资料及访问二二八有关人士时，顺便又访问了陈仪的外甥丁名楠教授。丁含着眼泪说道："陈仪的日籍太太（大多时间住在上海）在陈仪担任台湾行政长官时，竟然时常因为陈仪忘了汇寄生活费而面临困境。陈仪为官多年，一无存款，二未置过房产地产，当他死后，他那日籍太太几乎无法生活。"我聆听时，脑际盘旋着陈仪在二二八事件后的五月四日，赠给丁的一首诗："事业平生悲剧多，循环历史究如何。痴心爱国浑忘老，爱到痴心即是魔。"这不可不谓是悲剧性人物苍凉心情的表露。（戴按：丁斯时在台南县曾文区任区长，二二八事件时，虽受惊但并未受到骚扰殴打。）

陈仪的老部下程星龄证言说："（陈仪）身后萧条，夫人居上海生活困难。解放初期，我曾向周（恩来）总理反映，总理立电陈毅市长，优予待遇。后来，上海市人民政府收买了先生的一所住宅（系汤恩伯所赠），夫人得价款后即返日。"（程星龄，《忆陈公洽先生》）陈夫人所得川资来源于汤恩伯所赠房子的卖款，不能不说是历史悲剧的一大讽刺。

正如陈仪自己在另外一首自作诗所言："治生敢曰太无方，病在偏怜晚节香。廿载服官无息日，一朝罢去便饥荒。"因而，连在政治上反对他的人士也都不得不承认，陈仪个人是俭朴、廉洁而不贪污的。

至于陈仪的待人处事态度，我们亦可借其旧部属的证言来介绍一些。

当年被福建省国民党省党部说是"潜伏在陈仪身边的共产党人"之一的程星龄（为程潜的族弟，后策反程潜，达成湖南和平"解放"），曾经在陈仪主闽时担任省训练团教育长，负责训练全省干部的程说："我在（陈仪）先生手下做事，敢于放手，因为他肯替下级挑担子。当然，先生用人，有得有失，有时失之偏信，为小人所误，但他选拔的人才确实不少。"

包可永，系小说家包天笑的儿子，本为陈仪在德国发掘的青年才俊之一。经任陈仪主闽时期的福建省公用局局长、建设厅长，后转进重庆加入资源委员会，在主任委员翁文灏、副主任委员钱昌照下就任工业处处长。严演存在《早年之台湾》中，记述了包可永一段耐人寻味的话："翁（文灏）先生以部下为工具，且不惜其工具；钱（昌照）先生以部下为工具，而珍惜其工具。只有陈公洽以部下为人。"谈到包便须涉及徐学禹。徐是光复会名人徐锡麟的胞侄，既是包的留德同学又是连襟，此人能力相当强，因得俞大维的推崇荐给陈仪。奔闽投入陈仪麾下后，先后任建设厅长及省府顾问，借此机缘亦介绍严家淦参与陈仪主闽，运筹帷幄。徐学禹胜利后，身任招商局总经理不便离开故不克来台，但借居招商局要职与陈仪保持联系是有据可寻的。

徐留德时习电机，时已与张果为有了嫌隙。张果为自德返国后，亦赴闽，获得陈仪重用，已见前文。但曾几何时，张身任财政厅长要职，因反对徐学禹等人实施的"管制经济"，遂离职，奔重庆另寻出路。

张果为在其回忆录《浮生的经历与见证》里，留下对陈仪评述的二段文字，值得我们参考。（戴按：包、徐两人后转美当寓公。张果为则于 1949 年 1 月 13 日举家来台，于台大、文化学院〔后升为大学〕等校专任教职。）

陈公洽（仪）先生那时（1928 年）来柏林，他不是单纯的观光旅行，他是奉蒋委员长派来研究政治并延揽青年人才的。他在柏林停留有数月之久，他赁屋而居，非常注意女房东的治理家务，女房东问他晨餐鸡蛋要吃煮几分钟，他甚欣赏，并处处看出德国人工作的准确性，生活的规律性，德国人极守时而重然诺，诚朴而好整洁，他都观察得十分清楚。他本系在日本士官学军事，并研究过炮科，因此他的数学不差。他完全系军人出身，但留德学生会曾请他讲演，他讲中国的国际收支，有理论有实际，讲得井井有条，听讲者有数十人，其中有杨继曾等，我亦参加听讲，大家均佩服他的学识。

陈先生离开福建时，其所乘座车所经之处——南平、建瓯、浦城等县——老百姓不少用铜盆盛水跪地欢送他，这不是表明他是明镜高悬的省主席吗？陈先生在福建约十年，实在也有不少成就，诸如财政的改革、县政的清明，都是不可抹杀的事实。老百姓眼睛是雪亮的，肩挑等事，福州一带受害较多，闽北较少。有一次他在省府纪念周会主席台上说，外面有不少人误会我，我希望有人剖开我的心，看看血液所凝结的是不是"爱国"二字。他是充满了爱国精神的人，应是毫无问题的，但是求治求功之心未免过切，致易为贪墨者流所利用，又过信乡愿者流的阿谀，以致用错几个人，而不免偾事。也可以说，他的成功，在爱国心切，勇于任事，敢作敢为（他在军政部次长任内也有不少成就）。他的失败，在不能择善固执（因他欢喜高远见解），而又用人不专（因他发展欲强）。我随从他服务近十年，深知他的生活与为人情况，如今不怕误会作此概括的观察与评述，完全摒除意气而出诸客观，非敢有所訾议，亦非欲有所标榜。读者对我写这一段的心情，当可了然罢！

陈仪主闽以来的重要幕僚，胜利不久后到台就任"善后救济总署台湾分署署长"的钱履周（宗起）说："陈仪对他的手下总抱定'用人不疑'的老调，有人告发贪污，他就要求'拿证据来'。陈自己不搞钱是可被人相信的，但他的手下就以这一点来做贪污的掩护，并利用陈的'用人不疑'来保持他们的职位权势，取得贪污的便利。"（钱履周，《我所知道的陈仪》）

陈仪的军政经历

　　首先，我们得整理陈仪从政大概的经历。陈仪在欧洲考察了半年后，取道美国、日本返回上海，时值 1928 年 11 月。翌月 10 日他亲自带上《歌德的书信与日记》(袖珍二卷本)，当为访欧小礼赠送鲁迅。这一举，乍看平常却不寻常，恰恰告诉了我们，陈仪有异于一般武人，有既念旧又耿直的性格。

　　1929 年 4 月，因首任军政部兵工署署长张群调任上海市长，陈仪被派接任遗缺。任中他延聘了俞大维、陈介生为首的留欧美精英，不但树立了制度又准备扩厂大量制造大炮、机枪等武器，逐渐确立国产武器生产体系的雏形。陈廉洁且新颖的作风和不凡的建树颇得蒋介石赏识和器重，翌月受命兼任军政部常务次长。不久再升为政务次长，兵工署署长即交给俞大维，俞任此职十来年。陈仪日渐在国府军政界获得受尊重的地位。

　　由此机缘与张群（晚陈五期的日本陆军士官学校同学）增加了交谊的机会，陈开始被人列为政学系巨头之一。政学系本是一个纵横捭阖的高层官僚政客集团，创始人黄郛，浙江绍兴人，和陈仪除了是小同乡、留日学友外，亦是陈任浙江第一师师长时的参谋长葛敬恩的亲戚（葛是黄郛夫人的亲娘舅）。有此三重、四重的关系，加上陈素与CC集团政见作风不合，军令界及党务亦不是陈仪能涉及和所喜好，陈自然而然地亲近政学系，是不难想象的。

1933 年 11 月，曾在一二八淞沪抗战坚持抗日的国民党第十九路军将领陈铭枢等人，在福建成立中华共和国人民革命政府，公开宣布抗日反蒋（史称"闽变"），但在翌年 1 月旋即倒台。

1934 年春，陈仪就任福建省主席，1935 年奉国府中央之命率团前往台湾参加日本当局举行的"始政四十周年纪念台湾博览会"（10 月 10 日至 11 月 28 日）。陈仪带领了省府顾问沈仲九、建设厅厅长陈体诚及省府各厅局的技正级技术人员一团人。他们趁机考察了台湾日月潭水电站、嘉南大圳、基隆港等港口设备，矿山、糖厂、台北帝国大学、气象台等机关和现场。返闽后，由沈仲九主编了《台湾考察报告》一大册。考察团同时自台湾总督府获得《台湾法令汇编》等有关资料。

日本帝国主义，自"九一八"前后以来咄咄逼中华，虽然陈是遵照蒋介石及国府中央（时汪精卫任行政院院长）的旨意，奉行对日"缓冲"的方针而有台湾一行，但激情的舆论及国人不知内情，群起指摘陈仪的不该及不是。陈仪被国人普遍地视为"亲日派"，声名因而败坏不堪。其时在福建省政府担任公报室主任的郁达夫评论陈仪说："许多人都说他是亲日派，其实我知道他是会抵抗到不惜身殉的。"后来舆论汹汹，陈不得不把蒋要他"对日本应采取缓冲态度"的电报公之于众。这么一来，当然惹怒了蒋介石，但不曾公开翻脸。1937年，陈以陆军中将加上将衔。

陈仪主闽七年有余，先后延揽了不少人才，尝试了甚多新政，以强悍的作风推行政策，得罪了奸商与土豪劣绅，也得罪了特工。他创"公沽局"（收购粮食），成立生产局、运输局（管制货运）等实行管制经济，致奸商趁机囤积，贪官从中渔利，米荒严重，物价飞涨，民怨沸腾。闽籍侨领陈嘉庚的激烈抨击及南洋一带闽籍华侨的怨声载道，终使陈仪不安于位，1941年9月黯然离开福建到重庆。蒋介石委员长一度邀陈就任后勤总司令职，陈仪力辞不就。闲住了两个多月，此期间曾造访成都四川省主席张群（斯时黄郛已去世，张就代政学系龙头多年）处做客数日，畅谈国事。于同年12月23日，陈被任命为国府行政院秘书长兼国家总动员会议主任。蒋介石自兼行政院院长，实际院务则全托副院长兼财务部长孔祥熙主持。陈看不惯孔的作风，孔怕大权旁落于陈，因而在会议上互拍桌子争吵，蒋只好把陈与张厉生对调工作。陈仪于1943年1月，就任党政工作考核委员会秘书长，主任一职亦由蒋介石自兼。其后，蒋再委陈仪兼任中央训练团教育长及高级班主任和陆军大学代理校长。这些不是闲职就是赏面子的虚衔高位，自不待言。

1943年1至2月间，德国最精锐的30万大军受困于苏联，全军覆没，英法的抗德国法西斯运动高昂，同年5月斯大林企图与同盟国建立更亲密的"对德意两法西斯国家"的共同作战，自动解散了第三国际。并由于意大利的无条件投降（同年9月8日），在如何开展第二战线的讨价还价的折冲中，第二次世界大战在欧洲战场的战斗逐渐接近尾声。在亚洲战场的战斗，亦因美军在太平洋诸岛屿的反攻攻势大有进展，及我方英勇抗击日军的攻势亦逐步见效，遂有中、美、英三巨头，即蒋介石、罗斯福、丘吉尔（W. L. S Churchill）参与的"开罗会议"（Cairo Conference）之召开。会期为1943年11月22日至26日，27日互签《开罗宣言》而闭幕。翌月1日公布了宣言。宣言中规定，日本投降后，日本必须把中国东北（满洲）及台湾、澎湖列岛归还中国。

国府于1944年10月成立台湾调查委员会（简称台调会），开始作接收台湾的准备。台调会隶属于中央设计局，有委员九人，台籍三人，即谢南光（春木，国际问题研究所）、游弥坚（财政部）、黄朝琴（外交部）；浙籍三人，即陈仪、沈铭训（仲九）、钱宗起（履周）；另三人是国际问题研究所所长王草生（湘）、夏涛声（皖）、周一鹗（闽）。陈仪任主委，夏、周、钱兼常委。

1945年8月15日，日本宣布无条件投降。29日，国府任命陈仪为台湾省行政长官；9月1日，公布《台湾省行政长官公署组织大纲》，7日，任陈仪兼台湾省警备总司令。

陈仪在国府军政界的经历大略如上述。他就任军政部兵工署署长后兼常务次长及专任政务次长的期间，一共四年。主闽期间则较长为七年有余，赴渝就任行政院秘书长仅有一年，除了与孔祥熙冲突争吵比较突出外，乏善可陈。至于继后就任重庆国府中央机构党政工作考核委员会秘书长、高级干部训练班主任、陆军大学代理校长，不但是闲职，无权，任期又甚短，值得我们讨论者无几。

陈仪的为政理念

我们对陈仪的为政怀有莫大兴趣的，当然是在于他的闽政。一般而言，任何国家和社会在革命和建国的大时代里，爱国创业人士难免都将投入"一面学，一面做，边做边学"的大环境中奋斗、挣扎。陈仪主闽当然也难免有这一种境遇。遍查资料及遍阅诸家回忆录，我们不难了解陈仪主闽时的福建景况和不得不面对的各种挑战。

蒋介石委派陈仪主闽，实出于下列数种理由：1. 借重陈仪有魄力、勇于负责、开明且清廉俭朴的威望，来收拾"福建事变"后的烂摊子。2. 福建素来地方豪绅权势大，派系多且根深蒂固，本地奸商、流氓与日本浪人及台湾歹狗（台籍浪人、老鳗〔流氓〕、攀附日帝狐假虎威的歹徒之通称）勾结作恶，因为有日本背景甚难对付。只有请出对日具有望重威高的陈仪才能压众。3. 斯时，蒋介石依然在考虑如何对日缓冲，虚与委蛇，借重陈仪之处甚多。

至于陈仪必须面对的难题及挑战亦可略举一二。

第一，福建省除了沿海一带及侨乡外，还停留在交通闭塞之境。土匪、海寇以及"民军"势力仍在，鱼肉百姓频生不鲜。第二，闽省叠嶂重重不易相往来，方言多种难于整合亦是千真万确的现实。民国肇造至陈入闽主政仅有23年，此间历经军阀割据，南京国民政府成立，国府军"剿共"与红军反"围剿"的激斗，"九一八"、"一二八淞沪抗战"（1932年）、"福建事变"等民国史发展的程序是不能忽视的当然趋势。由而闽政的一切，和国势同样百废待举也是可以想象的。

　　为了对付福建复杂的景况，陈采取了"集权"主义，入闽不多久，又取得绥靖主任的权位，在法律上（也就是形式上）他独揽了军政大权于一身。不过法治尚未上轨道，法治观念不普遍时，这一种大权实难于有效地发挥的。

　　蒋委员长虽然借重陈仪派其主闽，但并不是完全信任。蒋并没有忘记他一贯的做法，他安排了CC派的陈肇英坐镇省党部监视并牵制陈仪。陈肇英和蒋鼎文、徐桴结成派系，形成一股势力。

　　众人皆知，政学系与中统的关系一向不好，陈仪有需要拉拢军统来对付CC势力。

　　据曾在福建军统公开单位服务多年的余钟民证言："1934年军统势力开始在福建伸展的时候，也正是陈仪统治福建的初期，军统和陈仪需要互相支持。军统头子戴笠和陈仪在南京时已有联系，彼此间有密电本，以后戴笠还来福州同陈仪晤谈三次。本来陈仪对福建警察机关抓得很紧，几个重大警察单位都委派了他的亲信任主管，但戴笠提出安置军统特务以建立基础的要求时，陈仪尽可能满

足了他的要求。"（余钟民,《陈仪枪杀张超的前前后后》）

不少人道及陈仪因故于1938年6月18日把福建老军统头子张超枪毙后,陈仪与军统之间遂衍生了紧张及嫌隙,始终没有消除,此说只有其一半的道理。但陈仪与戴笠之间并不是众人所想象的那样。理由有二:第一,既然戴系大特务头子的话,他就不至于为区区一个地方性小部下之死,而斤斤计较且记恨;第二,1945年10月24日,陈仪从上海虹桥机场飞台北,来送的名人中,不见CC派人,但见戴笠陪着顾祝同（时任第三战区司令长官）、汤恩伯和邵毓麟送行,亦可借而验证。虽然,特务头子和大政客们是以"笑里藏刀"待人为常。（邵毓麟,《胜利前后》）

接着,我们来探讨一下有关陈仪为政的想法。

基本上,陈仪标榜的政治思想是"三民主义"。当然,"三民主义"也有好几种解释;但陈仪信仰的是他认为"真正国父"孙文所主张的"三民主义",尤其是其中的"民生主义"部分。他的确有心想为人民做点好事,因此,他网罗了不少人才。他的周围也包含了几种不同的人,有国家（社会）主义者（青年党人）、无政府主义者、卧底的共产党人及其同路人,陈具有兼容并蓄的器量和作风。他用人的原则在于:要用廉洁者,要不拘一格,不可为派系所束缚等。这一种用人态度还遭过蒋介石的批评。

蒋对陈仪说:"你平常主张用人只要求廉洁不苟,泥塑木雕的佛像水都不喝,最廉洁而不能做事,所以必须廉而有能。我以为这一类人最容易被共产党吸收过去。中国人多赚了外快,还是多数在中国置产业、做买卖,不过转换所有权罢了。至于能做事,咱们国这样大，谁也做不完，也不易做好的，更不怕没有人做。今天，只要他不做共产党，倾向咱们，就不会过捣乱的日子了，余事不必深究咧？"（钱履周，《我所知道的陈仪》）

陈重用了无政府主义者沈仲九、共产党的同路人程星龄及国家社会主义者，也就是青年党人，如张果为、夏涛声、方学李（省法制室主任）。通过这个线索我们可以大胆地判断，陈仪本身似乎不太了解国家社会主义与马列主义及无政府主义间有什么差别。信仰三民主义的他只要是带有不贪污、不封建的社会主义色彩的人才都敢大胆取用。因此，他在主闽时对整理统计、统制经济、土地政策已经有相当的概念，并搬来试用。

另外，他也建立了人事制度。中国的旧式官场向来盛行裙带之风，每换一个省主席时，必定也带走一批官僚；针对这种"树倒猢狲散"的官场现象，陈仪在主闽时还规定每一个县长派任时只能带一名秘书长或文书上任，其他的行政干部一定要由在县政人员训练班受过训的人员充任。可以这么说，在国民政府的官僚系统中，县级人员的由省府统一分发而不随县长进退（秘书除外），陈仪是第一个试验者。陈仪的福建省人事制度大概成形于 1940 年，后来得到国府中央的嘉奖并被推广成为"全国性"的制度。

因为陈仪非常注重人才的培养，所以他也非常重视文化与教育工作，不但积极推行国语运动，而且也重视出版事业。斯时，教育厅长通常是由 CC 派人士担任，但陈仪打破了惯例。另外他还找来了众人认为是左派文人、与鲁迅有交谊的黎烈文主持"改进出版社"，出版《改进》和《现代文艺》两杂志，同时公开销售郭大力、王亚南译的《资本论》及艾思奇的《大众哲学》等进步书籍。在黎烈文之前，陈邀请郁达夫主持省府公报室已在前文述及。公报室编印了省政府公报外，还出版《闽政》《公余》（后合办为《闽政与公余》）等刊物，以配合新政之推行及公务员的训练，不可不谓极新鲜的尝试。

陈仪的治台班底

1944年10月，国府中央设计局成立了台调会，已介绍于前节。主持台调会的陈仪利用兼任中央训练团教育长的机会，在该团设置台湾行政干部训练班，招考了120名各机关的在职人员，施予四个月的训练。训练及授课内容除了三民主义、建国方略、建国大纲等必修科目之外，最重要的，而且上课时间最久的是：研究日本人编的《台湾法令汇编》。这是陈仪1935年访台时带回来的。这个训练班只招收了一期学员即因抗战胜利而停止。

另外，台调会在福建永安也设立了一个台湾警察干部训练班，由胡福相（来台后就任警务处处长）主持。

后来，在这两个训练班受过训的学员全部被陈仪带来台湾，成为长官公署所属官僚系统的中下级干部。

台湾省行政长官公署设秘书长一人（等于军队的参谋长），其下八个处（由陈仪亲拟）。第一榜的人选如下：秘书长葛敬恩、秘书处长钱宗起、民政处长周一鹗、财政处长张延哲、教育处长赵乃传、工矿处长包可永、农林处长赵连芳、交通处长徐学禹、警务处长胡福相（由国民政府于 9 月 4 日任命）。

第二榜人员有些更动，秘书处长改了夏涛声（钱宗起调任"善后救济总署台湾分署署长"），交通处长改了严家淦（徐学禹在招商局总经理任上离不开），教育处长改了范寿康。警备总司令部的参谋长是柯远芬（原福建保安处参谋长）。

10 月 2 日，台湾省长官公署及台湾警备总司令部前进指挥所成立，由长官公署秘书长葛敬恩兼任主任。

陈仪带来台湾的人中有几个值得特别注意的。

首先是长官公署秘书长葛敬恩（1889—1979 年）这个人。据我长久以来的追索，葛敬恩这个人背景非常复杂。据他自己说，日本败战的时候他人在昆明（葛敬恩，《接收台湾纪略》），但是，据钱宗起的回忆，抗战期间葛敬恩始终未到过后方，他一直待在汪伪政权里头。但陈仪却认为他只是挂名而已，并没有实际任职。葛敬恩早岁入浙江武备学堂，至于早期与陈仪、蒋介石之间的关系可参考"陈仪的早期经历"一节。

葛敬恩虽当了长官公署的秘书长，但值得注意的是他与陈仪主闽时却一点关系也没有；另外他带来的人，包括他的弟妹，后来也有很多人贪污。二二八后他一度返大陆，中华人民共和国成立后，在香港帮中共做对美贸易工作。所以，我认为这个人背景甚为复杂，身份并不是很透明；因为他在汪伪政权任过职，有可能为了立功而来谋取补偿亦说不定。不管如何，葛的行动模式包括在大陆发表的《接收台湾纪略》，并无一句真诚的交代，他与二二八事件的关系只是轻轻一笔带过，真是怪事。

接着，我们要谈的是，主闽以来最重要的智囊人物沈仲九（铭训）。沈为陈的正室沈蕙（于1941年谢世）的堂弟。

沈仲九先留日后留德，在上海劳动大学教过书。据国民党的有关人士的看法，他是共产党员，但我却认为他不过是个左倾文人，最多也不过是无政府主义者而已。我的理由是，如果他果然是一个共产党员，那么他回大陆以后应该受到相对应的待遇或归队，然而据我在北京采访丁名楠的讯息却是，沈仲九回大陆后潜心研究哲学，写了不少文章，但因观点不同于马克思的唯物史观，没有获准出书；后来死于"文革"时期。大陆新近出版的《将军在黎明前死去》也说："沈信仰的是西方的无政府主义，而且一度是上海无政府主义者的小领袖。"

从资料上看来，沈仲九早在五四运动时期就站出来发言了，也编过革命杂志《浙江潮》。沈仲九和陈仪一样是个想做事、不贪钱的读书人，态度诚恳，没有官僚气，因此一直对陈仪有很大的影响力。沈在教育界有一定的地位。陈仪主闽时沈便负责办训练团，来台以后也一样，而他所请的讲师则以青年党人与左派人士为主。据周一鹗说，赴台接收的重要职务的人选，大都由沈仲九推荐；如专卖局长任维钧，人事室主任张国键，省训练团教育长韩逋仙，法制委员会主任方学李，以及后来的教育处处长范寿康等。范寿康早年留学日本，受日本马克思经济学泰斗河上肇的影响颇深，1933年至1937年在武汉大学讲授马克思主义哲学，抗战初期转入国府政治部第三厅负责对日宣传工作。

当年的大陆，国民党内部也有好几个派系——军统、CC、政学系、孙科系、桂系、汪精卫等。蒋介石向来是扶持各种势力，然后从中操纵。然而除了这些派系之外，当时还有一个值得注意的党派即是青年党。1923 年 12 月 2 日，青年党由曾琦、李璜等留欧的中国知识分子在巴黎创立。其创党精神效法"少年意大利党""青年土耳其（党）"和"朝鲜青年党"处颇多。当时，党是秘密的，表面上以"国家主义青年团"的名义活动，标榜国家主义，民主政治，社会福利，内除国贼、外抗强权，反对一党专政，追求国家独立等政治口号，吸引了一群没有加入共产党阵营，而又对国民党政权抱有一定程度怀疑的爱国知识青年，并且结合一些政治活动不很表面化的、左倾色彩较淡，或者曾被逮捕入狱的左派分子，形成中国政治的所谓第三势力。

在福建时，国家主义派已经是陈仪手下的一股力量；其中又以陈仪在德国考察时认识的张果为为代表。当时张负责创立统计制度及改革税收制度，这些都是准备搞计划经济所必需的大前提。二战后，陈仪带来台湾的人中即有夏涛声、李万居、沈云龙等人。

夏涛声（1899 —1968 年）是安徽怀宁人。1921 年 11 月，就读于安徽芜湖第五中学时即通过该校教务主任，也是早期中共党人高语罕的推荐，与张国焘等人同赴苏联，参加第三国际召开的"远东劳苦人民会议"；但在会场却发表反共言论。1923 年下半年入北大政治系，其后投入共产党的对立阵营——醒狮派，并毅然加入标榜反共的中国青年党，先后担任"国家主义青年团"北京团部的内务部主任、执行委员会委员长。1932 年"一二八淞沪抗战"之后，夏涛声以青年党上海特别市党部执行委员会委员长名义，号召组织"抗日急进会""铁血义勇军"。同年夏天，青年党第七次全国代表大会在北平召开，曾琦、李璜、左舜生等放弃连任，成立新的中央党部组织，夏涛声被选为中央执行委员会常务委员会委员，并兼政治部部长。

1934年秋通过张果为的介绍入闽，供职福建省政府，后来奉派到日本考察研究二年。1937年春，返国后任福建莆田县县长。第二年调任主席办公厅，当陈仪的主任秘书。二战后奉调为台湾省行政长官公署宣传委员会主任委员。1946年冬，青年党提名夏涛声为该党"制宪"代表，出席南京的"制宪国民大会"。闭幕后，回台辞去宣委会职务，改任"立法委员"。1949年后再度来台，并于1950年10月创办《民主潮》半月刊以及与李万居、郭雨新、吴三连、高玉树、雷震等人筹组"一个新的反对党来办好选举"；但是新党胎死腹中。之后，夏涛声几乎停止了政治活动，直至1968年8月，溘然长逝。

陈仪主闽政时延揽徐学禹为建设厅长，但徐却因在浙江公路局任内的贪污案发而不得不辞去建设厅长之职，另保荐严家淦继任。徐学禹卸任后却仍在幕后操控建设厅。他不仅掌握建设厅，同时也想抓财政、粮食，因此与原有旧隙的财政厅长张果为斗得不可开交。徐的政治手腕毕竟还是略胜一筹，经过一番活动之后，严家淦调任财政厅厅长，原建设厅的主任秘书包可永升任建设厅厅长。这样，徐学禹便一手掌握了福建省政府的财、建两厅，与陈仪的另一顾问沈仲九形成对峙之势。另一方面，自从徐学禹派得势之后，国家主义派的地位便一落千丈。据钱履周言,"张果为转投军统的东南训练班(在建阳)当特务"。(钱履周,《陈仪主闽事略》)抗战胜利后也没有随陈仪来台接收。而徐学禹派的严家淦与包可永则分别担任长官公署的交通处长与工矿处长;徐学禹自己则留在大陆担任招商局的总经理。

另外,陈仪带来的治台班底,还包括一个阵容颇为坚强的文教班底。当官者为范寿康,已如前述。范在晚年所写的一篇简短自述中提到,针对日本对台湾的"皇民化"统治的时弊,他"乃以一切'中国化'为号召,组国语推行委员会,普及国语教育,创立师范学院,积极培养合格教师……"因为这样,中国两位重要的国语推行专家:魏建功(1901—1980年)与何容(1903—1990年)也于1945年11月抵台,并分别担任国语推行委员会的主任委员与副主任委员,在台中、新竹、高雄等八市、县设立"国语推行所";1948年6月又将北平《国语小报》(三日刊)移台办理,易名《国语日报》。

至于教育处副处长宋斐如,则是一个左倾的台籍知识分子,在二二八时不幸遇难;其妻区严华(广东人)亦在20世纪50年代白色恐怖时期牺牲。

另外,长官公署的宣传委员会,陈仪委由青年党的夏涛声来主持;主任秘书则是沈云龙。长官公署所属机关报——《台湾新生报》的社长也是青年党的台湾人李万居,副社长则是留法的黎烈文。黎烈文曾主编上海《申报》副刊"自由谈",刊登了不少鲁迅的杂文。国民党一直把他视为左派,他后来自《新生报》转到台湾省训练团高级班任国文讲师，二二八后再转入台大外文系任教授，虽然有机会，但黎始终没有返回大陆，让许多亲朋惊奇，1972年10月31日在台北逝世。

最后，必须提到的是，早岁与陈仪、鲁迅同船赴日留学的绍兴同乡许寿裳（1882—1948年），原先陈仪是想邀聘他当台大校长的；但是，台大校长的任命必须经由部（教育部）聘，而CC的陈立夫（时任教育部长）不答应。因此，陈仪只好改聘他为台湾省编译馆馆长。1947年夏，许寿裳应台大陆志鸿校长之聘，任中国文学系主任。1948年2月却死于"小偷的斧头"之下。此外，通过许寿裳的邀聘，曾是鲁迅领导的"未名社"（1925年9月成立）成员之一的李霁野，也到台湾省编译馆任职；然后李霁野又引介同是"未名社"成员的安徽第三师范同学，在李公朴与闻一多被杀后，也列入云南省黑名单的李何林（1904—1988年）到台北"台湾省编译馆"任世界名著翻译室编审，通过英译本翻译了19世纪俄国作家亚卡沙科夫的小说《我的学校生活》。

二二八事件后，台湾省编译馆被新任省主席魏道明裁撤，许寿裳应陆志鸿聘，担任台大中文系主任已述在前，许寿裳也聘任李何林为该系教授。1948年2月，许寿裳被杀；4月，李何林即因"民盟"在台负责人身份暴露而只身离开台湾。顺便提一下的是，许寿裳主掌下的台大中文系，还有一位著名的台静农教授。台教授受过鲁迅的推崇，已为人熟知。

小结

最后，让我们来看看陈仪接收台湾当时，究竟有哪些政治势力也同时进入台湾。

首先，我们看到陈仪自己可以控制的势力不外是他的班底：以沈仲九为中心的主闽时期的班底、在重庆台湾干部训练班所培养的中下级干部以及台湾调查委员会里头的几个"半山"及其关系人物；但这些"半山"在接收初期，基本上只是政治上的花瓶，最多不过是扮演桥梁的角色，与现实的高层政治权力可以说是无关。

其次，跟随陈仪来台的是台湾省警备总司令部参谋长柯远芬。柯在陈仪主闽时曾任省府保安处主任秘书；保安处与宪兵第四团是当年福建军统势力最为集中的二个单位。事实上，政学系的陈仪与中统的关系一向不好，因此只要军统没有做得太过分的，他还是能够接受；可以说这是他"拉一派打一派"的政治运作手法。来台接收的陈仪尽管没有实际的军权，但他却有警备总司令的头衔，所以就把广东梅县籍的柯远芬带过来当参谋长。除了陈仪身边的军统分子之外，从大陆回来的台籍军统成员有担任军统台湾站站长的林顶立，以及后来转入银行界的刘启光（侯朝宗）；刘启光原本是日据时期的老台共，日帝检举台共时逃到大陆，后来不知怎么地加入了军统。

相对于军统的组织，则是以台湾省党部主任委员李翼中为首的中统系人物。中统的工作主要是搞情报，建立档案。归台的"半山"中与CC有关联者据说不少。光复初期怕遭陈仪之忌，人人为了自保不愿表露。不多久，他们找到了甚爱出风头的蒋渭川作为他们台面上的代表。顺便一提的是，在上海时与中共系统的李应章医师对立的杨肇嘉，因为战争期间在上海的日本沦陷区做日本生意，抗战胜利后害怕被以汉奸之名整肃而投入CC阵营，寻求政治上的庇护。这些都是丘念台亲口告诉我的。至于自大陆返台的柯台山、陈重光、张邦杰、连震东等名士，也有甚多传闻，有待我们深入了解。

除了军统与中统之外，陈诚为了培养自己的班底而组成的"三民主义青年团"，也在二战后通过台北芦洲人李友邦将军，在台湾发展组织。第一个回台湾的三青团成员是台湾义勇队的副队长张士德（张克敏）。张士德曾经于日据时期在谢雪红开的国际书店当过店员，所以，他回台后第一个去找的就是陈逸松，陈是留学东京帝大期间著名的左倾青年领袖。于是有许多老台共（如王万德）及其同情者（如王添灯、陈复志等）后来都投入三青团各地分团的筹组工作，有些人甚至在二二八时牺牲。

据我的了解，李友邦可能是在黄埔时认识陈诚和周恩来的，基本上在国民党派系里头是陈诚系的人；至于他在 20 世纪 50 年代时期被枪杀是不是与中共地下党有关联，则不甚清楚。当然，站在蒋介石的立场，他从来都不希望团跟党的矛盾、冲突扩大化，蒋一直在提防陈诚发展其个人势力，特别是三青团的扩张。

我们针对战后台湾各派系做粗略介绍和分析，主要的是想厘清并理解陈仪究竟带来了哪些班底，他准备如何开展他的治台抱负及政策。至于陈的治台方针及其具体内容，将于下一章中介绍及探讨。

第四章

官场百态与

台湾百姓

二二八研究的陷阱与困扰

有关二二八事件发展过程的全貌，我们将在第二篇详述。此章主要探讨延平路查缉私烟所引发的星星之火，为何在几天之内便燎烧了全岛。当然所谓"全岛"主要只指各县市的市街区，并不包括农村与山区，这点是必须首先厘清的。

一般而言，任何社会、任何民族当政治纷争扩大为暴力流血事件，而责任攸归又争讼不已时，各个政治势力常会言过其实或掩饰真相。统治者为了本身的政治利益以及回避政治责任，有关当局和人员对外会遮遮掩掩含糊其词，扭曲事实。这是常情，在此我们可以不必去多谈。另一方面，属于弱势抑或被迫害的反体制者，为了造势，为了诉求，常常又会夸大一些数字及夸张一些情况。

二二八事件的有关报道、回忆录、口述以及口传也难免有虚构、神话甚至于衍生出"创作"（虚构，fiction）部分的"回忆"等情事。需要补充说明的是，四十多年来台湾的"戒严"体制把二二八事件列为"政治禁忌"，因而小道消息及口碑、传说之类特别兴盛。由于官方悬为厉禁，不准探讨，二二八事件的真相未明，以讹传讹的事例更是不胜枚举。学术研究的自由既受到限制，只好听任以讹传讹的事例漫衍流传，难得有纠正的机会。

事过境迁，"戒严令"解除（1987 年 7 月 15 日），二二八的政治禁忌及其"黑影"亦因而日益消失，任意逮捕、杀头的状况不复存在。因而有一些事件关系人及自称为知识分子者，开始由一个极端（沉默、懦弱）走向另一个极端（饶舌甚至于夸口、逞强、逞英雄）。

台湾社会的市民意识不够成熟，知性的诚实（intellectual honesty）既不受尊重又不被爱惜，沽名钓誉之辈就非常容易结帮跳梁。老百姓长期受到压制及迫害，积怨已深，似乎"赌烂"（台湾系闽南话，极度的不愉快感）性反弹情绪弥漫了社会。台湾老百姓遂易为说大话者、逞英雄者流所利用，容易听信乡愿者流的哗众取宠之言，更不吝送给"曲学阿世"之辈掌声。

通常，伪知识分子喜欢标榜自己的学历及头衔，更喜欢附会、炫饰，多为不学无术之徒，只空拥其虚衔，很难作出够水平的社会科学层次的分析及诠释。

围绕着二二八事件的言论、研究已经呈现上述一类的病态。有良心的有识之士能不深思？能不警惕？

为了追索真实的史实，我们需要十分慎重，十二分警惕。更应该抱持，知之为知之，不知为不知，错误为错误，真实为真实，也就是说"就事论事，实事求是"的态度来正视有关二二八事件的报道、回忆、口述，以资累积我们判断的素材，不但便于我们的学术研究，更可借而强化我们"勇于追忆"的道德性社会行为。

星火与干柴

直接参加了二二八事件，然后到大陆的一些左派人士抑或中共党员（入党虽然有其先后之分），他们述及二二八事件的具体过程时，常常会提到罢市、罢课、罢工等情景，他们同时会附带表明，那些举动并没有什么人出来发动的，而是自然发生的。

究竟，这些行动自然发生的契机是什么？据我当年的见闻及了解，真正根据高度醒悟的政治意识而兴起的抗议或抗暴行动，在事变初期并不多。从事抗议活动的多是乌合之众，他们的冲劲及活力主要又得靠敲锣打鼓来维系。（请参照《历史的见证——纪念台湾人民"二二八"起义四十周年》中，吴克泰、周青等人的忆述）

因为，反政府方尚无真正成形及成熟的政治团体（中共地下组织还在初组阶段），所以台北的"二二八事件处理委员会"，每一次开会都是乱哄哄的，会场秩序甚难维持。当然，我们不会不知道，有当局派进来的便衣及线民等人在捣蛋，但若有强有力的反对派政治团体存在的话，捣乱分子自然难于嚣张跋扈地搅局。

他们又报道缉私烟引发命案后，愤怒的民众包围了警察局及宪兵四团本部，喊着"严惩凶手""交出凶手""杀人偿命"等口号，这些口号以及民众的群情激愤，我们当然可以理解，但是我们不便更不该苟同。因为那些要求被接受时，可能就有人会遭受民众的"私刑"（lynch），这种野蛮且封建的报复行为，在文明社会、法治国家是不被容许的。这个毋庸置疑的道理，事变发生后已有40多年的当今，又甚少被摆在台面上来议论，是值得我们深思的。事件进行中，群情沸腾，不易说理还情有可原；但事后40年，颇多人士仍怕干犯众怒，为了明哲保身而持乡愿态度，不去研讨则属不该。为了落实民主，我们时时刻刻都需要有当"傻瓜"的道德勇气，拿出社会科学工作者的敬业精神及使命感，去打破常识、去冒犯众怒，追求真实和真理。

倾向"台独"的台籍人士，往往会大声地喊着，二二八事件的初期，全体台湾人民都起来反抗！这个不是事实，他们没有真正认识当时的实况，因而产生幻觉，高估了情势而不自知。

只要懂得社会科学 ABC，都知晓任何国家及社会，在战争结束不久，以粮食为中心的农产品价格（特别是相对价格）必然会高涨。除了农产品价格对农民有利外，农村秩序又会松懈，呈现短暂性的"无政府状态"，农民可以由而获得"喘一口气"的良机。二二八事件前后的台湾农村与农民也不例外。粮荒益趋严重之际，直接生产粮食的农民，可趁机获得"小利"，有何理由参加抗暴和抗议运动？二二八事件过程的抗暴和抗议运动是以市街区青壮年及学生为核心而开展的，他们的权益基本上与农民的权益没有直接关系。

至于大地主阶级就不必多言，连中小地主阶级都在观望，他们并没有积极支持抗议运动，更重要的，他们也并没有真正支持过当局。他们期待的是抗议运动若适可而止，抗议运动反而可以给他们带来更大的政治活动空间。中上地主及士绅们中的积极分子抑或"爱出风头的"，有的是被推出，有的是自荐而出，参与了各地的"二二八处理委员会"和有关的临时团体。他们绝大部分是出自"善意"，意图扮演"调解人"的角色，尚且希望事变早日平息，当局能够秉公处理，推进政治改革，不管在政治抑或经济的舞台开放给他们参与的空间。但事与愿违，骚动迅速波及全岛的市街区，抗议及抗暴的民众与当局间的斗争愈来愈尖锐。

有关二二八事件参加分子的说法甚多，见解不一。根据笔者的目击及事后的调查研究，认为杨亮功的说法最为接近史实（《调查二二八事件报告》的第三部分"参加事变分子之分析"）。杨举出：1. 流氓；2. 海外归侨；3. 政治野心家；4. 共产党；5. 青年学生；6. 三民主义青年团；7. 高山族；8."皇民奉公会"会员；9. 留台日人共九种分子，为构成此次全台暴动之主力。此外，他又附述："工厂及交通电信机关之工人，各机关之本省籍公务员，亦有少数参加者。唯全省农民，则均持安静之旁观态度。总观全台，当事变高潮时，各地盲从附和者，当不下五六万人，然直接与国军搏斗公然蠢动者，则又仅数千人而已。"

上述的排列顺序，当然反映了杨的价值判断，大致可以接受，但涉及各分子之内容时，有些地方深度不够，有些地方甚至是错误的。其理由很简单，调查时间过于短促，对台湾内情的认知又受到了时代的限制，差错是难免的。

下面，将杨对流氓的叙述全文照录，再加以评论，以供读者诸贤参考。

一、流氓：台省流氓之含义与形成，较之国内其他各地所包括者为广，几上自豪绅巨商，下至贩夫走卒，均有其分子之存在。当日人统治时，对于台省流氓，故意任其存在，或任其为地方之爪牙，或纵入中国沿海各地，以为浪人间谍，战时更将其编练入伍。全台无正当职业为流氓生活者，据估计不下十万人。故其势力平日已及于全省。二月二十七日晚，被警员击毙之陈文溪，为大流氓之弟，故首先于台北发动大规模之骚动，捣毁台北专卖分局，冲击专卖总局与长官公署，殴打外省人员之主动者，均为流氓。台省当局，曾以各地流氓，有碍地方安宁秩序，于去年夏命各县市政府加以逮捕，解送台北，予以集中训练，名曰劳动训练营。于六个月中予以各种职业与知识之训练，期满后发给证书，放回原籍，希望以此化为良民，先后共二千余人。不料回籍后，其组织更为严密，各地更有联系。事变中，各县市均普遍参加。至其参加事变之目的，并无政治意义，纯粹为报复行动，与窄隘之排外运动而已。

近代法治的制度化和议会民主主义尚待充实的国家以及市民意识尚未成熟的社会，统治者往往会对 outlaw（被放逐者、亡命之徒、恶徒、罪犯、脱序人士），outsider（在外之人、圈外之人、局外人、不能参加上流社会的粗俗之人、秩序外人士），乃至 lumpen proletariat（破落户或缺乏阶级意识的无产阶级），不加判别地一概归类为"流氓"加以管制或处分。当局者这样处置，当然在于统治的方便，甚至在于逃避公权力应该承担的政治责任。

众人皆知，英国传说中的侠盗罗宾汉（Robin Hood）的故事。另外我们又可以忆起《鲁宾孙漂流记》（*Robinson Crusoe*）的主角鲁宾孙的事迹。两者不但可以当为 outlaw 和 outsider 来看，还可以视为正面人物的呢！因而英文词汇里的 outlaw 和 outsider 除了负面性人物外还有正面人物的含意在。

因而，我们认为杨对台省流氓的看法是值得存疑的。当年的台湾，真正可以归类为"流氓"＝老鳗者数目有限。没错，二二八事件的骚动是由他们首先"点火"及"发动"的，但这些无组织、无明确政治目的的骚动为何在数日间蔓延到全省的市街区，且抗议行动又逐渐扩张到捣毁官营事业机构，打"阿山"以及要求官军方交出权力及抢夺武器……一路恶化下去，到了难于收拾的局面。

这种发展趋势，若没有"干柴"的存在是难于解释的。

干柴是愤怒是怨怼

当年中共地下组织在上海发行的《文萃丛刊》第二期（1947年4月5日）刊登有两篇文章：一为张琴著《台湾真相》，一为雪穆著《我从台湾活着回来》，颇堪注意。雪穆为何许人尚待追查，但张琴已清楚系胡允恭（邦宪）的笔名。根据胡自己的回忆文章《台湾二二八起义真相》（刊载于胡允恭著《金陵丛谈》）、《陈仪在浙江准备反蒋纪实》（刊载于《陈仪生平及被害内幕》）以及大陆发行的一些刊物，我们可以推想，胡来台（1946年4月）时已是中共党员，他所以被派来台并不是来做群众运动或组织工作，"放长线在陈仪身边卧底"似乎才是他的本分工作。

胡早在陈仪治闽时，由他在上海大学念书时的教师沈仲九（铭训，教的是中国哲学史，专门批判胡适的学术思想）引荐，受陈仪任用为县长等职，是老牌的秘密共产党员。胡到台湾立即被陈仪委任为台湾长官公署宣传委员会委员。胡利用了宣传委员（完全是虚职）的特殊身份和持有特别通行证到处走访，很可能胡还在走访了解台湾具体情况时已被逼面对二二八事件。由而可以窥知，胡本身因是中共党员当然另有所图。胡与陈仪的治台并没有实际上的利害关系，站在中共地下党员的立场上，他反而可以尽其客观地描写当年的有关情况。

胡在其《台湾真相》文中提出了三个问题，而自答如下：

（一）台湾人与外省人何以竟会成了对等（戴按：应该是"立"的误排）的名称？

台湾接收后，大陆同胞渡海前去的渐渐多起来了。良莠不齐，自然是难免的事，原也不足深怪。无如台湾在日本帝国主义压迫下数十年，人民被日人镇压得不敢不守法，因而在日常生活上的守法，已变成人民的习惯了（对日人守法，在某种意义上说，原是要不得的奴隶行为。但从另一角度来看：人民与人民相处，能互相守法，原也是需要的事），一旦看到大陆来的同胞中有少数毫不守法的人，便夸大其词，因而引起台湾人民对大陆来人的误会，甚至无例外的视大陆来人为不守法，这也是事实。

起因大半因为小事，例如台湾的脚踏车店常备有十辆、八辆车子，租与客人使用，取费很廉。出租既无担保更不需先付车资，客人多是在约定的时间内送还原车，并缴纳租费。大陆同胞初到台湾，向车店租车，店主为表示亲爱，往往不肯收受租费，不料后来有少数败类，竟然不守信用，把车子骑出永远不再送还，有的三五天后才送还。于是车店主人也就毫不客气，对大陆来人，一律不肯租车。再如旅馆中的主人也常备普通雨衣三五件，挂于旅社门首，以备无雨衣的客人出外穿用，在台湾早习以为常了。大陆的同胞少数不良分子，往往借着看友人，把旅社雨衣穿去永不送还，于是旅社中为客人常备的雨衣，便一齐收去，不再挂置门口。凡此等小事，在下层社会中传播最快，且迭次相传，又不免故意夸大事实，不加分析，以真传讹，或以讹传讹，遂使台湾人民有轻视大陆来人之不正确的意念，这是一。

此外在各机关中，不独首长皆为大陆同胞（绝少机关是台湾人），且秘书、科长、股长一律皆为大陆同胞。台湾人民自然不免有嫉妒的心理（或许台湾人民不肯承认，但这是事实）。大陆同胞又不知道台湾同胞的心理，往往颐指气使，官架子颇大。且因台湾同胞不懂"等因奉此"，便视为无工作能力，加以轻视。以致在机关中常常发生台湾人与外省人的派别，甚至发生摩擦争闹，这是二。

最为台湾同胞所憎恨的是，在同一机关中担任同级工作，待遇相差过巨。例如邮电局大陆同胞在原薪外每月有六千元台币的津贴，台湾同胞则一文津贴也没有。一面花天酒地，一面衣食不济，因而台湾同胞极仇视这些大陆同胞，这是三。

综合这些原因，台湾同胞常曰大陆同胞为外省人，大陆同胞也常常公然说某是台湾人，大有不与同中国的气概。台湾人与外省人遂因此在台湾成了一个对等（戴按：如前应该为"立"）的名称。开始虽不致有深大的仇恨，但台湾（人）与外省人的界限，是因此划定了。可是政府对这些事，视为小问题，一向不予注意，任其发展下去，遂闹成初步的内外省人的不协调。

（二）台湾人民为什么仇恨台湾省政府？

台湾人民对长官公署开始是存着极大希望的，但他们的希望也是平淡近于人情，可以说并没有奢望。他们希望生活安定，物价不要太波动，政治上轨道，社会秩序安宁。可是事实都违反了他们的心愿，由于工厂不能开工，接管工厂的小职员以及技术人员，多用大陆过来的人，失业人民增多，生活不能安定。物价波动厉害，生活日趋困难。政治腐败，日益显著，没有上轨道的希望。不独偷窃之风甚炽，人民不能安居，且省会所在地的台北，白昼常常发生大规模的抢案。人民对政府由希望到了失望。然而政治腐败更糟糕下去，负政治全责的陈仪长官天天坐在长官公署大楼的第一层，受着葛敬恩（秘书长）、包可永（工矿处长）、严家淦（财政处长）、周一鹗（民政处长）等包围。耳中所听到的是政治如何上轨道，人民如何歌功颂德，京沪的舆论如何的赞美，他老人家真有点飘飘然。

台湾的士绅（如蒋渭川、林献堂等）也有人看到政治太腐败了，贪污横行，不得已向陈仪略略谈到，他脸一红，极不客气地说：你所谈的有什么证据呢？语气挺硬，拒人千里之外。其实证据全有，但谁人肯做傻瓜呢？即令硬将事实指出，办不办尚未可知。但"四凶"（葛、包、严、周，台湾人称之为"四凶"，一般贪污官吏多是他们的爪牙）的势力是炙手可热的，因此台湾士绅便也不敢再多事了。

其实台湾的贪污有没有证据呢？我们举出几件事在下面，请看，这能不能算证据？

（1）省专卖局长任维钧，贪污被《民报》登出。任大怒，在各报大登启事，限《民报》三日内举出证据，否则依法诉究。《民报》在第二日即在报上公开举出有证据的贪污约有五百万元台币之多。并云，尚有若干证据不完备未举，坚决要求任维钧打官司，任不敢置答。陈长官见报大发脾气，把任维钧叫去，要他打官司，任迟迟不答，陈看出他的心虚，大声斥他说：既不能打官司，便不应该登启事，迫人家检出证据，丢自己的脸呀！糊涂！你回去自杀吧！任退出后，请假两星期！又回到局内办公，不但未自杀，且不肯辞职。此事闹得满城风雨，无人不知。

（2）葛敬恩的女婿卓芝，在任台湾省纸业印刷公司总经理时，把几部大机器（当时值千万元台币）廉值标卖，暗中自己以四十万元台币买下来。迄改调台北市专卖分局长时，被继任总经理查出，拼命向他追索，他不得已行贿台币五万元。后任收下写一报告，连同五万元贿款送与长官公署，事被葛敬恩知悉，把五万元贿款批令缴交省金库（省会计处有账），报告按下不办。李卓芝若无其事。后来被陈仪长官查知，仅骂了李卓芝一顿，仍准他做（分）局长，直等他荷包刮满后才离开台湾。

（3）贸易局、专卖局贪污舞弊，既为台人所愤恨，有凭有据（《民报》于去年八月间举出甚多），陈仪皆不肯办，台人虽哗然不服，惟毫无办法奈何此辈。幸好中央清查团刘文岛等来了，各报（除李万居的《新生报》）要求打老虎，刘也表示，苍蝇太多，不管它，只打老虎。大家举出千万的贪污证据，刘清查后认为贸易、专卖两局局长于百溪、任维钧贪污证据确实，遂备公文附证据移送长官公署办理。并公开招待记者（去年九月事），声明至低限度，要求陈长官先把于、任撤职，即刻移送法院审理。后来刘走了，于、任迟迟不撤，依然花天酒地，台北人民几次想捣毁两局。直到刘文岛在上海发表谈话，希望陈长官迅将两局长撤职，以免遗憾，陈不得已才把两局长撤职，移送法院。法院认为案情重大，即予拘捕。长官公署反出来替他们说话，说移交未办，不能即予拘捕，于、任因此遂得具保释出（直到现在还在办移交，未审）。

于、任于释放后，以为靠山有力（于为严、包私人，任为沈顾问铭训太太私人），不但不悔过，又于移交时，大舞其弊。一面把日人移交他们的清账销毁，说没有清账，以便抵赖。一面把仓库里的存货，以多报少（如任移交案中，列报食盐被人民抢去一万担，红土——好鸦片土被白蚂蚁吃掉七十公斤，糖损失数十万斤等。公署人员全体大哗，认为如果食盐被抢，在何时何地？一万担需若干人才能抢去？多少白蚂蚁才能吃掉七十公斤鸦片？且蚂蚁是否吞食鸦片，亦待研究。开始大家主张彻查，后来一想，他们来头太大，不敢多事。因此于、任移交案，无人敢负责查，现在仍搁在公署），又大发其财。好在于百溪的后任局长于熹（？）是他自己的主任秘书（戴按：应该是于瑞熹，为副局长非主任秘书），任维钧的后任局长为陈鹤声（原包可永的秘书〔戴按：应该是主任秘书〕），都是同路人，自无不了解的手续。

（4）轰动全国的台北县长陆桂祥贪污五万万元台币的案子，长官公署起头说要派大员彻查，结果台北县政府起了一次大怪火，先把会计室的账簿、单据，烧得一干二净，再把税捐处烧光，县政府的一切接收、税据等原始证据都被火神收去了，怎么彻查呢？台北人民街谈巷议，县参议会也忙着开会，像煞有介事的在讨论"怪火"，但结果呢，永没有下文了，长官公署查了没有？只有天才知道。

陆县长听说在福建也做过县长，与严家淦、包可永为徐学禹先生的三大干部，手段是够高明的。他在台北有没有贪污，虽未查确，但据他在台北县政府招待记者席上报告，台北有贪污的人员则是事实。如他说：外面传他贪污都是区长裘某的造谣，实则裘某在台北县的区长任内，确确实实贪污六十余万元台币，被他查出，正要拘办裘某，然而裘已逃走了。事实如何，外面不能详知，即令陆县长不曾贪污五万万元，裘某贪污六十余万元，经过陆县长查明则为事实（此事在去年十月发生，台北各报皆有登载）。

这不过略举几件大的贪污案，其余贪污案件层出不穷，不胜举例。政治如此，人民安得不怨恨政府？台湾人民怨恨政府是由于贪污政治所激成。我们若果武断地说：台湾人民受奴化教育太久了，他们的思想根本仇恨中国，这未免太不合客观事实，谁都不肯承认。

（三）台湾省政府是怎样对待台湾人民的？

讲一句天理良心话，陈仪长官自到达台湾一直到二二八事件前，他个人对待台湾人民都是相当良善的。尤其是他个人不贪污不舞弊，台湾人民都能深深了解。可是他不是以个人资格客居台湾，他是台湾的政治首长，政治上逼着人民不能照旧生活下去，个人对人民表示亲善，人民是不会感激的。台湾的省政府是否有妨碍人民生活的措施，我们且看以下事实：

（1）工厂大半停闭，失业人数增加：台湾在日本帝国主义统治下51年，殖民地式的工业是相当发达的，固然日人由此吸食了千万亿台人的膏脂，然而台人都有工可做，他们可以维持最低限度的生活。到了接收以后，所有的工厂几乎全部停闭了，经过数月，若干工厂虽然开了工，然而那仅是部分的开工，用人不及从前五分之一，而且技术人员以及厂中的职员，百分之八十是大陆来的，因此失业人数骤增，政府始终没有办法解决这个问题。

（2）各业统制，斩断人民的生计：例如在日本帝国主义统制时代，准许人民开矿，因此台湾私人石炭矿场是极其发达的。胜利后人民私营矿场依然开工，炭产极富。省政府以为有利可图，要加以统制了，他们组织了一个燃料调剂委员会（戴按：正式名称应该是台湾省石炭调整委员会，以下同），以工矿处长包可永为主任委员（这是专卖局以外的专卖机构）。所有私人炭场产炭，统统规定要卖给调剂委员会，不得私人买卖，价格由官方规定。据我所知，去年春夏每吨石炭，官价是五百元台币（合法币一万七千五百元），包可永先生转一下手，卖给上海市燃料委员会（闻系徐学禹负责），价格是十万元法币。去年冬天收购私人石炭每吨价格是一千元台币，他们卖到上海是法币三十万元，今年春天闻已略予提升，但每吨不及一千五百元台币。即此一项获利，据私人统计约有二万万至三万万元台币了，但利润到二二八事件并未解送省金库，此项巨款到哪里去了呢？此是台湾人民的膏脂，所以台人时时关心不忘（若说获利是贴补公库，何以年余不缴库？此款存银行，拆息也可观了）。

此外人民生产的食糖，政府也统制专卖，定价不及成本，有许多人民因此把蔗田犁毁。长官公署为表示自身生产有进步，廉价收购食糖十五万吨，赠送中央，更有糖业公司某要员勾结商人，私运食糖三千五百吨装台安轮运沪，在基隆被查获（去年十一月事），各报及人民皆有反对之声，以为人民种制食糖不能自由运卖，反让这般贪官借以发财，要求严办。闹了一阵，以为至低限度可以打击他，使他不能运走了。可是事竟出人意料，某要员不知凭借什么力量，居然把船开走了。台人简直恨得发疯，大毁蔗田，表示不再制糖。

上所举例，仅指其大者而言，小的方面也是如此：例如日常用的毛笔、文具、教科书等统统由教育处主办的台湾书店专卖，各机关团体，不向台湾书店购买此项文具书籍，会计处不准报销用款，并限制私人经营此项用品。总之，与民争利是无所不用其极。

（3）大量走私，米粮外溢，引起粮食的恐慌：台湾是有名的产米省份，且一年数熟，米粮充足。但因走私之风太盛，以致米粮外溢，引起民食恐慌。走私的并不一定是商人，各报既大登武装走私消息，其实官吏也在走私。如花莲县政府，本年一月即有四只大汽船走私，由财政科长黄某出面，不料太大胆了，一只在高雄被海关扣留，一只到了日本被盟军扣留，一只被花莲民众扣留，一只开到上海，后来没有下文。此案发生后，轰动全台，全台报纸及人民皆要求把主犯县长张文成撤职送法院审办，但张也是有来头的（听说是周一鹗的同乡），不但未撤职，且官运正红，据闻仅把财政科长撤职了事。到了二月中旬全台米荒发生了，公务员食番薯，市民食番薯，一斤米四十五元台币（合法币一千五百七十五元一斤）尚无处可买，以致全台骚然。于是政府也着慌了，但他们有他们的政治八股，一面说是奸商囤积居奇（假使食米不外漏，吃不完，何人做傻瓜来囤积呢？囤积是果不是因），到处搜查米商，结果并没有大发现。一面评定米价为二十二元一斤，勒令米店以米应市，结果还是没有米，终至全省陷入粮荒状态（粮荒到现在还未解决）。

（4）限制进出口商，使商业停顿：黄金风潮到了台湾，经济大恐慌笼罩全台。政府不了解恐慌的原因，硬抓住一个片面的理由，说这是游资作祟，游资所以能作祟，完全是商人捣鬼。于是限制进出口商的办法来了，明令规定：进口商须向基隆交通管理处登记，把所有货物先移存指定的仓库中，候财政处估价后，自由出卖或由政府收买。存货租金既贵，日期又不限定。出口商，须缴纳全货总值百分之二十保证金，到了上海把货物全部售清后，须由台湾银行上海分行汇回百分之四十到台湾省银行（这是硬性的剥削商人，盖台币系由政府规定一比三十五，仅公务员可由薪俸中抽出三分之二以此比例汇出，商人汇款，仅能以一比二十四汇出，且手续极多。由上海汇回台湾则以法币三十五元作台币一元），百分之六十款子购货，然货到基隆，仍须受进口商办法限制。这个办法公布以后，正当商人均惶惶不知所措。

（5）烟、酒、印刷业的统制：台湾在日人时代，虽然烟酒是专卖，但是私人小规模的经营并未废止。胜利后台湾长官公署，则完全废止私人经营，即台人向日所存的烟酒也不准私卖了，必须到专卖局去登记，把旧的牌号上重贴台湾专卖局出品字样始准出售。不仅取费过重，且须加上额外需索，手续尤其麻烦。此项旧货售完后，各店家以及小贩须向专卖局领购烟酒，该局出品极坏，如纸烟则霉辣不能入口，酒则清淡如水，一般人皆不愿吸食。

桂永清司令前此在台北遇到长官公署科长二人，皆食美国烟，桂问他："你们何以不吸专卖局纸烟呢？"答道："那种纸烟拿来作戒烟药品是可以的，吸食则不可。"桂从衣袋中取出一包纸烟，反驳他们说："这就是专卖局的出品，真正是价廉物美，你们看，不好在什么地方？"该二科长看了一下，笑着说："不错，这是专卖局出品，但是这种纸烟是为长官特制的，作为长官招待贵宾之用，而且以此欺骗长官。至于卖的纸烟则不是这样了。"于是桂司令才恍然大悟。

桂返到台北见了陈长官，把这件事淡淡地谈了一下。桂走后，陈长官在纪念周上大骂这两个科长说："你们是明明的反对我的政策，专卖局的内幕情形，如何可以向贵宾说破。究竟专卖局送与我的纸烟是不是特制的，我还要查，如果不是事实，定要严办你们。"后来此事便搁下了，大概这两个科长尚非造谣。纸烟是这样，酒也是坏到不能饮，一般的酒等于白水加火酒，既要专卖，又以劣品害人，所以专卖局在台湾是无人不骂，无人不恨。

此外台湾的印刷业是相当发达的，私人经营印刷业的极多。长官公署明令各机关学校，所有一切印刷的东西，皆须送到工矿处经营的台湾印刷公司去印，否则不准报销。因而各私人经营的印刷业皆受到绝大的打击，许多印刷厂歇了业。

烟、酒、印刷大半是小有产者所经营，靠此业吃饭的人数也最多。政府这样一统制，千万人的饭碗，完全打得粉碎了。右举各例，是台湾省政府对台人致命的打击。其他事实尚多，为得节省篇幅，不再列举了。

胡允恭的上述报道，道出了长官公署的恶政带给台籍绅民的愤怒及怨怼的一般性来由，颇为确切，尤其他对一般外省籍人士所云"台湾人民因受奴化教育太久了，所以他们的思想根本仇恨中国"的看法反驳道："这未免太不合客观事实，谁都不肯承认。"是中肯的认知。

没有担当、欠缺见识的官僚以及短视的新闻官，他们最善于玩诡辩术，又最会找借口，责任及原因永远向外找，找出代罪羔羊既好"交差"又可偷安，甚至于还可大拍胸膛自鸣得意，自欺欺人。

他们遭到台民的指摘和批判而理屈词穷时，就会套上一句陈腔滥调说："台民受了50年的日帝统治，奴化教育过深，没有我们抗日，我们的牺牲，台湾哪里来的光复。"

哎！真是天晓得，说这些大话者，往往非但不曾抗过日，很可能是与日本合作过的汉奸狗腿子，混进台湾来避风头的大坏蛋。

公权力尚未整顿好是个原因，但大陆来台官僚的无能失政，更是个大原因。他们没有能力阻挡及管制走私进口的私烟于海上或入台前，无能的官警只会找小商贩来治标和装门面，因而招惹出星星之火。

胡允恭说得好，台湾本是有名的产米省份，且一年数熟，米粮充足，若不是大量走私，米粮外溢，哪来的粮荒？他还指出，假使食米不外漏，吃不完，何人做傻瓜来囤积呢？囤积是果不是因。他又非常具体地指摘，专卖、贸易局及台湾省石炭调整委员会的高级干部的贪污舞弊和与民争利的事实，那么早期胡就能说出石炭调整委员会是专卖局以外的专卖机关，可不容易。

心有余，力不足的陈仪

转型期台湾社会特有的政治性激情逐渐消退，民主落实过程的特定阵痛现象又呈现无遗。

现在，正是还原历史真貌的时候，乍看我们的台湾社会似乎已开始具备条件，可以抛弃"一切以政治为手段，一切为政治服务"的非正常且负面的学术研究环境。

关于陈仪来台主政，我们首先有必要探讨一下，第二次世界大战胜利后，蒋介石为何选派陈仪来台接收而不是别人。

有些人士认为，蒋所以派陈，恰恰反映了蒋介石对陈仪的信任和重视。众人皆知，对迷于玩弄权术的一切独裁者来说，幕僚以及周围人士一概都只是他的"棋子"，因而"信任"或"重视"也只是相对的形容词而已。

事实上，将要收复的台湾，对逐鹿中原的蒋介石来说，还不过是一个僻处边疆的海岛。从蒋介石企图掌握中国革命领导权以及稳固国府政权的"雄略壮志"展现过程来看，当年的台湾并不占有枢纽的关键性战略地位。台湾的地位对蒋相对地重要起来应该要晚至 1949 年年底，国民党撤到台湾，尤其是朝鲜战争爆发以后的事。

然而，我们也不能因此就说蒋介石一点也不重视战后的台湾，那也不十分正确。毕竟，就中国对外关系来说，台湾为大陆外侧的战略要点大岛，居欧亚航海之要道。据台即可控台湾海峡，台湾不可不说是海空军的战略要区，对这些，蒋应该有所认识的。所以抗战胜利后，蒋委员长考虑到台湾曾经被日帝殖民统治 50 年，因而起用二度留学日本（日本陆军士官学校及日本陆军大学）并娶日本妇人为妻的陈仪往台，与日本军政当局周旋遂行接收等工作。主持台政的人选，在当年的国府中央阵营里，除了陈仪可说不作第二人想。

蒋介石之所以感到主台非陈莫属，除了陈仪具有上述背景之外，还可举如下两个理由：第一，陈为非嫡系人物，蒋虽认为"公洽（陈仪）人是极好的，办事认真、忠诚勤劳"（对白崇禧言），但经常与蒋的亲信顶撞，将陈调开至台湾，对蒋不可不说是一种选择。第二，则是陈仪备有主闽七年有余的经验，福建紧邻台湾，台湾汉族系居民大多由闽省迁入，和福建省人可以说是同祖同宗，气质类似，语言亦有相通之处，并且陈仪主闽时不但访过台并作过调查研究，他主闽时期，对日交涉重用过的李择一，与台湾首富林本源家及辜显荣家都有不浅的关系。这些，当然都有可能成为陈主台时运作的良好条件。

当陈仪被蒋介石任命为台湾调查委员会主任委员（1944 年 10 月）开始作接收台湾的准备时，我们不难想象陈仪是欣然欲试，颇具信心的。

笔者已在上一章言及陈主闽七年有余，推行了不少实验及新政，虽然因以陈嘉庚为首的闽籍华侨的抨击及抗日战争扩大化而黯然中途离职赴渝，但他的成就感是大于挫折感的。

显然，陈仪和以沈仲九为首的智囊团，对重庆的国府中央的前景并没有抱过太多希望。一直被国民党的 CC 认为是"潜伏在陈仪身边的共产党人"的沈仲九顾问，其实并不是中共党员，但他具有浓厚的无政府主义色彩的社会主义思想却是毋庸置疑的。有充分的理由可以揣测陈、沈两人都与毛泽东等人一样，不曾想到过由美国支撑的中央军与国府会"兵败如山倒"（陈立夫言，参照《访国民党元老陈立夫，历史见证：中共应以"以大事小"求统一》，《九十年代》，1991 年 11 月号）般地，在第二次世界大战结束后不出四年半就败在中共之下。

这一种推测能够被接受的话，陈仪和他的治台班底其实是企图在台湾一展他们的政治抱负，开创在国府中央与中共之外的第三条路线。换句话说，陈仪一伙是立意把台湾当作他们心目中的"三民主义实验区"来实践其政治抱负的。所谓他们心目中的三民主义，当然与 CC 主流派所主张、所诠释的三民主义不同。

沈仲九真正意图实施的当然是社会主义式五年经济计划，沈动员了留用日本人与僚属，花了不少精力完成了大册《台湾省五十一年来统计提要》，陈、沈早在重庆台湾调查委员会就有其计划殆可断言。沈除了亲自拟定五年经济计划外，还利用收回的日本人农地和农场，初步实施了"平均地权"和"合作农场"，可见他是准备"做事"，绝不是在"做官"。陈仪到任不久，在第四次"国父纪念周"（1945年11月20日）就以"干部训练与经济建设"为题作过讲话。在讲话中陈仪宣布组织经济委员会，翌年（1946）4月9日向经济委员会作了"关于台湾经济建设计划"的指示。陈仪为了避嫌标榜的当然是实行三民主义，并督促经济委员会，务于1946年9月以前完成五年经济计划的拟定。

从陈仪来台后的一系列的演讲（《陈长官治台言论集》第一辑，1946年5月）和主闽头三年半的演讲及训话（《陈主席的思想》，1937年11月）相验证下，我们可以窥见陈仪准备沿袭闽政的经验在台湾开展他的政治抱负的一斑。

根据治闽的经验，陈和他的智囊不难发现台湾实施计划经济和政治的条件远优于福建。

众人皆知，数据是拟定经济、政治计划的基础，陈主闽时在万难中力求树立统计制度是有其理由的。日帝为了有效地管制、经营殖民地的人口和经济，日据时期台湾有些统计制度比日本国内设立得还要早、实施得还要精致。陈仪早在1935年访台时就发现其重要性。陈仪斯时发现的还有当年大陆普遍欠缺的产业基本设施（Infrastructure，如交通、运输网、上下水道、电力等经济的基石）及法律制度（虽然，这些是日帝强制于台湾人民的，但就主政者的立场来说，只要能活用的话，有比没有来得好）。

陈仪和沈仲九还发现台湾没有本地的特大地主及大资本家，旧日据时代台湾的特大地主及大资本家主要是日系的糖业公司，陈仪及沈仲九认为可以把这些"日产"（日本人遗留下来的产业）接收下来并转化，方便推行其计划经济的绝妙的"火车头"。陈仪早在重庆主持台湾调查委员会已下令部属，研究访台时携回的《台湾法令汇编》，借资治台时活用，已在上文述及。

为了有效地实施计划经济及政治，必须确保充裕的财源并确立近代预算及审计制度。从鸦片战争一直到国民党退台之前的中国，不曾建立依据现代管理方式来运作的预算、审计制度，财政、税务的弊端丛生是有目共睹的。值得我们留意的是，国府未施行中央审计法以前，陈仪已在福建实行了审计制度。治闽时陈还引进台湾总督府的鸦片专卖制度，兴办统一土膏（鸦片）行，以济财政之急需。据说为了兴办统一土膏行，牵涉到包商之权益，还导致留在榕城（福州）林本源家的某人冤死于狱中，这是题外话。

二二八事件前后，长官公署及陈仪受到舆论及台湾绅民激烈抨击的是，长官公署制度、专卖局和贸易局的建制。

笔者没有任何义务和意思为陈仪的治台事迹辩护，但只要我们理性、客观、公正地从与大时代的脉搏对话中，来给陈仪的治台方案定位的话，我们可以代陈仪解释清楚，他为何要采取与行省制不同的长官公署制度，以及施行专卖局和贸易局的特殊建制。

只要立意搞社会主义计划经济的话，陈仪就需要独揽大权。主要由沈仲九草拟的《台湾省行政长官公署组织条例》（台湾调查委员会提出，1945 年 9 月 20 日，国府中央发布），行家一看便知，这个条例是炮制日本台湾总督府有关条例的。因它与国府一般行省的建制有差别，人人批评说是台湾的"特殊化"。台湾的特殊化尤其陈仪除了行政长官外，还兼有台湾省警备总司令一职遭忌，招致攻讦四起，诽言不绝。反对陈仪的人士及非政学系人士，攻击陈仪在搞"台湾独立王国"。其实，在蒋介石独揽军事大权下，不曾掌握过军事实权并且本身没有一兵一卒的陈仪，哪有可能在台湾搞"独立王国"。要是陈有野心且有条件搞"独立王国"的话，蒋也不会授权给陈仪，这才合乎情理。恰恰相反，形式上和制度上，陈仪虽然独揽大权，其实他的权力基础非常脆弱，他指挥不动党及军队。这个也是陈仪不愿"叫化子"杂牌军驻扎台湾，愿蒋把它调返大陆的理由之一。

属于政学系的陈仪，一直与陈果夫、陈立夫兄弟控制的 CC 不合，因此无法介入在台的党务，至于管制中统就更不用谈了，所以只有沿用治闽时的老套拉着军统（斯时有形者系张慕陶所指挥的宪兵第四团，至于刘启光及林顶立都是著名的台籍 agent——代理人）来对付 CC 派。不必赘言，陈仪对军统也仅止于"拉"而已，军统本身有其"家法"、有其龙头＝戴笠，另与陈仪存有治闽时的旧隙（军统在闽的站长张超被陈仪枪杀），其不易驾驭是可想而知的。

陈仪与以孔（祥熙）、宋（子文）为首的江浙财阀的关系，不管在想法或做法都是水油不相融，格格不入，互采敌视态度。陈赴台就任前，要求蒋介石为体恤刚光复的台胞，为稳定台湾经济、防止大陆的恶性通货膨胀波及台湾起见，暂缓中央、中国、交通、农民银行四大银行在台设立分行，并禁止法币在台流通，准许日据时代的台湾银行照旧营业，仍用台币。这种想法和做法，本是正确无比的。

长官公署除了上述金融、币制措施以外，还留下日制专卖局并另新创贸易局。陈仪对他的贸易局长于百溪说："我们搞统制贸易有两个目的：一是要使台湾的重要进出口物资掌握在政府手中，避免奸商操纵，牟取暴利；二是要把贸易所获的盈余，全部投到经济建设上来。这样做，一定会引起商人们的反对，但我们不怕，因为我们不是为私，而是为公。我们所追求的不是要肥少数人的腰包，而是要使台湾人民的食、穿、用等民生问题逐步获得解决……"（于百溪，《陈仪治台的经济措施》）

等到重庆中央各派发现台湾是个美丽富裕的大岛，是块大肥肉时，当然无不垂涎欲滴了。除了陈仪一伙外，大部分的派系头头，在政治局面上，本来都志在主导大陆政局，经济上当然意在上海、南京、天津、青岛、武汉三镇等地，而不可能在意区区小台湾。很可能他们仍然认为台湾只是"蕃人"栖息，野蛮荒芜之岛。当他们知悉，日军为了备战而贮蓄的大量粮食和蔗糖尚存台湾，各派的歪念头来了，都想从中分一杯羹，如今为"独揽大权"的陈仪一派掌握，当然心有不甘，由而怨诽之言四布，迅速扩张至岛内外。

对陈仪的非难、抨击有：陈仪搞"台湾独立国"，搞台湾特殊化，实施"门罗政策"（源于美国第五代总统詹姆士·门罗 James Monroe，1758—1831 年的《门罗宣言》，可转释为"台湾与大陆的相互不干涉政策"），违反中央的建制，台湾省行政长官公署利用庞大的权限为非作歹，妨害正常商务活动，致使上海市场和台湾市场格格不入，好像大陆与台湾互为异域，陷台湾省民生活于困苦，使其对祖国产生恶感和隔膜。

下面，我们再选录当年具有代表性的两篇文章，以供读者诸贤参考：

（一）台湾鳞爪——章英（《观察》第1卷第9期，1946年10月26日）

〔本刊台湾通信〕双十节前夕，蒋主席向全国广播，特别强调这胜利的大收获——沦陷50年一旦收复的台湾。同时在最近，外电频传琉球被美、苏重视的消息，我们站在一个中国公民的立场，更应如何关心这刚刚投归祖国怀抱的台湾！在法理上，台湾是今日中国行省之一，但依目前台湾政制与实况来说，似乎已渐与内地隔离。是自治领？是联邦之一？是封建的郡府？还是独立国？

过去凡想到台湾来的内地人民，除公务人员奉命差遣，另有公事文书证明外，一般人是都要取得"派司"的。现在闻已稍示"宽限"，但一旦离台，却仍要"出境证"。

光复后，为体恤台胞，稳定台湾的经济，不得不沿袭保留旧有的通货"台币"，这或许是政府的一番苦心。可是在前一个多月，央行宣布外汇调整的消息，甫传此间，负责财政的首长，立采紧急措置，明令台币也跟着"放长"，提高为一比四十。难怪当时的贝总裁发表反对的谈话，这骤然的措置，显示自外于中央体系。

这一比率的纷扰，一直给闹了好些时候，经过了多少要人的飞来飞去，在九月末才由台湾银行挂牌为一比三十五。这一次既无明令，也无谈话——因为业已"明令""谈话"过了。最有趣的是既非一比三十，也非一比四十，来个不偏不倚，极尽中庸之道。

关于台湾与内地经济的流通，已濒于壅塞停滞，所谓"比率"也好，"汇率"也好，简直是徒具虚文。普通老百姓想汇些生活家用，三申五请，多方挑剔，甚至于公务员的家属津贴，有四五个月未能如数提取者，所见不鲜，更何论商业汇兑！多少正当的内地工商企业者，如何热望向此间开发，鉴于目前的情势，也只好裹足不前。据说这样的故示限制，为的是防止"入超"。

现在此间大宗的物产，由"专卖局"专卖，输出的由"贸易局"经营，这种统制经济政策，这里的解释是政费赖以自给。因此而演进台北市政府也主办起娱乐游宴事业的"国际大饭店"，而"新台百货公司"也属于贸易局管辖之下了。

自从以不仅打苍蝇而且连老虎都敢打的刘团长莅台以后，雷厉风行一些时，结果是利之所在的"专卖""贸易"两局长，因贪污有据，经刘氏商请行政当局，立予"行政处分"，然后交由法办。传说接收的八百余两的烟土，竟短少了一半，说是统被蚂蚁蛀光了，可见台湾蚂蚁的厉害！

这里有一位传奇式的人物"沈顾问"，也可以说是台湾实际的执政者，举凡行政、教育、设计、技术各部门机构，随时都有他的足迹，"顾"而"问"之，实至名归！而且出没无常，行踪飘忽，真正做到能者无所不能；最近台湾的"五年计划"，便是此人的手笔。

假使照目前台湾政治的施为来下一个分析的话，那么我们这里的当局是南非的史末资？加拿大的金首相？却都不是！就统制经济的政策而论，却有些地方类似阎百川之治晋，就如"沈顾问"之流人物的登场，又好像昔日韩青天之治鲁，他只是尚未干涉到司法而已。

笔者所以特提这许多现实情况，无非对今后台湾将如何的演进，表示怀虑。也是凡我国人都应该关心。固然光复至今一年，政绩良多，不能全然抹杀。而由日本人依法炮制来的"特殊化"，似乎今后在国防上，在意识上，都有重加考虑的必要。

在台胞里，除了五十岁以上的老年人，曾身亲甲午亡土之痛，和久居祖国目睹或躬参抗战，知道备经艰难困苦才获得胜利之果外，率直说一句话，现在青年的台胞，实有彻底再教育的必要。在过去日本统制时代，和战时的种种动员，台湾的女人已尽其用，遑论壮年男子。他们各有职业，虽吃不饱，也还有饭可吃，他们从来爱着"皇民化"的教育，以致数典忘祖。这些都不能怪罪他们。但祖国爱抚匡导的效果，又在哪里？他们最切身最严重的是物价的高涨，和求生之无所。于是他们开始怨望，他们不像他们的弟弟妹妹的热心学习国语，把他们的记忆牵引到"昭和年代"，索性他们开口就说那熟极而流的日本话，由此而发生了"你们中国人"，"我们台湾人"的可悲畛域来！

且再举一个例：我在台南碰到一位台籍青年，他曾被日寇强迫征召学习航空机械，最初在日本青森地方，受过严格训练，以后又辗转"满洲"北平各地，胜利后，在服役北平的敌部军队里，被脱羁遣送回台。但是一年以来，他曾拿出许多被日本甄别航空及格的证明书，几次三番想投效祖国的空军充任修理匠，而始终不能得其门而入，结果他十分绝望。据他告我，不久要和我们分别了，因为他已再利用日本的姓名，参加今秋的末批遣送，随日侨去日，另投生路。像这个青年因愤激现实而产生的狭窄观念，固不可取，而类似的情形还有许多，是值得重视的。

收复后的台湾，我们的理想以为应尽量使我们的台胞了解祖国，与祖国共休戚荣辱才是道理，而现在此间一切的施为，形同化外，对祖国相视若秦越，这不能不归咎于这一时"门罗政策"（？）的错处。

近日颇有一二内地的考察团来台观光，一则时日匆匆，忙于游宴酬酢，一则迷惑于日本人遗留下来这种现代都市的规模，甚至于北投草山温泉区的风景，和日月潭的奇观，而疏忽了今日台湾内在的情况和隐忧！

（二）台湾与祖国
（《观察》第 1 卷第 13 期，1946 年 11 月 23 日）

编者先生：

读贵刊一卷九期通信版所刊《台湾鳞爪》一文，颇有所感。近几个月来，在京沪一带报纸的记载中，台湾似乎已成了一个"独立国"，就是贵刊所刊《台湾鳞爪》一文，也怀疑台湾是否已经成了一个"独立国"，并把台省同胞的疾苦及其对祖国的隔膜归咎于台省当局的"特殊化"和"门罗政策"。我是贵刊的忠实读者，愿本台湾人民的立场，对此发表意见。

先说陈仪。第一，陈氏刚愎自用是事实。军人出身，今年六十几岁了，自信心极强，声威极盛，事必躬亲，民主"风度"自然差一点。但他治事之勤，自奉之俭，就不是中枢某些风度翩翩的新贵们所及得上的了。第二，陈氏受知于蒋主席，不受宋院长的节制是事实。他和蒋主席是日本士官学校的同学，还比蒋主席长两岁，这种关系是旁人冲不淡的。在陈仪调职的消息传播最盛的时候，陈氏只一笑置之。有一次他在省训团对学员训话时说："主席叫本人来此主持省政，自有他的需要。"何况在行政院例会上通过的省长官公署组织法上，明文规定着他庞大的权限。因此省当局的种种经济措施，完全和宋院长背道而驰。致使上海市场和台湾市场格格不入，好像成了两个国家的疆土。

我们现在所要研究的问题，是在台省当局利用庞大的权限，是为非作歹呢？还是富国利民？我们先检讨台省当局的经济措施，也是《台湾鳞爪》一文中所最非难的一点。

第一，根据民生主义中发达国家资本，节制私人资本之义，规定大规模工厂一律国营或省营，其余小工厂始标售民营。并设立贸易局和专卖局，推行统制经济政策。这一措施在原则上是无懈可击的。不必论三民主义为我们建国的最高指导原则，且看老牌企业自由主义的英国，自工党执政后，也开始采用统制经济政策。民主主权之政治和社会主义之经济二大标的，乃今日时代潮流所趋。我国中枢当局采行什么有计划的自由经济政策而制定的第一期经建原则，乃是为了迁就现实，争取时间而开的第一段倒车。相反地，台湾的社会条件足够，为什么也要跟着开倒车而背弃三民主义呢？如所周知：台湾迄今没有大地主和资本家，以前全省财富都集中在日本统治者手中，现在被省当局完全接收过来，六辔在握，正是实行民生主义的最好时机，难道此时省当局撒手不管，反而让省外的所谓民族工业资本家越俎代庖吗？在官僚资本猖獗的今日，民族工业资本家也许是和我们小百姓站在一边的，可是我们不要短视，在人民力量的前面，官僚资本这畸形的东西总有一天要倒下去的，到那时候我们就不敢指望民族资本工业家和小百姓站在一边了。所以站在我们台湾人民的立场上讲，我们是极端拥护这项措施的。我们实在不欢迎省外资本家的"开发"。我们认为反对者只有两种人，一种和省外资本家有些瓜葛；一种是战时在后方看尽了国营事业、专卖机关的黑幕，因而谈虎色变。其实政策和管理方法根本是两回事，我们不能混为一谈。

第二，稳定台币币值以稳定物价。此点在原则上是不会有人反对的。且看事实，今年上半年度因为财政收入减少，复员支出骤增，物价涨了数十倍，这涨势几乎叫小百姓惊骇欲绝。以后从七月份开始，物价开始稳定了，迄今未有什么大涨跌。九月中正是成效初著的时候，中央宣布调整外汇汇率，省当局自动调整法币和台币的汇率，因此开罪了贝总裁是事实，但台湾物价果然因此未受影响也是事实。我们小百姓只问切身之事，所以对于此项措施也是极端拥护的。《台湾鳞爪》一文中物价不提，却说此举是自外于中央体系，犹之乎说父母害了时疫，子弟不准隔离，一定也要传染得了病方算孝子贤孙，否则就是自外于家庭体系。

第三，借交通工具的控制，减少外货进口，保护本省工业。这一点是不成其为正式措施的。以后船舶多了，美国货仍可能大批涌进。但目下市场上美国货确很少见，即使有也很昂贵，本省工业可趁此时机赶快改良质量（敌人实施殖民地经济政策的结果，本省工业产品大多为粗制品），将来庶可与外货相竞争。某些靠美国货活命的高等华人对此怨不绝口，但在我们小百姓们看来，又是拥护不暇的。

　　相反地，对于此等措施，省当局能否实行到底；我们比省外人士更其关心。例如国营省营事业中是否渗入官僚资本？每年度的财政预算是否合理分配；我们要求中枢主管机构的彻查和监督。我们更希望人民的力量结合起来，透过舆论的力量（于此更欢迎省外舆论的协助）或民意机构，予以严密的监督。对于贪官污吏，直接吮吸我们的血，我们比省外人士更其痛恨。希望舆论界随时督策当局依法严惩，但我们也有足够的理智，不能把政策和执行二者混为一谈，因枝节而怀疑根本。

　　和内地各省相较，台湾的确是特殊化的。台湾人民对祖国情形的隔膜及其他文化方面的特殊性，可以敌人五十一年的占领史为说明。我们深感省当局的文化工作仍然做得不够。在经济方面的特殊化，我们却是引以为慰的。我们以为这是"特殊好"，不是"特殊坏"。这是中枢许可的"特殊"，不是自己枪杆子造成的"特殊"，所以无妨"特殊"。至于"门罗主义""独立国"等与祖国分庭抗礼的名词加之于台湾，我们却感到大惑不解，痛心疾首。记得这是一位美国记者在一篇耸人听闻的新闻报道中倡用的。他的结论是：台湾民意一致希望"独立"，受美国的保护或受日本的保护云云。我们原谅他的荒谬和无知，因为他是美国人啊！我们中国自己人是自卑感在作祟吗？也乐用这些动人听闻的字眼！今日的祖国仍陷在分崩离析之中，台湾这一块土重归祖国版图，明明毫无问题，举国滔滔中，就此一片干净土，值得我们寄以希望，何忍于再横加污蔑呢？

汪留照谨上

十一月十一日于台北

《观察》杂志是当年最具水平的周刊，执笔者多为自由派和左倾文人学者。据了解，当年看到这两篇小文的在台台籍人士不多，就算看得到，能看懂的也寥寥无几。

冷静地浏览，那些对长官公署及陈仪的非难和抨击，表面上相当堂皇，但他们的意图似乎既不单纯又不甚纯粹。我认为署名汪留照所作的反驳小文《台湾与祖国》是值得一读的。风水轮流转，若我们把汪的主张与当前台湾反"一国两制"的主流言论对照，就会发现历史的一大讽刺，不是苦笑一声，就是笑而颔之，真是耐人寻味。

国府各派系为了抢台湾肥肉或大饼的内斗从而激化，京沪的舆论有意无意地助长了这些歪风。歪风不单单向大陆吹，还吹回台湾内部，相互争鸣、愈扇愈大。

本来，台籍绅民对长官公署、专卖局、贸易局等建制以及长官陈仪独揽大权的非难与批判的观点，有异于京沪一带反对派人士。饱受半个世纪日帝的殖民欺凌统治的台民——尤其是中上层的士绅，不管陈仪一伙所揭橥的理念、目标、政策如何堂皇有理，他们在感情上根本就不能接受。在他们的眼里，旧日制总督换成行政长官，总督府改称长官公署，不过是换汤不换药而已。光复了，回归了祖国，还依旧受到歧视压制，怎么能忍受？专卖局，本是束缚台湾本地资本发展的制度，台湾绅民诟病良久，现在不仅留存专卖制度，又添个贸易局与民争利，此非只换了老板的殖民统治为何？

陈仪有心在台施展"宏图"不必存疑，但他缺乏"力量"来支撑并推行其宏图。他唯一能掌握并指挥的只有警察而已。警务处长胡福相虽然是陈仪自主闽时代就培养的，但来台时尚年轻（39岁），经验不够，更欠缺统率能力，滥竽充数地让他高就了独当一面的处长。走私无法杜绝于海边，但又企图以贸易局专揽出入口，当然流弊百出，利之所在，走私变本加厉。

拒用法币而用台币，与拒绝四大银行来台设分行本是防御大陆恶性通货膨胀波及台湾的好主意，奈何无法彻底抗拒中央宋子文之压力，不得不以宋所属意的严家淦代替张延哲主掌财政处长。为了此事，深夜十二时许陈仪电召周一鹗（陈仪行政业务的智囊之一，斯时任民政处处长）至私邸，陈深有感慨地说："台湾原有的生产事业，多未恢复，社会财富又长期遭受日本掠夺，已属外强中干，虚有其表。但当局（指中央）唯眼前利益是图，只想杀鸡取蛋，用各种名义和方式，从中搜到一些东西。应付这种局面是复杂而艰难的，但我们必须沉着，非到万不得已绝不退让。张延哲被迫调动，自然令人痛心，不过想做一番事业，一定要肚量大，要经受得住委屈，要吃得下冤枉。""他希望我（指周）对此事保持沉默。"（周一鹗，《陈仪在台湾》）

一位自任的财政处处长都无法保住，陈被称为独揽大权的实质内涵就值得大家怀疑了。

干预并拖住陈在台大展宏图的，其实不只是外面的杂音及反对派的插手和攻讦。

陈仪来台前，虽有过准备，但时间不足（自1944年10月成立台湾调查委员会，至1945年10月24日陈仪由上海飞台受降仅仅一年），他招募开办的台湾行政干部训练班（设在重庆中央训练团内，实质业务由周一鹗主持）和台湾警察干部训练班（设在福建永安，由胡福相主持），只办了一期就迎接抗战胜利、光复台湾的佳讯。

基本上，陈仪本身认为人才不够，临时还要周一鹗前赴福建省借调。这些情况周一鹗留下了重要证言：

> 至于接管人员的准备，陈仪主张必须专业化。当时的情况是要人无人，要钱无钱。陈仪利用兼任中央训练团教育长的机会，在该团设置台湾行政干部训练班。第一期招收各机关在职人员，经考试合格录取者一百二十人，依其专业分为六个组，进行四个月的训练，训练期满仍回原机关工作，听候召唤。陈仪对该班极为重视，自兼班主任，派我兼副主任，他亲自对学员讲课，亲自与学员个别交谈。一九四五年八月，第二期招训尚未开始，日本宣告投降了。

> 接管台湾需要大量人员，单靠几个处长和一百二十名训练班学员是不够的。陈仪决定派我去向福建省主席刘建绪借用一批人，并授权各处长邀约所需要的人员。各方面向他推荐的人也分别交由有关各处量才选用，他自己不加可否。

> 他原来打算把台湾划分为台北和台南两个行政处，各设特派员一人，拟议中的人选为程星龄和连谋。程星龄是时为福建的案子正被软禁于福建省银行重庆办事处中。陈仪平素深爱程的才干，想借此机会向蒋说情，把程解脱出来。连谋是福建闽南人，高级班毕业，算是陈仪的学生。连谋虽隶属军统，但陈仪颇赞赏他的才干，说他应付日本"浪人"很有办法。陈仪派我去征求程星龄的同意，程坚决辞谢，后陈仪请蒋准许将程带去台湾"监视"。

> 十月初，陈仪派秘书长葛敬恩和警备总司令部副参谋长范颂光（戴按：诵尧）随带各处代表组织前进指挥所，进驻台北，与日方洽谈受降

事宜。

同月，又派我携带台训班学员二十人，专机飞闽，向刘建绪商调接管人员。名单由我与沈仲九拟定，经他审阅批准。临行时，陈还嘱咐我，调用或邀约的人员不必以名单所列为限，只要需要，可以便宜行事。谢东闵和刘启光就是由我决定调往台湾的。（周一鹗，《陈仪在台湾》[1]）

总而言之，陈仪、沈仲九、周一鹗等首脑，着力于台湾，想把在福建以及大陆上所不能实现的理想实现于台湾的心是有余的，但他们一伙的力量却是非常不足的。

据外省籍大师级学者王作荣教授忆及，当年国府中央发表陈仪就任台湾省行政长官时，在重庆一带后方的舆论界及学界人士概认为上乘人选，鲜有反对声音。

就大陆的实况来说，陈仪及其班底为一时之选并非夸大之词。但这些都该是相对而论者。大陆的历史包袱沉重，传统政治文化之恶劣，除了台籍人士因"隔膜"而不知道外，可以说已是大陆百姓的常识，人人司空见惯，见怪不怪。大陆仍然深陷在封建传统的压迫和外来强权的欺凌下，老百姓依然在挣扎求存。虽然日寇刚败退，对外战争刚结束，民命稍苏，但其他强权之经济、文化、价值观等层面的影响力＝黑影子，依然如故。

就是怀有其志，但能真正跳出晏阳初所言的四大病症＝愚贫

1　见周一鹗，《陈仪生平及被害内幕》，北京：中国文史出版社，1987。

弱私的范畴²，及费孝通所剖析的皇权与绅权之束缚³的人士并不多。

背负着上述时代背景及历史文化的大陆来者，尤其是军警诸官，哪有可能人人清廉、无私、公正、敬业，能少贪污，少鱼肉老百姓，少徇私误公已值得国人称庆的了。但与大陆隔绝有半世纪且光复不久的台籍人士，本来就对大陆的一切，缺少正确认识，不管是正面，还是负面。台湾省民除了少数媚日派和自愿为"皇民"的一小撮人外，差不多都沉醉在自今以后可免于殖民地压制，更不再虞战争的解放感，还强烈地期待回归祖国不久，可有璀璨的无限远景将展开。当今，人人都知道，这些是个美丽的误解，但是，在光复当初，绝大多数的台籍人士是抱有那种想法的，所以才有如下欢迎祖国来人的热烈场面：

载了前进指挥所人员去台湾的美军飞机，回程时带了几千斤白糖，是台胞赠送陈仪及长官公署和警备总司令部处长以上干部的，每人一百斤。收受的人们天良发现，说道："我们的脚还没踏上台湾土地就已刮台湾的地皮了！"后来，当登陆艇驶进基隆港口时，只见两岸站满台胞，男女老幼一手持国旗，一手拭眼泪，"万岁"的欢呼声震响海空。战时，台湾全省的海港都被美机炸毁炸伤，只基隆港口受灾较轻，海关的房屋没有倒塌，被美军留作自己登陆时用，所以接收人员一上岸就能坐下来休息。桌上摆满了香蕉、柑子等各种水果和饼干、蛋糕，还加咖啡

2　参见《晏阳初全集》。晏阳初（1890—1990），本名兴复，字阳初，在推动当代教育上颇具贡献。

3　参见费孝通《乡土中国》（上海人民出版社，2007年8月1日）。费孝通（1910—2005），知名社会学家、人类学家、民族学家。

和啤酒。负责招待的台胞笑面相迎，递热毛巾，送茶递烟，穿梭般地往来。上了火车，一路慢慢行驶，欢迎的人拥在轨道两旁，持国旗，拭眼泪，喊"万岁"，比在港口时人更多，场面更热烈，使接收人员感动得说不出话来。火车走了一个多钟头才到台北，车站上一样挤满了欢迎的人。接收人员住在一所小学校和昭南阁旅馆里。出去逛街，遇见的台胞没有一个不露笑脸的，有的还举手打招呼。去理发，从镜里看到理发师边工作边流泪。问要多少钱，不肯说；把钱硬塞进装钱的盒子里，还倒出来送还。吃点心、喝茶也如此。言语不通的用手指胸口，表示由衷的欢迎；又用手指天，表示从天上下来的。面对台胞发自内脏的种种感人之举，谁能无动于衷？但又有谁能想到一年多以后就起了剧变呢？（钱履周，《我所知道的陈仪》[4]）

4　文思编，《我所知道的陈仪》，北京：中国文史出版社，2004。

劫收百态

前节，笔者节录了共产党人，却是治台幕外闲人胡允恭的《台湾真相》，呈示台籍人士为何对外省籍人士及长官公署产生仇恨的来由。

现在，我们再摘录陈仪的亲信钱履周的证言，以窥知"劫收"百态。

钱是陈治闽至重庆时代，以及第二次就任浙江省主席时的重要幕僚。他本来列名来台的高层班底中，可能是基于接收事业的整体运作上的考虑，钱到台就任了善后救济总署台湾分署署长。救济总署不参加接收工作，主要的业务在于赈济，运送面粉、奶粉及一般性药品赠给民众，民众当然对之不生恶感反而怀有好感。钱来台时已 52 岁，可说已达圆熟之年华。

（一）"接收"种种

1.前进指挥所的中美人员朋分台湾银行存金：行政长官公署秘书长兼前进指挥所主任葛敬恩（浙江嘉兴人，黄郛的妻弟）是陈仪留学日本陆军大学时的同学，因此陈仪当师长时他做了参谋长。葛后来做青岛市市长多年，贪污发财，盖了一所大屋。市长卸任，卖屋得了六万元，在上海另置一所住宅。陈仪从兵工署、军政部到福建、重庆都不找葛帮忙，在接收台湾时却重用葛了。前进指挥所的任务，无非作些接收的准备，并向日本台湾总督传达一些维持秩序、保存公物、听候接收等命令。葛眼快手长，公事告一段落之后，看中台湾银行，去检查仓库时见有黄金十几箱。可是埃文斯也看到了，葛不能独吞，就和埃在晚上密商如何朋分。这样大的事不能长期隐瞒，终于走漏消息了。前进指挥所干部中，华籍的慑于葛的权势不敢表示什么；美籍的则不客气地向埃伸手，要其分羹。指挥所任务终了回重庆，随葛去的中国人员仍不敢声张，陈仪一直蒙在鼓里。美籍的向总部魏德迈告了一状，埃文斯被撤职回美了。埃不甘心，到华盛顿法院申诉，说这完全是葛出的主意，不能归罪于他。法庭通过中国驻美使馆，由外交部行文到台叫葛去美对质，陈仪才如梦初醒。葛若无其事，只说："金子没有分。"长官公署英文秘书郑南渭（留美出身）去美国代表葛和埃对质。究竟金子是否真的没分，法院如何判决，连陈仪都搞不明白，只有郑灰溜溜地回台了。葛的秘书长做到底，埃则始终没回美军总部。

2."五子登科"："五子"即金子、银子、车子、房子、女子，是大多数的接收人员要抓为己有的，于是接收便成了"劫收"了。日本战时通货膨胀，所以经济部门储存的是硬币和金、银。日本人到台任公职的除有津贴外，还给住宅（官邸）、家具、交通工具，可是一卸职或他调，这一切就原封不动地移交后任使用，不能带走。这样，房子、车子也成为接收的对象了。房子搬不动，就把地毯、椅垫、沙发，甚至玻璃窗的窗帘、廊下挂的吊兰花、院子里种的好花都运到在大陆上的私宅去了（葛敬恩卸任秘书长时只移交一所空屋，他上海家里的吊兰花和窗帘全是从台湾运过去的，去过他家的都见过）。至于女子，因日本本土给美国炸得凶，生活苦，在裕仁天皇未诏示日民回国之前，不少人舍不得离台，想方设法要我国"留用"，妇女也愿嫁给中国人留下来。于是接收人员中的渔色之徒便趁此乱搞男女关系了。如警备司令部某军法官纳日本下女为妾，并因此而大学日语；救济分署副署长也纳一琉球女子为妾，等等。台胞看了这些怪事，怎能不气愤呢！

3. 私吞海军运输舰和农场：接收海军的某要员侵吞了一艘海军运输舰，把它改名为"台南号"，与福州巨商王梅惠合作经营，常川行驶台福（福州）、台厦（厦门）、台沪间运货载客，生意兴隆（这件事陈仪到杭州后才当作新闻告人）。台湾农林处中被派接收农场的人，以收多报少的办法吞没了一个大农场，把它当作私产租人耕种。

也许有人问：这样胡作非为，公文书中如何交代得过？其实办法很简单，日人造移交清册来，接收人员照册点收后，在册上将自己想"吃"的那一项或几项划去，交还日人重新造册就万事大吉了！至于怕不怕日人讥笑，那就顾不得啦！

（二）遣送日人业务时的丑行

日占时期在台日人除海、陆、空军人员二十万人外，其他各部门连家属共三十余万人。这三十余万人除极少数被我留用（以大学教师、老医师居多）外，悉数遣送回日。因为日人多，须分多批运送，于是谁先谁后，又给办理遣送的中国官员一个索贿敛财的机会了。负专责的民政处长未必了解具体情况，陈仪更一无所知，但这些官员的丑行劣举未能逃过台胞的眼睛。

(三) 物资运济大陆

台湾物产丰富，就以糖论，原先储存的加上光复后生产的，数量颇为可观，国民党政府将大量的糖运往大陆。至于接收的物资，除公家运走的外，被接收人员私自一批又一批地运往大陆的更是无从计数。台湾尽管物产丰富，也几被公私抢搬一空了！一九四八年魏德迈视察国民党军队的前后方，从东北到台湾兜了一个大圈子。到台北时，在时任省主席的魏道明面前批评国民党政府接收台湾"give less than take"（拿走的多，给的少）。这话虽出于外人之口，却打中了国民党的要害。陈在台期间，政府给台胞的，除台湾救济分署收到的十五万吨化肥（当时全国用作救济的化肥只十八万吨，所以农林部部长周诒春说："台湾吃化肥的胃口太大了"）和旧衣服、牛乳、面粉、冰淇淋粉、药品之外，便没有多少其他物资了。

(四) 贪污、走私等案

上述的"劫收"就是贪污，下面所举的是"劫收"以后，在日常行政中贪赃枉法的事例：

1. 专卖局贪污案。国民党政府接收台湾后，把日本帝国主义在台施行的种种秕政也接收了下来，有的还变本加厉。这其中，专卖制度居于首位。某次，一家报纸载文揭发专卖局局长任维钧（湖南人）贪污，任在别报上登启事，要这家报馆"三天内举出证据"，否则他要向法院提起诉讼。三天后这家报馆在报上宣称，任"有证据的贪污台币五百万元。尚有证据未完的，一时不列举，愿意和任在法院见面"。任不敢嚣张了。陈仪把他训斥一顿，坚决要他提出诉讼，弄个水落石出。任不敢答复，只请假两周不到局。一个贪污案就此悄寂无声了。

在专卖局经营的日用品中，烟、酒是大宗，但所制产品粗劣到不能入口，因而私烟（美国烟）充斥市场。海军总司令桂永清来台，听人说专卖烟太坏，便拿出陈仪送他的一包烟试吸，觉得很好，给别人吸，也说很好。于是就说："谣言靠不住！专卖烟质量好，有真凭实据的。"他哪里知道，他吸的其实是拆开后换装了专卖局烟纸的美国烟，是专供陈仪并为他招待宾客用的。酒原本只是开水加酒精，缺香少味；但供给陈仪的是换装在专卖局瓶内的真正的好酒。这些黑幕，陈仪始终不知。

任维钧卸任局长后的交代不附日本人给他的清册，说日人没有清册给他，只请他点收仓库。清册实际是有的，不过被他销毁灭迹了。在他自己的移交册内，则不乏荒谬到令人气愤的记载。例如说："食盐被抢去一万多担，红土（好的鸦片烟，当时也是专卖的）被白蚁吃了七十公斤，糖损失几十万斤。"试问：一万担的盐，多少人才"抢"得完？这么大的"抢案"何以一直没有人知道，也不报警察查追？白蚁吃鸦片烟土大概是生物学上的新发明，要多少只白蚁才能吃完七十公斤红土？几十万斤的糖更要多少人、多少车才能运走？任维钧居然说得出，也居然有后任（陈鹤声，原是包可永的秘书）肯接收下来，不加驳诘，都非世人所能想象！

2. 台北县长贪污案。台北县长陆桂祥贪污了三亿台币（戴按：前揭《台湾真相》说是五亿，数额差额甚大，待查），当时轰动全国。陈仪正要派员查究，忽报台北县政府内起了一场大火，把会计室的账簿单据和税捐处的单照存根统付一炬，还查什么？后来，陆在记者招待会上说，是某区区长裴某造他的谣。可是当时裴某已离开台湾，此案就不了了之。

3. 纸业印刷公司的贪污案。公司总经理李卓芝（葛敬恩的女婿）把公司生用的几部大印刷机器标价一千万元台币卖出，自己以四十万元台币买下其中一架，伺机再以高价卖出。后李调任台北市专卖分局长，后任的总经理向李追查机器，李送他五万元。后任打报告连同五万元台币直送长官公署。葛敬恩把五万元批交省库，报告归档。陈仪知道后，只把李卓芝叫来训斥一顿，没有再追究下去。

4. 伪组织的电影片出租案。当时，台胞出于爱国热诚，普遍欢迎国产电影片，电影院场场客满，收入可观。葛敬恩的女儿葛允怡看得眼红了，就把上海沦陷时汉奸伪组织所制的电影片运台出租放映，想捞一笔黑财。这些充斥着"共存共荣""王道乐土"一类鬼话的电影上映后，台胞议论纷纷，民营报纸也登了不少影评抨击。这事给长官公署宣传委员会主任夏涛声（秘书处长做不久，遭葛敬恩排挤，调任此职）知道，报告陈仪，下令禁演了。葛敬恩恨夏打破他女儿发财的好梦，大骂"闽派"（葛对陈仪在福建的部下的称呼）有意和他过不去。

5. 燃料调剂委员会（戴按：正式名称为台湾省石炭调整委员会）贪污案。日据时期大的煤矿全部被统制，不许民营，可是小的石炭（即煤）矿还允许民间开采。接收以后，工矿处组织燃料调剂委员会（处长包可永自兼主任），委员会将民营小煤矿的产品以官价全部收购。开始时（1946年春末夏初）收购价为每吨台币五百元（合法币一万七千五百元），转手卖给上海市燃料委员会（头头徐学禹），价法币十万元。到冬季，收购价增为台币一千元，卖到上海价法币三十万元。1947年初，收购价增了一些（不到台币一千五百元），卖出去当然不止三十万元了。这笔盈利估计在法币二亿至三亿元，直到二二八事件前，没有缴台湾省库。至于是存在上海的银行放息还是买货囤积，无从查考也无人追究。

6. 基隆私运食糖案。日据时期台糖虽也专卖（戴按：日据时代砂糖不曾专卖过，但受过战时管制是有），但日人仍许民间种蔗制糖（初接收时，陈仪曾令收购十五万吨糖分送南京中央要人）。接收后将民间所制全部统制，比日据时榨取更凶。一九四六年十一月，糖业（公司）一个"要人"把三千五百吨糖装上"台安号"船，企图由基隆私运上海。事被查获，船被停开。各报对此多有报道，舆论哗然，都以为这些糖将要从船上卸下处理。哪知时隔不久，"台安号"竟载着糖安然启碇驶出了基隆港。

7. 台湾书店统制书籍印刷及文化用品。书籍印刷及文化用品在日据时期是（可以）民营的。接收后教育处设台湾书店经营毛笔、纸、墨和教科书等，并和省会计处勾结，规定各机关、学校购买上述文化用品，不是台湾书店的收据不准报销。这家书店的出品一天比一天粗劣，它的盈利落于何处，没有人知道。

8.花莲港私运粮食案。台湾素以产米著名，日据时期日人每年运往本土的大米在九百万担左右。接收后，水利失修，化肥缺乏（后来救济分署对这两事有所措施），再加以大米大量走私外运，台湾几乎要从余粮省变成缺粮省了。一次最大的粮食私运发生在一九四七年一月。花莲县政府由财政科长黄某出面，将四大汽船的米公然外运。一艘汽船在高雄给海关扣留了；一艘被花莲民众抓住；一艘开到日本后被盟军扣留；一艘据说是驶向上海的，但不知其下落，可能是上海有人接收了不宣扬。因这些曲折，事情就闹大了，各报都登载消息，舆论希望陈仪对县长张文成有严肃的处理，结果只是把黄某撤职抵罪。

9.高雄市市长连谋大量走私。高雄是台湾南部的大港，曾被日帝作为"南进"的出发点，所以港口一切设备较基隆有后来居上之势，接收之后成了大量走私的出口之地。市长连谋（闽南人，久在福建的军统特务）到高雄后，连街上的瓦砾（高雄曾遭美机轰炸）一块也不扫，只一心忙于走私。在他任内，常有运载私货的船从基隆驶往泉州、厦门、汕头、上海等地，也有运至烟台、青岛的。台湾盛产木材，连谋便大量砍伐，走私得暴利。连谋劣迹昭著，众所周知，但慑于军统的凶焰，报纸不敢揭露，更无人出头告发。救济分署怕救济物资被连谋用于走私，迟迟不办理对高雄的放赈；而连谋知道救济物资中有合于他走私胃口的，一再催促。陈仪也问："何以灾情重，放赈偏后？"救济分署只得据实告以"怕走私"。连谋走私致富的账一直没有算。后来市长换了一个姓黄（戴按：仲图）的，救济物资就运去高雄了。

10.樟脑厂长刘炽章贪污案。刘和一个女台胞恋爱，给妻子五十万元台币逼她离婚，她不肯，出而告发刘做厂长后贪污了几百万元台币，"饱暖思淫，喜新厌旧"等等。经搜查属实，刘被撤职，关入狱中。这是犯贪污被处罚唯一的例。

以上所述仅是贪赃枉法中最为人所知的事例，大多已登在报上（长官公署机关报《新生报》不肯登是例外）；至于情节较轻的，或未被告发的，还不知有多少。陈仪对他的手下总抱定"用人不疑"的老调，有人告发贪污，他就要求"拿证据来"。陈自己不搞钱是可以被人相信的，但他的手下就以这一点来做贪污的掩护，并利用陈的"用人不疑"来保持他们的职位权势，取得贪污的便利。国民党政府和国民党中央党部也派过刘文岛（监察院委员）、李文范等"大员"到台清查，检查档案，招待记者发表谈话，搞得煞有介事。哪知空雷无雨，这些大员匆匆来又匆匆去，一切仍然照旧。

（五）米荒

如前所述，由于水利失修，水肥不足，加以大量粮食走私外流，台省接收后不久即米价飞涨。二二八事件前夕，四十五元台币还买不到一斤大米，台胞只得吃番薯了。政府不禁止走私外运却搜查米店存粮，又为检查的人开了勒索敲诈的绿灯。陈仪想不出具体改革的措施，只强调"要证据、要严禁造谣"。（钱履周，《我所知道的陈仪》）

（文中有些省略不录，小标题由再录者所新加）

天真无邪的台湾民众与陈、沈唐·吉诃德

当我读到黄朝琴回忆二二八事件情形中的一段：

旋陈长官立即请我进去，承告昨晚发生事件的经过，及台北各界欲在中山堂开会组织"'二二八'事件处理委员会"，请我到中山堂安慰大众，说明政府对查缉人员必予严重处分，各界代表要冷静，劝民众勿再段打外省人，处理委员会所提合理合法意见，他当尽量接受，务使事件不要扩大，最后并说：这种事件如在大陆，民众司空见惯，不感痛痒，而台省民众一遇不平，就起激动，其志可嘉，其性急的情形是将闽南人的特性表现无遗云。

我脑际重新浮现了事件当时的一些怪异景况。

日本据台时，恶劣的日本人常以"支那人""清国奴"辱骂我们台人，而"二二八"时，部分愤怒激动的台籍人士居然也用"支那人""清国奴"辱骂起应该是同胞的祖国来人＝外省人。甚至于还有本省青壮年人，仿效日本人以布巾缠头，挥舞日本军刀高唱日

本军歌。更叫人痛心的是，抗日刚胜利，人人痛恶还来不及的日本国歌，却有一部分台籍人士为了辨别本省人和外省人，而逼迫人唱，并叱骂战栗的外省籍小孩"清国奴的王八蛋"，还施以殴打。纵然这是在骚动中发生的，也未免过火。过去，我一直把这一种景况单纯地视为人心的荒废而感到毛骨悚然，看到陈仪在事态未扩大前，居然尚可以平常心看待事态进展，对黄朝琴说出"这种事件如在大陆，民众司空见惯，不感痛痒，而台省民众一遇不平，就起激动，其志可嘉云云"的话，不由得深有所感。

没错！台民的愤怒激情，不是可以当为 innocent child（天真无邪的小孩）在其"恋母情结"受到挫折后，所发出的反弹来解释吗？

显然，甚多台湾乡亲，将会抗拒我这一种解释。他们为强调自己的尊严，自己的面子，自己的形式逻辑，绝对不肯把自己"降格"为天真无邪的小孩般来对待。

二二八事件前后台民对秕政不满的表激愤之情与社会行为模式，基本上不脱"天真行为"（包括思维）（innocence）的范围，所可叹者，历经 40 年，今天反对派学、政界人士中的思考与行为模式尚未对此范畴真正有所超越、克服，甚至于处处犹见当年痕迹。

著名的右派抗日领袖林献堂，在台湾省行政长官公署前进指挥所（主任为葛敬恩，1945 年 10 月 5 日抵台成立）未成立前几天，贸然率领一批人马进驻台北火车站前日人经营的大旅馆，以"台湾王"的口吻宣布要接收旅馆，下令日人老板一家搬至后院。据闻，光复后，林一直把台湾与大陆的未来关系设想、类推为爱尔兰和英国的关系。但陈仪抵台（10 月 24 日）后，台湾政局变化迅速，许丙、辜振甫等十多位台籍名士被逮捕，理由是涉及日军参谋策动的"台湾独立"阴谋。还传闻另有百数十位列入预定拘捕的名单，其中还包括林献堂。许丙是日据时期林本源的大掌柜，显然，过去与日本人周旋的方式会和林献堂有所差异，但两人在战争末期同被日皇敕选为贵族院议员，辜振甫即是许林两人前唯一被敕选的台籍贵族院议员辜显荣之子。显然，政治危机急迫在眉睫，林只好退缩台中雾峰老家观望。俟时局稍见明朗稳定，他久藏的政治企图心重新抬头，有意与黄朝琴争逐台湾省第一届省参议会（1946年5月1日）的议长。丘念台生怕林献堂不谙大陆政情及中国传统政治文化的恶劣、复杂和玄虚，闹出不易收拾的麻烦，不但林本身受害，还可能波及并阻碍台湾社会秩序的重建，力劝林献堂退出角逐，林勉强答应。终于出现议长黄朝琴，副议长李万居，而长官公署选派连震东为秘书长的局面。

同年六月，丘筹组台湾光复致敬团，立意疏解台湾上层士绅与大陆国府领导层间的隔膜。我们可以借其回忆来重新呈现斯时的状况：

台湾的接收工作，于民国三十四年十一月一日开始，至三十五年四月底完成。虽然一般经过还算顺利，但是由于最初接管期间，各种措施未尽适当，以致造成上下隔膜，甚至引起台民的蔑视抱怨，那是十分遗憾的事。

台湾光复之初，民间热烈拥护政府，为什么在长官公署接管政务的初期阶段，会和民间发生不很融洽的现象呢？就我个人当时的观察，不外基于下列的两种因素：

自然因素方面：（1）新旧法令转变时期，省民不明祖国各种法律，即时要遵照去实行，难免不很习惯，遇到做不好、做不通的事，就发出怨言来，这在当时是很普遍的现象。（2）中年以下的台胞，大多不谙国文，不懂国语，以致和外省同胞感情隔阂，且有因语言上的阻碍而发生误解者，这是一时无法补救的不幸事情。

人为因素方面：（1）派来接收人员素质不齐，间有少数人员违法逞蛮，引起台民侧目。在不安定的环境下，大众舆论往往是以偏概全的，他们看到接管机关中的一些"害群之马"，却不分黑白地讽责政府人员个个都不好，传说日久，便形成一种反感。（2）当时驻台部队中，有一部分是由大陆新补充的壮丁，没有经过严格的纪律训练，到了台湾这个新环境，竟得意忘形地做出许多越轨的行为，也招致了民间的蔑视和埋怨。

在上列的人为因素中，我不妨略举一二事例，以供参证：有些单位接收了日人移交的现款，竟然托词留用，不肯登账，以后便转弯抹角地括入私囊了。又，乡间商店看到驻军初次光顾，为了表示欢迎而不收钱；但他们却从此有了优越感，往后常去该店买物便不给钱了。这些笑话传播开来，对于政府官吏和驻军名誉是有很大影响的。

这一时期，陈仪长官在用人上标榜所谓"人才主义"，不管所用的人的来历如何；在施政上保持其军人作风，但又表现出颇有"民主自由"的倾向，坏就坏在这一尴尬的态度。他对于地方实情既不尽了解，而其周遭的干部又各凭个己主观，没有完全给他说实话，自然要受蒙蔽了。

另一畸形的现象，就是大小报纸的出版，有如雨后春笋，新闻报道和评论都很自由。不过在我个人的感觉，除了一二家大报能够保持平稳立场外，其他类多超越"新闻自由"范围而趋向于"滥用自由"。他们平时夸大报道，用刺激性方言做标题，借以吸引读者；在评论上，更是随便攻击政府。他们表现出这样的态度，自然有其个别的立场和目的。还有由日据时代传来的习气，以为敢用言论攻击政府就是能干，没有想到光复后的政府是我们自己的政府，不能和从前相比拟了。

但是报纸滥用自由的结果，却逐渐给社会形成一种轻重不分、是非不清的公众舆论。因为大众面对某些问题，有时是盲目的，容易接受外间影响的。握有宣传武器的报社主持人，若本客观而公正的立场，应该在某一重大问题上，为读者剖陈利害，比较得失，以引导公众舆论走上正途，纳入正轨。尤其当群众心理失常，情绪激动的时候，唯有报纸可凭其在读者群中间已建立起的信心与地位，运用言论以发聋振聩。然而当年台湾的若干报纸，却意图刺激读者，使群众心里日趋不安，这无异于制造乱源，给政府增添困难。

我自回台后，由于党务及监察工作的需要，对政府施政和民间动态，特别注意考察，尤其当社会心理日趋反常之际，一切不良现象，都随时可能发生。经过深入审察的结果，发现上下不了解，内外有隔膜，驯致误解愈深，怨愤愈大。自上看下，认为故意撒野；而由下看上，则诋其自私无能。这样对立下去，那就不成样子了。

为了消除这些不良的现象，我自动到各地去旅行访问，实际即从事奔走疏解，做沟通官民情感的桥梁。我在孩提时代，本来会讲闽南话，后来返回蕉岭故乡就慢慢忘记了。当年回到台湾，由于工作上的需要，不得不重新勉强学习。

那时台北广播电台，每天定时用闽南语向台胞教国语，我却反而利用他们的讲授来学习闽南语，不到四个月工夫，我已逐渐会讲一些，此后便不用日语演讲了。接见本省访客，除非遇有词不达意的时候，才偶尔说日语，否则，我是不愿再讲日语了。直到1948、1949年，我已完全懂得闽南话，可以和台胞自由对谈，当然方便多了。

我到各地去进行疏解工作，多少是有收效的，最低限度已给地方各阶层人士解答了许多疑问和误解；同时希望他们冷静忍耐，对人对事都放宽心胸来看。虽然当时我们很热心地在做这一工作，但卒未能消弭往后的"二二八"变乱，内心感到极大的歉憾。

民国三十五年六月起，我为促成一项理想而奔走本省各县市，就是筹组台湾光复致敬团。准备邀集各界知名人士到大陆去访问，让他们了解中央和大陆同胞对台湾实有深厚的民族爱，在这个大范围之下，原谅部分地方接收人员的过失；同时也让中央了解台民的热心爱国以及台民对政府的拥护与敬意。用以加强上下的联系，进而疏通日据时代所遗下的长期隔膜。

这个理想中的计划，终于获得各方的良好反应。于是进一步印发办法，征求各地士绅自费参加，领队或团长由大家公推，我则愿任顾问，以避免所谓出风头的讥评。团体名称原是"台湾光复谢恩团"。后来改为"台湾光复致敬团"。本团任务有三：（1）谒拜中山陵。（2）晋谒蒋主席及中央各首长致敬，并献金抚慰抗战阵亡将士家属，救济战乱灾胞，暨充实教育设备。（3）恭祭黄帝陵。当我发起组织这个团体时，虽曾通知省党部同人，但不愿早事惊动各方面。为的是一面要表示纯粹发自民众意志；一面顾虑内外变化，免贻虎头蛇尾之讥。所以沉着进行，不事张扬。台省长官公署对于筹组致敬团这件事，表面上虽不加阻止，但内心是不甚赞成的，因为害怕地方人士到中央去说他们的坏话；但省党部方面却极力赞成。经过两三个月的联络折中，始获顺利成行。可见要真心替国家做些有意义的事，也不是很容易的呵！

不过，其间因为省县参议会选举分心，以及募集献金尚未足额，也是致敬团成立延滞的原因。关于后一原因，是由于当时社会上存在有两种不正常的心理：

第一，有些浅见顽固的人士，由于不满省政现状，遂误以为上下政府都一样，没有表达致敬的必要，所以不愿献金。这实在是大大的错误，难道台湾光复不好，还是做日本奴隶较好？台中有位耆老说过两句寓有真理的方言，他说："不要因为一两个和尚不好，就连佛祖也诽谤。"又再比喻说："子女不能嫌父母长辈的丑恶，要知道国家民族本位是永不分离的，官吏可以请求调换，政制可以随时修改的。"可谓语重心长，见解远大。

第二，各地献金情况，出现一些奇特的现象：最有钱的人，往往最不肯出钱；尤其是那些做过日人御用士绅的富户，不仅不肯解囊捐献，甚且有人出而煽阻他人献金。比较肯出钱的，多属有智识的世家，或热爱国族的清寒者，且于答应后不到半月，即已集齐捐款，使我深受感动。

到了八月下旬，致敬团一切准备事项，已经大致完成，只待安排出发日期，长官公署和省党部也向中央联络好了。不过长官公署提出了五项奇怪的条件：（1）不许做过日本贵族院议员的林献堂出任团长；（2）不许曾受公署拘留过的台绅陈炘做团员；（3）必须自台北直赴南京，不得在上海停留及先接受台湾人团体的招待；（4）不可上庐山晋见蒋主席；（5）不必前往西安祭黄陵。我们只好都答应了，一切待到南京再相机而行。

八月二十四日，本团全体人员计：团员为林献堂、李建兴、钟番、林为恭、姜振骧、黄朝清、叶荣钟、林叔桓、张吉甫、陈逸松，财务委员陈炘等共十五位，顾问为本人，秘书是林宪、李德松、陈宰衡，集合前往长官公署晋谒陈长官，报告致敬团飞京预定秩序，并面聆指示。

陈长官微笑地说："从来台胞少往内地，此次大家发愿上京观光，是台胞热烈爱国的表现，那是很有意义的。但要明了国内情势，必须认清其优劣点，加以比较研究：中国的优点在于眼光远大；中国的劣点，在于小处不注意。中国人用望远镜看事；日本人却用显微镜看事。各有长处，各有短处。我们应该利用望远镜来观摩整体的优点，不宜利用显微镜来仅窥局部的劣点。"这一段比喻和分析，倒是非常恰当的。

过了一会，陈长官又说："日本人奴役本省五十一年，当年不能像和祖国骨肉一样的亲爱精诚。至于大家到南京晋谒蒋主席时，对于台湾政情和民意，尽管率直进言，好的说好，坏的说坏，不必有所顾虑。"听毕略作寒暄后，即行辞出，当晚全体接受省党部的饯宴，宾主交换意见，十分欢洽。

在台北等候飞机时间，大家仍然忙于赶办公私事务。出发前的一个晚上，陈长官在台北宾馆设宴招待全体团员，并邀地方人士黄朝琴、黄国书等作陪。席间互谈此次赴京致敬的一些枝节问题，餐后又在庭园小憩，陈长官以闲话家常的态度和大家亲切恳谈，颇觉轻松愉快。因为前几天我们去晋见请教时，他对本团此行已就原则上说了不少暗示性的警语，此时当然不好再说什么话了。

八月二十九日下午二时，致敬团一行十五人，搭乘班机飞沪，大家极感兴奋！有些同伴一路倚窗眺望，不稍休憩，或沉醉于朵朵飘拂的云霭，或钟爱于白浪翻腾的大海，自然有其不可言喻的趣感。既抵闽浙上空，俯瞰大地，则阡陌纵横，山陵绵亘；偌大的河流，只像一条散置陆上的蜿蜒的银带，在夕阳的斜照下，闪耀着不规则的万线金光，又是大自然的另一奇景。四时许抵达上海，下机后即见人群麇集，高举白布横标，写着"欢迎台湾光复致敬团"，原来是上海台湾同乡会的接待行列。杨肇嘉、陈煌以及颇多乡人友好都在场，大家把晤畅谈，不胜亲切。（丘念台述著，《岭海微飙》）

记得 20 世纪 60 年代初期，丘老访日，顺便安抚台湾留学生时，我与之有深谈的机会。他略述了与林献堂交往的一些事迹，他明告我：像献堂先生这样德高望重，有过访大陆及欧日经验，国学修养相当深厚的台湾同胞都不易通解中国政情，你们相比起来虽然前途无量，但尚年轻。"台独"是绝对不可能的，国煇你要好好思考，好好念书，绝不能轻举妄动。

我故意挑逗他老人家说："丘老先生，还没有做，你怎么知道不可能成功？"他非常严肃地说："别当傻瓜了，你多看中国史书就可以知道啦！"

在我多次接触丘老的经验，他深感无奈，无法把他理解的中国政情（当然包括台湾）畅所欲言，他明知台籍人士的政治判断力尚稚嫩，但无力协助其提升。甚至有一次，他道出真心话说，我以绵薄之力帮些小忙，为了顾全大局，给献堂先生提过不少意见，他虽对我虚与委蛇，但我知道，他不是衷心折服我的。背后还说我，故意压抑他出头，闻之令人伤心。

热情欢迎光复，人人喊万岁，人人赶着学习国语，人人都认为日本人一送走，回归祖国一切都可顺利，一步登入"乌托邦"，这一股热情，固然纯朴，既可爱又可敬，但从另一方面说，又可当为 innocent 来看，天真无邪与率真；另一面却也可解释为无知、愚昧或没有常识。像这样天真无邪的一些思维与行为在二二八事件过程也流露无遗，甚多牺牲的精英们，被劝告躲开，避避风头时，他们常常会说，我没有做错事，没有犯法，关我何事？然而他们被带走，一去不复返。真是个悲情例子。

钟逸人的《辛酸六十年》、古瑞云的《台中的风雷》这些书里都可发现类似的问题。从事抗暴军事行动的一些"领导人"，错以为曾经受了些日本式军事训练就可指挥军队、就可把国府军迅速打败。他们受了日本教育的影响，仅从外观衡量国府军，蔑视国府军，视之为日人所惯称的"支那兵"，天真无邪地藐视"祖国"为"支那"，认为"支那兵"是一听枪声就会缴械的"乌合之众"。有些缺乏政治细胞，只有激情惯于喊空洞口号的人，像蒋渭川之流，误解有 CC 在后支撑，"陈仪这个阿山，一吓就会把政权交出来的"。

Innocent 的激情演出了闹剧式的悲剧＝民族病变，迄今，许多台籍人士因为二二八前后的愤怒及激情概是出自天真无邪的行为，所以没有任何人对自己所做的行为会有罪咎感，会有内省，会有反思，会自我检讨，因为 innocence 本来就系天真无邪，系率真，当然它又是无罪、清白的缘故。

理所当然，二二八应该是台籍人士克服 innocence 的契机，台籍人士有否借机透过反思二二八自我提升，只有等待读者诸贤自身来验证或判定了。

我追索陈仪和沈仲九治台的种种事迹，已有 35 年。终于能浮雕出，他俩合为一的唐·吉诃德（Don Quixote）像来。唐·吉诃德不必多言，是西班牙的名作家塞万提斯（Miguel de Cervantes Saavedra）所著小说的主人公；他虽侠义但不切实际，他有理想但不能实现。他代表的是理想主义，而唐·吉诃德的随从桑丘·潘沙（Sancho Panza），他代表的却是物质主义。

陈仪也罢，沈仲九也罢，单独一个人是当不了唐·吉诃德的。只有两人合为一体，才能成为唐·吉诃德。这位中国浙江省所产的唐·吉诃德，为了在台湾实现他不曾在主闽时实现的鸿图，他根本没有考虑到利用台籍旧有的大小地主和士绅阶级，陈、沈唐·吉诃德只想运用"半山"为桥梁来建立治台秩序，但"半山"的桥梁角色不彰显，甚至于失去了人心，后来陈、沈遂失去了凭借。只有流于"画饼"而自讨苦吃，不但害己又害及芸芸众生。

那么，陈、沈唐·吉诃德的随从桑丘为何许人？不可谓不多，他们是来自"皇权与绅权"所支配的大泥淖＝大陆，外省籍桑丘们不像塞万提斯原著中之随从那样只是单纯的物质主义者。他们不但背上了四千多年累积下来的中华帝国的历史大包袱，多年来在战乱中，在封建传统和外来强权双重压迫欺凌下"愚贫弱私"之"酱缸"（柏杨语）中挣扎并讨生活，使他们变得贪婪，更有无穷尽的物质欲望。

这些桑丘们一逢上天真无邪的"小朋友"们为光复而兴奋，感激涕零，喊着万岁返"家"来，桑丘们中的"害群之马"岂有不把他们的劣根性原形毕露之理？不是天真无邪、率真的"小朋友"们的"无知"抑或"愚昧"，才给他们桑丘以侵渎、压榨的方便？值得大家留意的是，桑丘们中还有被称为"半山"的一群，和一批藏身其后的"番薯仔"（台湾人）混混。

饶有兴味的是，陈仪治台失败返沪再度主浙时，仍然坚持"用人不疑，疑人不用"的原则。沈仲九依旧仿效苏联几个五年计划拟定了"浙江十年建设计划"欲求再展宏图。陈、沈唐·吉诃德的面目依然栩栩生动。

二二八事件中牺牲的冤魂，或许现在仍然在 innocence 中徘徊，而不知所以然。

行文至此，笔者忽然想起纪念珍珠港事件 50 周年时的一篇评论，著者为日裔美国人哈罗兰·芙美子，是位我旧知美国白人教授的夫人。

她夫妇被邀请参列了 1991 年 12 月 7 日（美国时间）的珍珠港 50 周年纪念大典。50 年前的同一天，早晨 7 时 55 分，日本轰炸机的第一波 135 架开始向珍珠港猛攻，因而伤亡约达一千二百人。这些乘客的遗体事后并未打捞起来，尚"躺在"被炸沉的战舰 USS Arizona 里。横跨此"亚历桑那"号战舰上建立有纪念馆。

美国总统布什在纪念大典上演讲。他说："听到珍珠港受攻击时，我正是 17 岁的高中生。好不容易到 18 岁的生日，就在那一天，我志愿加入海军，当上了轰炸机的驾驶员，一共出击了 58 次。某一天，在父岛（太平洋上的岛屿，在关岛和硫磺岛附近）上空被击坠，美军潜水艇把漂流中的我救起。珍珠港遭受攻击的那一天，改变了我的人生观，成为我往后生涯的决定性契机。当今的我，心中不曾怀有对德国、日本人的丝毫憎恨。我希望在场的诸位也跟我一样。"

布什所呼吁的诸位里面，甚多是珍珠港侥幸活下来的老战士们。他们带有绣上"珍珠港生存者全国协会"字样的帽子，有人在"默祷"，有人在拭泪聆听着总统的演讲。

大典的主题，当然在于悼念因珍珠港事件死亡的 2403 名美国人。芙美子指出，50 年前的那一天，美国人从而永远失去了"innocence"。所谓 innocence，是小孩子因无知、未有经验所以怀有的天真无邪或率真，当年的美国，正由经济大恐慌（始于 1929 年）导致的惨状中逐渐复苏，人人自求多福，目光如豆般地追逐眼前生活的 innocence，根本没有心去关怀欧亚两大陆正在火热开展的纷争抑或战争。他们认为，欧亚多事之秋与他们无关，只要对着欧亚的窘状闭上眼不睹其一二就可"心安理得"，自身安然无恙。珍珠港事件正在这般景况中突发。

对美国人而言，珍珠港带来的，莫过于突然因而失去 innocence，继而猛醒奋起的悲剧型体验，从而获得的历史教训。

流有日本人血液的哈罗兰·芙美子，在其结语中反思道出：攻击是否"突击"或"偷袭",只是末节的技术性议论,日本人该真正面对且思考探讨的课题,在于为何有攻击珍珠港的愚笨事件的发生。在事件未发生前近代日本的进程中,为何日本的军部领导层、政治家会对世界大势作出战略性的错误判断,把美国的力量低估,反把自国的力量夜郎自大地高估,一直逼着日本国民不断地奉献和牺牲他们宝贵的生命。而值得一般日本人民反思的是,为何当年的日本国民,会肯定了他们的领导层,盲从了他们。毕竟,一个国家的领导层的品质本身,只不过是该国国民品质的反映而已。当前日本自珍珠港事件的历史教训中,应该反思的是如何提升人民的品质,不要把责任完全推给当年的领导层,并防止这种情况再发生,才是最重要的。

我把芙美子的评论给我内子林彩美看,她问我:"我们的社会到何时对二二八事件才会有类似的反思产生?当前能听得到的,不是建碑'秀',就是'打算盘,如何多要一点赔偿'。哎,真可叹!""快了!别太失望!"这么宽慰着我的妻子,我心里其实十分茫然。

第二篇（本篇由叶芸芸执笔）

悲剧的发生、经过和见证

第五章

燎原的

星星之火

迄今伤痕未能完全弥合的二二八事件，发生在 1947 年——距离第二次世界大战结束，台湾随着日本战败投降而得以回归中国这重大的历史转折，仅仅 16 个月。

回顾战后初期这段历史，许多台湾省籍人士，偶尔仍流露出难以自处的伤痛。相映于二二八经验刻骨铭心的痛苦，正是他们自己在欢迎祖国政府时，所表现的欢喜热情；无法随岁月而流逝的，正是这种混杂着表错情与受背叛的难堪。

尽管二次世界大战的末期，日军败迹频露，光复之降临却仍属突然，大部分的台湾人尤其是中上层人士，心理上并无准备。对日本战败投降的消息，反应狂喜的人们，并没有能够认真思辩"光复"的深层内容，以及台湾即将面临的新情势，只有简单无邪地相信，回到祖国怀抱，一切苦难逢刃可解，台湾将是一片美丽的净土。人们热衷地学"国语"，读《三民主义》，干劲十足地筹备欢迎祖国政府。

对国民政府满怀善意的期待，随着政治的不平、经济的恶化、社会的不安以及历史背景而产生的文化差异等种种问题，而挫折重重。台湾人对接收政府的不满与日俱增，在二二八事件前夕，已经临近沸腾。因而一个缉查私烟的意外事故，一夕之间演成全岛市街住民的骚动，一发不可收拾。

第一幕　太平町缉烟血案

　　1947 年 2 月 27 日下午 7 时许，专卖局查缉股的科员傅学通、叶得根、盛铁夫、钟延洲、赵子健、刘超群六人，开着一部中型卡车，来到太平町"天马茶室"附近的香烟摊子。专卖局人员缉查私烟，是当时各地方常见的街头景象。执行任务当中所发生的粗暴冲突日见严重，因而伤害人命的事故，早在 1946 年 12 月 10 日，基隆市已发生一起，一个卖烟的小男孩被打死，却无人受法律制裁，不了了之。

　　往日的太平町与永乐町一带是现在的延平北路一段、南京西路与迪化街一带，也是台北市最早发迹的商业区之一。入夜以后，街边巷角尽是小摊贩，人群汇集，也是劳动者人口和"友仔""角头"都多的地方。

　　当年的"私烟"，一般来说，是指由上海、福建沿岸等港走私上岸的洋烟，其中以英国的"马立斯烟"为最多；少部分是台中、丰原地区民间私制的纸烟。私烟充斥市面，很影响专卖局制造的纸烟销路。但是，洋烟入境多半是不守法的军人、官员与奸商的勾结行事，街头卖烟的小贩，却是赚取小利借以贴补家计维生的市井小民。

如同往常，当缉烟人员到达时，眼明脚快的烟贩们一哄而散，匆匆各自逃走开了。只有一位女烟贩林江迈走避不及，未克脱身，香烟及现款悉数被傅学通等强行没收了。林氏焦急之余，跪下地来叩头，乞求退还部分烟款，免她生活陷于绝境。围观的民众亦纷纷代为求情，盖林氏系一寡妇，生计颇是艰难。

争执之间，傅学通以手枪枪托击伤林氏，头部出血而倒下，围观的众人大哗，情绪愤怒，顿时激昂难平。众怒之下，六位缉查人员分头奔命，群众则穷追不舍，其中之一的傅学通，跑到永乐座大戏院附近，眼看着逼近的民众，惊慌失措，拔枪发射。

住在附近的居民陈文溪，穿着木屐，正从屋檐下探出头来张望，子弹穿进他的左胸，还未及送到医院，已经断气了。林江迈则先被送到附近的康乐医院（台北市参议员谢娥女士的医院），因无医师在院，再改送到林清安外科医师处急救。

当夜适逢其会，在现场目睹整个事件经过的周传枝（《中外时报》记者），有以下的见证：（以下概引自周氏"手稿"）

那是二月二十七日天阴欲雨的傍晚，我和往日一样在台北延平路天马茶室喝着咖啡听音乐。天马茶室和波丽露茶室是台北市内中下层知识分子爱去的地方，茶香价廉，而且还有台湾民谣可以欣赏，因此生意甚为兴隆。

大约路灯刚亮不久，突然，一阵零乱惊慌的脚步声从亭廊那边传入茶室："快走、快走……""警察来啦，快逃……"

我本能地从卡座上蹦跳起来，直奔店门口的亭廊一看，原来是专卖局的缉私烟警出来扫荡烟贩。六七个身着黑色警服的警察从卡车跳下来，烟贩们没命地逃入左右两条弄堂里去。一可怜女贩林江迈手脚笨拙被逮住。在众目睽睽下女贩的香烟和钞票被穿警服的"土匪"抢走。女贩跪下苦苦求饶，烟警反而举起手枪敲击林江迈的头顶，林女惨叫一声倒下，鲜血浸红水泥地面。

"打！……"不知是谁喊了一声，话音未落"打打！""打打！打打打！……"两三百群众发怒地围拢来，这堆人墙越缩越小。"砰砰"烟警鸣枪四散奔逃，"抓住他……"人群尾追那个殴打女贩的烟警。他跑得急，人群也追得急，眼见奔逃者就要被抓住了，"砰砰砰"向西奔逃的烟警连发三枪，把刚从屋里跨步出来的陈文溪当场打死。

有人看到缉烟人员躲入永乐町的警察分局，愤怒的群众立即包围了派出所，要求交出杀人的凶手。随即又转到中山堂边的警察总局，局长陈松坚出面解释，说明肇事缉烟人员已押送到宪兵团了。

追赶到城内宪兵第四团团部的群众，发现宪兵团团部早已警备森严，而且团长张慕陶摆出极为强硬的架势，没有武器的民众，在雨中僵持了数小时，仍不得要领，一夜下来愤怒之情更加升高。

也不知何时，专卖局的缉烟卡车，被推倒在附近圆环公园的路侧烧毁了。

紧紧跟着群众进退的周传枝，追忆那一夜，有详尽的描述：

"抓住凶手！""他妈的抓住他！抓住他！"凶手急急钻进永乐街一段

淡水河第三水门旁的警察分局。不到几分钟人群已团团围住要求交出凶手。僵持约四十分钟始知凶手已转移警察总局，半小时后人群又把中山堂边的警察总局包围得如铁桶不泄，黑压压的人头也急速地增加起来。

"严惩凶手！""交出凶手！""杀人偿命！"这些激愤的口号声是从群众肺腑里喷发出来的。矮肥的局长陈松坚两次在二楼阳台露面："肇事者我们一定严办，大家先回家去，我们还要请示上级严办。"

"现在就把凶手交出来！交给我们处理！"这样双方坚持约一个小时。人群忽然大喊："找警察局长要凶手去！"跟着喊声人群冲入警察局，陈松坚脸色煞青，几个保镖也无可奈何。"肇事者已送往宪兵团了，不在这里，不在这里……"警察局长陈松坚吓得讲话似带哭声。

获悉情况后我们立刻转身下楼，可尾随过来的人群还在向我们这边冲，我们说明情况后他们才慢慢退下，一起涌向宪兵团。

这时大约已八点多钟了。

宪兵第四团团部在城内《新生报》对面，是原日本宪兵队旧址。院内灯光暗淡、铁门紧锁，冷清得很，然而他们一发觉人群包围上来，灯光一下大亮开，顷刻由黑夜变成白昼，这时我才清楚地看到楼门口站着两个守卫的宪兵，墙脚树下早已站立一排腰系短枪的走卒。

口号声此起彼应："严惩凶手！""将凶手交出来！""杀人必须偿命！"有人敲打铁门，"咣啷咣啷"，宪兵早已把边门也锁上了，"咣啷咣啷"，冲打铁门声愈来愈响，从楼两旁闪出一排宪兵站立在墙根树下与楼门口的卫兵中间，端着长枪向门外的人群作瞄准状。这是作为第二道防线布置的，状甚恐怖，随时都有放枪的可能。

冲打铁门的响声更猛烈了，口号声如狂风怒涛冲上云霄。楼门口出现了一个身材圆粗的人，面部无丝毫表情，仿佛一副死人的脸，这个人就是宪兵团长张慕陶。他带着一股阴森的寒气跨下台阶，跟着从两侧新拧开的两盏耀眼的白色强光灯骤然直射铁门外人群，有一种恐怖感。

"肇事者我们一定要严办，你们先回家去……"

"杀人偿命！""把凶手交出来！"口号声打断张慕陶讲话。"不能交给你们，怎么处置是我们的事。"他声音忽然一变，带着严重的威胁："你们散开！"他话刚落，持长枪的那排宪兵"嚓"的一声跨前一步，做出就要开枪状。这时天空撒下来的蒙蒙细雨变大了，张慕陶转身进去，人群也躲进对面新生报（社）的亭廊内避雨。

《新生报》日文版主编吴金炼好奇地出来探视大家，他稍肥的脸上是一副可鞠的笑容。他一看到我便微微笑着迎上来和我打招呼。

"这里工会有锣没有？""有。"他不等我的下一句话，讲完立刻转身进去，很快就拿了一面铜锣出来。雨一稍停，锣声"噹噹噹"一响，群众重新把宪兵团团部包围起来。雨下大了，锣声"噹噹噹"一响，人群又退回新生报（社）的亭廊里休息。雨忽大忽小，人群便跟着锣声进进退退，我们是如此多次来回包围宪兵团团部。当时我深深体会到，一面小小的铜锣，在这种时刻和这种场合，竟能统一大家的意志和行动，真是妙无可言。我意识到它力量的来源在于反对暴政，在于反对长官公署的仇恨心。

还有民众冲进新生报社的编辑室，要求马上出号外。后来李万居社长赶到报社向民众解释，并承诺第二天一定报道，民众才作罢。第二天，长官公署的机关报《新生报》，刊出一则 360 字的短讯。

中外日报社的印刷工人与报社社长郑文蔚有一场火爆的争执，记者周传枝与詹致远合写的一篇报道，才得以发表。

第二幕　沸腾的台北市

2月28日的台北，从清晨就飘动着浮躁不安的气氛。大稻埕、龙山寺、城内新公园里，到处可见三五人群，聚论昨天夜晚的事故，大早就有人沿街敲锣，说明事情经过始末，号召商店罢市抗议。于是，全市商店有的是不得不而勉强地，有的是积极地响应罢市，学生罢课，各机关公司员工都走空了，台北市形同瘫痪。

民众先聚集在延平北路警察派出所一带，要求惩办涉案人员，接着又包围攻击专卖局门市部、贸易局的新台公司、正华旅社等官办机构以及虎标永安堂。四面八方涌上来的群众，将烟酒、百货、家具、脚踏车、卡车，甚至钞票都推置在马路中央，放火烧毁。

没有组织的群众，盛怒之下近乎疯狂的行为，固然是激怒之情的发泄，但一连串的破坏，却很少有趁机抢劫据为私有的，偶尔发生了，也很快受到未失去理智民众的劝解及阻止，这是最令人感受到事件之不寻常的。

周传枝和王康两位老记者，一位是台湾籍，一位是大陆籍，都见证了这一过程：

（一）周传枝（《中外日报》记者）

将近中午，最大的人潮涌向城内的专卖分局。将分局内的各种烟、酒搬往大马路上堆成山，点火燃烧。局内的木架子、酒柜、烟箱、家具、楼上职员的棉被等等，统统搬出来掷进火堆里，火舌足足十多米高。被烧的东西 啪啪作响，金库打开了，一沓沓诱人的钞票被扔进火堆里化为灰烬。有人在高声演讲：

"我们不钦慕猪仔政府的臭钱！我们蔑视这种臭钱！"站满马路的黑压压人群大声响应着："我们不要猪仔政府的臭钱！"专卖分局的隔壁是大明晚报社，不知何时从该报三楼窗口徐徐坠下一丈来长的标语，人们跟着标语的内容立刻喊出"反对专卖制度"的口号来。又有一幅白色大标语坠下来，人们又大声喊出"反对贸易制度"的口号来。第三幅大标语出现了，人们又大声喊着："我们要民主！我们要自由！"事后，我才知道：创作这几幅大标语者，竟是我的中外日报社同事詹致远君。

当大火燃烧最旺时，响起一阵"齐喇喇"的皮鞋声，一连荷枪实弹的宪兵到了。通常宪兵是腰携手枪不带长枪的，今日携带的武器却长短齐备。他们一来就围住火堆装上刺刀、子弹，威风凛凛其状可畏，他们的出现更加激起人群的怒火："把刺刀放下来！""滚回宪兵队去！""干你老母猪仔宪兵！"甚至有人喊："打！打打！"

人群如蚂蚁，密密麻麻盖满了很宽的柏油马路，和分局对面的一大片空地。"暴民"们紧紧把宪兵围住，身挨着身。看着这拥挤的"暴民"，夹在当中的一百多个宪兵想要开枪或者使用刺刀是完全不可能的。带队的军官见势不妙，只好整队逃之夭夭。

（二）王康（上海《新闻报》驻台代表，《二二八事件亲历记》）

正午十二时左右，我办完业务，又自社会服务处骑脚踏车到公园路女师附小接女儿回家吃午饭（那天儿子不肯上幼儿园留在家里），我到省气象局门前，马路上已挤满了人，只见东门城楼周围有武装警察布岗，但一切还很平静，看不出会有暴乱事件发生。我接女儿回家吃午饭，吃完饭又送她上学；这时约为下午一时左右，至此我仍无警觉，把女儿送进教室后而骑车出外察看。

这时南昌街口专卖局周围的示威群众不但没有减少，人数反而愈来愈多。该局门窗紧闭，四面八方已围满了人，有几个中年市民站立在该局二楼阳台上用闽南语向下面的群众演讲，尚未讲完，下面的群众，即欢呼鼓掌，响声之大，有如万马奔腾。那时我一句闽南语也不懂，故不知道他们讲的内容是什么，从说者与听者的表情可以猜出，一定是抨击政府的激烈言辞。这时我才感到事态的严重。专卖局内早已有人闯入，演讲完毕，进入局内的人已失去理智，门窗均被他们打破，办公桌椅及文件都从窗口投掷出来，漫天飞舞。我当时心里很难过，不忍再看下去了。于是骑车向西行，经旧总督府（即今"总统府"，战时被美机炸毁，民国三十七年秋天才修复）至重庆南路，看见所有的店铺均已关门闭户，停止营业，再前行，见一群如痴如狂的人在专卖局门市部（即第一商业银行斜对面）二楼窗口将家具、衣服等杂物向街心抛掷，有人放火焚烧，一阵浓烟从街心直向晴空上升。我见情势不对，就从僻静的小巷折回到办事处。我当时觉得：缉私员枪杀无辜良民诚然可恨，但不能为了一条人命，就捣毁官府、焚烧公物。如此越轨行为，实为任何法治国家所不容。假使这种事情发生在美国、英国及法国，政府还不出动军警拘捕捣乱的人群吗？（《加州论坛报》）

第三幕　长官公署前广场的枪声

　　一个为死者伸冤的请愿队伍，在大稻埕延平北路出现，男女老幼都有，步行的、骑自行车的，也有小货车，沉沉的大鼓声领着路，经过北门朝着城内长官公署的方向前去。沿途看热闹的，不断地有人加入队伍，走过几条街已经汇集了数千之众。正午时分，市民的请愿队伍来到长官公署前的广场，迎接他们的是一阵枪声。

　　《新生报》的报道说："卫兵举枪阻止群众前进，旋闻枪声卜卜，计约二十余响，驱散民众。其后据一般民众说，市民即死二人，伤数人。"

　　葛敬恩秘书长向省参议会的报告是："兵、民受伤各一。"

　　杨亮功闽台监察使的报告则称："当场死一人，伤十数人。"

　　市面上流传着各种不同版本的消息，最为夸大的是"合众社"在3月2日发布的电讯："台北发生空前流血大惨剧，在两日事变中，致有三四千人死于非命。"

　　此处值得提一笔的是，陈仪平时在长官公署只布便衣警卫，并无荷枪卫队，二二八当日的警卫队是临时布置的。

当天在现场采访的周梦江（《中外日报》编辑）如下回忆：

当年，我正在台北中外日报社编辑部工作。那天（2月28日）下午，我奉命到省参议会采访新闻，随同请愿的议员乘车去见陈仪长官。车子到达时，只见长官公署门前的广场上挤满了请愿的群众，密密麻麻，水泄不通。群众见是议员们的车子，勉强让开一条路，当车子刚刚抵达公署大铁门时，迎头而来的是一阵机枪声，议员们幸未受伤，我也陪着受了一场虚惊。事后听说当场死伤十多人，这更加激怒了台北人民，愤怒的群众马上在中山公园开会，占领了园内的广播电台，向全省宣布这次枪杀请愿群众的罪行，于是一场席卷全省震惊中外的大风暴开始了，官逼民反，这就是一九四七年的二二八事件。

从上午就骑着自行车，随着请愿队伍前进的周传枝，从另一个角度看到这幕历史事件：

早晨分散之后，我便到桦山区一个朋友家睡了两个多小时。八点多钟，我在沉睡中被远处传来的大鼓声惊醒，我仔细辨别方向，是从西南面的大稻埕那边传来的。鼓声不很清晰，但连续不断。我立刻意识到鼓声和昨夜发生的事有关。肯定出了什么事。我从榻榻米上翻身跳起来，顾不得吃饭，骑着脚踏车迎着鼓声往大稻埕那边驶去。不知怎的，沿街商店都没有开门，学生也没有上课，因为昨夜发生的事很快传开，于是商人罢市、学生罢课也是这么简单地自然发生了。哪怕有几家商店不开门，顷刻就有一大片效样，这是当时真实的情况，并没有什么人出来发动的。

我原想从建成街切过去较近，没想到鼓声却在延平路一段移动。我毫不犹豫地经过火车站驶到北门口，刚拐弯，就见到一巨大横幅迎面而来，上面写着"严惩凶手，杀人偿命"八个大字，那直径二尺半宽的牛皮大鼓跟在横幅后面不断震击耳膜，击鼓手本名周清波，后给一对福州人当养子，改名林火，系大稻埕一带的流氓头之一，他和大鼓被安置在倒推着的两轮胶车之中，大鼓后面尾随着参加请愿的数不清群众。男女老幼均有，但主要是青年。人群一路上单纯地重复着横幅上面的口号，行进速度非常缓慢，沿途有人加入。游行队伍是要赴行政长官公署请愿的。我为多了解些情况，转身骑车经城内到新公园观察。公园内这里那里三五成群的人堆在互相议论昨夜发生的事，跟着鼓声的接近，有些人便望着鼓响的方向走去。

我从公园正门出来，经过台大医学院附属医院前便抵达三线道路（戴按：即今的中山南路），我从这里向左拐弯直往公署那边骑去。队伍走近离公署大门约五十米处，架在公署屋顶的机关枪突然吼叫起来："哒哒哒哒"，前头的人流倒下四五个人。他们中枪时是先离地一跳，才扑倒在地面，这种死的样子和我在电影上看到的完全不同。这突如其来的袭击把人们的心都搞乱了。在惊慌、喊叫的哀鸣声中机枪又第二次嚎叫起来，又有三四个人，向空中跃起，倒毙在地面上。队伍一下大乱，人们四散奔逃，大部分人退到原来歇息的商店旁躲避。有的咬牙切齿，有的正在抹着眼泪。有勇者跳上马路往死伤者窜去，但又被机枪逼回原地。未被打死的几个伤者倒在血泊中挣扎呻吟，其状甚惨。我躲在东南角的大树下目睹这个残忍的场面。

人们分散之后很快地重新聚集成几股人潮，到处寻找穿中山服的贪官污吏进行报复，这个报复像火山爆发一样无法抵挡，疯狂、本能、自发、什么也不顾，这就是二二八真正暴动的开始。

午后时分，聚在新公园里的民众，终于冲进坐落在公园内的广播电台，向全省广播，述说台北缉烟事件的经过，呼吁全省各地起来支援台北市民的抗争。事件从此扩大，蔓延全省，而一发不可收拾了。

周传枝的见证：

下午一时左右，我骑车赶赴新公园，省电台周围约有三四百人分成几十簇人堆在谈论事件。灰墙上有个身材不高、身穿咖啡色双排扣西装的瘦个子在向人群演说，此人就是新成立不久的土水工会理事长王忠贤。

不远的人堆里，有个身着黑色学生装的中年人，大声喊着口号支持他的演说。散在各处的人群围拢过来。演讲者慷慨激昂，听众愤怒难捺。几十个怒吼着的青年紧跟着那个穿黑色学生装的中年人向电台办公大楼冲去。电台的四五个台湾职员出来阻挡："电台不能随便进去，这是不允许的，这是犯法的行为，你们不能这样做。"

"大家都是台湾人，昨夜发生的事和今天发生的事需向全省同胞广播，你们让进最好，不让进我们也要进，国民党的贪官污吏要打倒，你们赞成不赞成？"

"我们赞成！"

"台湾的专卖制度需要废除，你们同意不同意？"

"我们同意！"

"杀人凶手需要严惩，应该不应该？"

"应该！"

"好啦，我们要全岛同胞都了解事件发生的经过，我们一定要广播！"

"你们不能进去，我们绝不允许你们进去！"双方开始动手推打起来。

"你们是不是台湾人，干你娘！什么不让进去，干……"

从楼里出来一个四十多岁，个子不高，面目清秀、文质彬彬的官员。他就是广播电台台长林忠。他附耳向台湾职员讲了几句什么话就转身进去了，这些台湾职员态度忽而一变客气起来。

他们主动让几十个人进屋，但是播音室只准四五个人进去，并主动扳动播音开关，示意通知你可以开始播音了。

那个穿黑色学生装的中年人一抓起话筒，立刻把事件发生的详细经过从头到尾说明了一遍，然后提高嗓门大声说道："我们不要这种贪污腐败的猪仔政府，我们需要的是能给台湾人民民主、自由的政府；我们反对专卖制度、贸易制度，我们要团结起来，为实现台湾人民的幸福生活奋斗到底！"

日本占领时期，西门町有一条专门出售旧书的街，我常常来这条街买旧书，因此我认得这个穿黑色学生装的中年人，就是当时一间旧书店的店主人。

第六章

官逼民反·

愤怒的激情

疯狂世界

    2月28日下午的台北市，不折不扣是个"疯狂"世界。午前，民众攻击捣毁之目标，尚局限在专卖局、贸易局与警察局等相关的官办机构；午后，群众攻击的对象已不分青红皂白，完全是失去控制的盲目骚动。长官公署前广场上，警卫部队的枪声，触发了积压的民愤，宛若爆发的火山。政府人员无故枪杀市民在先，事件发生以来，又动用军警，一意镇压，到此地步，民众不可能再信任政府。"政府"在台湾人眼中，与征服者已毫无差异了。

    广场上被枪声子弹驱退的人潮，惊惶地向四处奔逃。顷刻之后，马路上、街头巷尾，激怒不能克制的人群，疯狂般在寻找报复泄恨的目标。穿着制服、中山装、旗袍等雷同外省人打扮的，不会说闽南话或日语的，一概被拦下来，成为拳脚交加的对象。

    外省籍的公务员、警察、宪兵在街头挨打的，为数不少，特别是在万华、太平町、永乐町、本町与新公园一带。外省人的职员宿舍、商店也有受攻击骚扰的。确实的伤亡数字不详，各种报道，从数百人到数千人不等。东门町与幸町一带，外省人的宿舍，也受到攻击与骚扰。专卖局局长任维钧、陈仪之弟陈公铨、葛敬恩秘书长、台中县长刘存忠、新竹县长朱文伯等，家中都曾遭群众袭击。当时许多官员偕家眷，都集中到长官公署内避难。不过，群众也不是完全盲目的，他们攻击的目标，多是公认的贪官污吏，朱文伯到任新竹县长仅三个月，家中被搜出300万台币现钞。一般外省公务员的宿舍，多半安然无事，除非平时就与左邻右舍结怨及受民众憎恶的。

本省籍人士的回忆录中，提到殴打外省人的事情的，较为少见，即有也多半不详尽。以下所举见证四则，有三则是外省人士，只有一则是本省籍人士的。

（一）欧阳予倩（戏剧界闻人，适时正率"新中国剧社"在台北市永乐座戏院公演）

群众有步行的，有骑脚踏车的，还有坐着卡车的，潮水一般向长官公署涌去。不一会，一连串的枪响了（事后听得说伤数人，死五人），群众退下来。有几百个人经过我的窗下，大家以为是去攻省党部，恰好那时党部没有人，那几百人便围住三义旅馆——新中国剧社全体住在那里。有五十几个人走进旅馆，叫男社员全到外边去让他们打。经过旅社主人和两个台湾学生向群众解释，说他们只是剧社的演员，既非官吏，又非商人，群众才退去。

可是在这个时候，马路上已经是见着外省人就打。见穿制服的打得厉害，税吏、狱吏、总务课长之类尤甚。那些从海南岛回去的兵，从福建回去的浪人，行动最为凶暴，女人、小孩子也有遭他们毒手的。群众愤怒的时候，的确可怕，当时有的医院甚至不敢收容受伤的外省人。可也有许多台胞极力保护外省朋友。到了三月一日，殴打外省人的事就没有了。（摘自《台游杂拾》，上海《人世间》，1947年4月20日）

(二) 董明德 (一个外省籍公务员)

三月二日

起来已十点，洗脸时秋子（下女名）指手画脚，极为吃力地告诉我们一个怕人的消息。就在一个多钟点以前，有十几个壮汉闯入我们的巷子，尽问："这里住的'阿三（山）'（外省人）好不好？"左右邻舍（台胞）异口同声说："好，好，很好！"那些人才离去。现在想来真可怕。那时我们还在梦中，邻人们用不着说"不好"，只要说一声"不知道"，我们就不得了了！

这些穷苦的邻人，三个月来进进出出未交一语，可说并无感情，而他们竟说我们"好"，在暗中保护了我们，真令人惭愧，感激。

听说隔巷的林家就被烧了。那林太太在一个月之内换过三个下女，平日小气刻薄，大概就是被烧的原因。幸亏全家事先躲开，人未挨打。（摘自《台湾之春——孤岛一月记》，上海《文汇报》，1947年4月1日）

(三) 雪穆 (一个外省籍记者)

二十八日上午群众集满街头，开始捣毁官营事业机构。这是一件重大的新闻，我怀着兴奋的心情，到街头去探访，溜了一个圈子，回到报馆写完一批稿子，下午继续外出，然而打"阿山"的事就从这天下午开始。

在台湾银行门前，我亲眼看见一个小职员模样的人刚从办公室里走出来，就被群众当头一棒，打得脑浆迸流晕倒在地。一对衣冠楚楚的年轻男女从这里走过，马上被群众团团围住喊打，这对男女骇得面色惨白，急忙跪下来求饶，这时有两三个十来岁的小孩子挤进去，几脚把他们踢翻，群众就开始拳脚交加、棍棒齐下，一阵乱打起来。起初他俩还在转动挣扎，后来就血肉模糊地倒毙在地上了。

我开始心悸和胆寒，也开始感到生命的威胁，赶忙移动脚步抄小路赶回家去。走到博物馆附近，又见一批群众围集着两辆轿车在说东说西，看上去也是正准备动手的样子，我于是低着头擦着街沿急速地走，猛不防有人从后面在我的肩头重重地一击，用闽南语粗暴地吼道：

"你干什么的？"我一回头，只见他是一个衣衫不整的壮汉，眼珠子红红的。当时我意外的镇定，心想逃也是逃不脱的，要被打死也是活该。我于是指着我的证章回答他说："新闻记者，××报！"那壮汉听了，脸上的表情马上和缓下来，好像表示不打新闻记者似的。此刻又有两个台湾青年老远地向我走来，喊道：

"他是'阿山'，打！"我一看情形不对，便使出吃奶的劲儿，拔腿就跑，跑得好远，我慢下来回过头去看看，幸好他们没有追上来，心里颇为自己的生命庆幸，有一种重生的愉快。顷刻之间，忽然有两个着中山服、模样像小公务员的瘦小的"阿山"抱着流血的头，狼狈地从我身边走过，我看见那鲜红的血，无辜的血，使我的心情马上沉重而且痛苦起来，我想，这些被打的"阿山"，都是些与台胞一样贫困、一样受到迫害和剥削的小公务员或小商人们，而那些名副其实的统治者和喝血者的"阿山"们，正在岗警密布的宫廷里安稳地策划着虐杀和镇压的勾当。但是，群众的理智被燃烧着的愤怒给淹没了，他们所需要的是尽情地发泄，他们已经无法考虑其他的任何问题了！这真是一个无可补偿的悲剧！而这笔悲剧的血账应该算在统治者的身上！（摘自《我从台湾活着回来》，上海《文萃丛刊》，第2期"台湾真相"，1947年4月5日）

(四) 钟理和 (本省籍作家, 适时正在台大医院疗养肺疾)

由窗口望出去, 只见由一扇齐人肩高的红砖墙隔着的、沿着院左的街道, 及与由南方截来的街道相衔接的丁字路口, 聚着一大堆黑魆魆的蠢动的民众。由此一堆里发出来怒吼、哀叫、惨呼, 从墙面看见他们像发疯似地东奔西窜, 抡拳飞棒, 抓起自行车像砸一个什么可恶的东西, 恶狠狠地砸下去了。而不绝的紧密的枪声, 便在那某处不远的地方响着。

有几个外省同胞——年轻人避到这里来, 像脱兔惊惶而悚惧。

大家都在为此事而议论起来。

"台湾同胞也可以说是没有办法才做出这样的事情来的, 要有办法他们是还不致这样的, 他们是可爱而又可怜。"一个已镇定后的青年人在发挥着他的感慨, 像完全忘掉了方才的事情, 并且他也是很危险的。"不过他们是打错了, 因为他们打的是和他们完全一样无辜而受难的老百姓。同是受苦的一群。打错了!"

三时吃完牛奶后, 走出大门口, 在放射线科的南边的过道上放着一具刚由五六个学生抬进来的少年死尸。少年约十五六岁, 躺在一只绿帆布的担架上。面如蜡苍白, 唇紫。一手放在小肚上像在深睡。脸部颊鼻额处略有尘土, 黑中山服的上衣, 草色裤子。被撩起着的腹部, 有几道很薄的血迹, 模糊不清。子弹是由左胸乳边入, 左胁出。入口有很深的, 看着就像一个黑洞的伤口, 出口则拖出一颗小肉团贴在那里像一个少女的乳头。

综合那几个学生因激奋而致语无次序的片段的言语, 像似他们由长官公署那边抬来的, 又那边还躺着好几具同样被机枪扫死的尸体无人管, 公署的警察及兵士只顾抢被扫死的人所弃的自行车, 至于死人他们是好像没有看见。并且因有机枪, 民众也不敢去收拾尸体, 就是他们抬来的还是在一位正好由那里经过的美国人帮忙之下抢出的。

他们说着还一边叱喝并且怒骂着一个血淋淋右手盖住头部被击破的伤口的、穿着西装东冲西撞、像找医生给他救治的年轻外省人。

"死好啦！"他们满怀恨气与不甘。

年轻人惶悚而且窘惑，言语吃吃："……我……我是很同情本省同胞的……我也是……你看我不是被打得……"

伤者一个个接连着往医院抬，或者搀扶进来。全是浑身血淋面失人色，有的闭着眼睛，好像他的生命有如挥发性气体快将由他们的口、耳、鼻、眼睛渐发散去。大门口集着很大堆的人，有逃难的，有看热闹的。全在议论着，高兴着，恨骂着，笑着。向离医院不远的公园门口，更有如黑云般黑压压的一团，那是发疯的民众，正在将人来打躺的民众。（摘自《二二八纪事》，发表于高雄《民众日报》，1988年3月17日）

殴打外省人之情况，以2月28日下午的台北市最为严重，3月1日又持续了一天，以后就很少听到了。随着事件的蔓延，全省各地都有发生，其他县市处理委员会相继成立、发出文告之后，逐渐没有了。

基隆中学的校长钟浩东，用中文写了一张文辞不顺畅的公告，贴在双连车站前，呼吁勿打外省人，而要团结外省人，一起为台湾的政治改革而努力。（蒋渭水之儿媳妇，蒋时钦夫人傅莉莉口述。）又有人看到内容类似的油印传单，注明是"台湾民主联盟"。

到处墙壁、电线杆上，出现很多标语口号，据说多半是学生团体所张贴的。内容如"保护外省同胞""禁止乘机抢劫殴人""我们只反对贪官污吏，不反对外省人"。3月6日，处理委员会发表《告全国同胞书》，表明事件之目标，在肃清贪官污吏，争取本省政治之改革，不是要排斥外省同胞。并且解释，二二八事件当天，有部分外省同胞受殴，乃是一时误会，今后我们保证绝对不让再发生这种事情。

扭曲的族群仇恨

殴打外省人此一暴行，致使二二八事件的面貌，扭曲成族群仇恨。"本省人"与"外省人"的称呼，从此隐含着敌对意识，持续发展而成省籍矛盾与分离意识，这些后遗症，迄今仍然影响着台湾社会内在的和谐。

事件爆发之初，确实在各地都出现强烈排斥外省人的情绪。这一时失去理智控制的情绪，曾经受到一再的扭曲，简单化地等同于"台湾人排外"，或是日本"奴化"教育的遗毒。事件发生的时代背景——岛内既有第二次世界大战的战灾未复，日本统治秩序解体，新秩序及新价值体系尚待建构的状况；岛外亦有全球冷战结构逐渐形成，国共内战已开始波及的混乱。这一种状况下，台湾政治、经济、社会均一筹莫展的困境——受到忽略。而战后，台湾人更深地受到经济恶化与政治腐败之苦的事实，也被模糊地带过。二二八事件之前，战后复员不顺利，失业人口庞大不堪，货物、商品受到两岸奸商恶性运作及南京中央恣意掠夺，产米之乡的台湾，不仅受大陆物价波动所及，而米价飞扬，甚至发生米荒。2月2日，台北市曾出现中文词句不畅的抗议油印传单，称"台湾民众反对抬高米价行动团"。2月24日，又有"敌产房客联合会"的声明，反对政府标售"日产"房屋，任意劫收。学生继"沈崇事件"的抗议游行之后，响应"反内战、反饥饿、反压迫"的罢课抗议，在暗中酝酿，其实已经是一片山雨欲来风满楼的气势。

事件中，施暴动粗的，主要有两种人：第一，为战后由海南岛、大陆各省以及南洋各地回来的，原日本军"志愿兵"、征兵、军伕等；第二，为福建一带及火烧岛回来的浪人流氓。前者是日本军部在二次大战中，从台湾征召遣送到大陆及南洋各地的，无论是被迫或"志愿"，他们不幸成为日本侵华战争的参与者，战后受到等同战败国俘虏的待遇，甚至，因是原本为中国人的台湾人的特殊身份，受到更苛刻的歧视待遇。特别是在海南岛受当地人报复，又被日军抛弃，境遇极为悲惨。大陆部分的他们多半流落到上海、福建、广东一带，得当地台湾同乡之救援，几经周折才得以返还故乡。却又逢经济恶化，这些人首当其冲，绝大多数失业，事件爆发前夕，物价波动米荒发生，生活已濒临绝境。

过去，日本殖民当局有两则办法对付不良分子，或逮捕送火烧岛长期管训，或遣送福建、广东、上海，充当侵华的爪牙。厦门、汕头一带有所谓"十八大哥"之流，素为当地人所痛恨。胜利后，一部分浪人被逮，遭到铁拳报复，大部分浪人在混乱中逃返台湾。战后情势逆转，返乡以后各方面均不尽如人意，特别是国军与接收官员骄傲蛮横的征服者态度，最容易刺激他们，另一种报复、愤懑之情油然而生。事件发生后，率先发动大规模骚动，捣毁专卖局台北分局等，攻击长官公署、殴打外省人的，主要是这些无正当职业的流氓和浪人。

随着事件演变，原日本军台籍兵员、军伕多半成为各地维持治安队伍的成员，但地痞流氓不良分子，也有沦为国民党特务系统的爪牙的。原系台北的事件处理委员会治安小组所筹组的"忠义服务队"，有CC派的蒋渭川在幕后，由大稻埕地方上人物许德辉任队长，成员复杂，以黑道人物与原日本军台籍兵员为主（李翼中，《台湾二二八事件日录》中，有蒋渭川向李的口头报告）。而由林顶立（斯时任军统局台湾站站长）领衔的"义勇总队"，则是台湾警备总司令部柯远芬参谋长的设计，在柯著《事变十日记》（3月4日），有清楚的记载。目的在"分化奸伪，和运用民众力量来打击奸伪"，于是乎，假借维持治安之名，结队横行，骚扰外省人家舍，公然抢劫，威胁良善市民商家。这些恶劣的行径，又给国民政府中央制造了派兵镇压的借口，并且，可能是后来在镇压当中，军队所表现的残酷报复行为的社会心理因素。

回顾光复之时，台湾人虽然欣喜若狂，全心全意要回归父祖之国，却不曾意识到，与祖国隔离50年之久的自己，实在不可能再是一个"完整"的中国人，语言问题以及受日本殖民统治的历史事实，是复杂微妙而又十分关键的因素。

日据下，台湾人被迫学习日文，使用日语。战后回归改换国籍，不懂中文，只会讲日本话以及母语（母语又颇欠缺文字来表现，能说不能写的情况甚为严重）的台湾人，的确经历一段挫折的过程。对祖国历史、文化、政治及经济皆不甚了解的台湾人，特别在语言与思维方式，挣扎了相当长时期的不适应。长官公署的接收政策，没有充分地关怀及容纳台湾人，在政治权力结构中给予相应的地位。受日本严厉统治，养成不敢不守法习惯的台湾人，不懂"等因奉此"的体面"国语"，工作能力不受重视，职位低落，领受差别待遇，一如日本殖民统治的时代。目睹位居上方的外省同事，能力低劣却一副胜利者的傲慢，舞弊营私目无法纪，台湾人心有不平，完全不足为奇。当胜利的国军（七十军）在基隆受到台湾人的热情迎接，当夜却发生十余起的抢案（上海《大公报》，1947 年 3 月 6 日）。反观战败国的日军，秩序井然地退出，台湾人是难免要以"比较"的思维方式，来观察世事及祖国来人的一举一动的。

事件爆发后，台湾人以自己能够掌握的语言、熟悉的行为模式，表达怒意。不过，怒意所指陈的对象——贪官污吏与军警宪特，大部分是使用不同语言的外省人＝"阿山"。于是"日语"成为区别彼此的工具，尤其是用来区别不会讲闽南话的客家系台湾人与外省人。当事态激化时，穿着日本"国民服"与军装，足登日本木屐或军靴，额头上绑着白布巾，唱着日本军歌（海军进行曲等）的"若樱敢死队""海南岛归台者同盟"这样的队伍就出现了。

台中市"二七部队"的钟逸人，在回忆录《辛酸六十年》中，有一段极引人深省的自述。3 月 1 日深夜，他准备到各校宿舍，动员学生，参加第二天的"市民大会"。他先跑回家，从旧衣堆里，找出多年没有穿的日本学生服，"我站在母亲的化妆台前照着镜子，顾影自怜。这几年，自从脱下学生服、换上军服，又脱下日本军服，换上中山装、中国军服和西装"。到了农学院，他用标准的"江户腔调"（日语·东京片子）向学生演说，学生们也用日语，激动地喊口号。到了台中一中的宿舍，因夜深学生已就寝，于是他"便依战前在日本陆军服职时的规矩，装起'前辈'的姿态，以严肃的口吻'命令'他们统统起床，到外面走廊集合……"接着，他又命令"稍息""立正"行军礼，学生们一一照他下的口令操作，钟氏很欣慰认为"这实在应该归功于战时军训"。这一种感慨及举动，在抗日苦尝辛酸、牺牲近亲的苦主＝外省籍人士看来，岂不是荒谬不可原谅的事！

外省人的反应

大陆来台人员，原本就良莠不齐。满怀理想与热情，期待在失土重光的台湾施展抱负的，固然也有。这类型的人物，不计酬报，埋头为理想工作，当时文化界与学术界确实有不少这样的清廉之士。不过，他们的存在，却埋没在动荡的局势中。台湾人很少知道他们的存在，国府当局甚至不容他们存在，二二八事件大军镇压时，也有被趁乱捕杀的。日据末期以来，受到台籍进步青年敬仰的徐征（北京人，中文老师）先生是一例，鲁迅的至交许寿裳先生，即在1948年的2月18日，被暗杀在台大的宿舍内。

以台湾为避风港，为逃避汉奸罪而混进来的外省籍日本走狗不少。他们既懂日语又可隐姓埋名，方便许多。

存意要来发接收财的，也不在少数。战后，台湾经济无法复苏，反而搞到破产的边缘，虽然是大情势（战灾及大陆经济崩溃）的波及，但是，这批大陆来的贪官污吏与奸商，应负实际操作上的主要责任。

大多数仍是升斗小民，他们在大陆饱经战乱之苦，首先考虑的，当是个人现实生活的安定，伟大的抱负对他们而言，反成为件末节。二二八事件当中的恐怖气氛，他们对自己身家性命安危的忧惧，是不难想象的。事件中，坐困愁城十日，幸运一点的，得到本省籍邻居、同事的照顾。恐怖孤绝的环境下，对本省人的仇恨，也可能无限放大。甚至乞望中央大军早日赶来，将台湾人赶尽杀绝，也不足为奇。

老记者王康追忆当年，他从馆前街一家旅社楼上窗口，看到满街打外省人的景象，不禁凄然落泪："我看到这种景象，既气愤，又伤心，我想不到回到祖国的台湾同胞，竟如此残忍。冤有头、债有主，长官公署开枪杀人，你们去打长官公署好了，为什么要找无辜的外省人出气？我再也看不下去了，于是躺在床上流泪。"

当时任职专卖局"精制樟脑工厂会计课长兼代厂长"的喻耕葆，三十多年之后，写了一篇二二八事件回忆（纽约《华侨日报》，1980年1月4—8日），描述他在台北车站广场附近，看到一个身穿专卖局黑色制服的人，被打得满脸鲜血淋漓，在街上没命地向前跑，喻氏坦承："这时我本能地产生一个念头，假如我有一支枪的话，我会对准这些暴徒扫射。"

同情台湾人境况的，却也不少。董明德（上海《文汇报》，1947年4月1日）就说："平日台（籍）职员的待遇太低，生活困苦太甚，尤其严重的是失业人数之多，有人估计失业者达40万。陆续从省外归来的有20万，都是壮年，几乎尽无职业，又无恒产，怎能怪人家闹？平日大多数外省人在举止言谈间，又处处露出对台胞的轻蔑，只这一点就够资格挨打。"见解最深刻的要数欧阳予倩——他说："事变是积愤触发的。排斥外省人，不过是一个小插曲。"不幸的是，这个小插曲，完全扭曲了正题。米荒、失业等急迫需要解决的问题以及专卖、贸易制度、地方自治等有关政治改革的问题，都没有能够在这场抗争中争取到解决的途径。

基本上，除了官方的说辞，外省籍人士（的回忆纪录中）很少将他们的二二八经验，定位在单纯的"排外"暴乱，却比较倾向日本"奴化"教育遗毒的影响，以及岛民性刁蛮难驯这种看法。他们津津乐道，光复之初，台湾人欢迎祖国同胞的热情，对民俗民风之善良，留有美好的印象。也许，当时本省人的守法习惯，憨直、易于激动的性格，在大陆籍的同胞眼中，多少与街头日本风味的景致类似，带有异国情调的吧？那么，2月28日以后的几天，当他们在街道上，被拦截下来盘诘："是台湾人都会讲日本话，都会唱日本歌，你会吗？""唱一个《君之代》就放你过去。"经历过八年抗日战争的大陆同胞，心里如何反应这样的待遇？实不难想象。

无论如何，台湾却不再是美丽而平静的净土，事件之后，外省人士纷纷求去。3月20日，从基隆首开上海的"台南轮"，果真是一票难求。

偶然与必然·浮像与实像

光复之后，台湾人对国民政府，从期望而失望到绝望，愤怒之情到了二二八事件时，已经是沸腾点了。事件的发生是必然的；缉烟血案是触发的，是偶然。二二八那一天，台北市民从打锣聚众抗议，一直发展到不分青红皂白地当街痛打外省人出气，这幕"疯狂世界"的景象，是浮现的面貌，事件发展的过程中，还有较为复杂，并且又互动的内貌。

台湾籍的民意代表谢娥（光复后活跃于台北及全台湾的妇女运动界，二二八事件因在无线电广播中说错了两句话，住家的家具被亢奋且愤怒的民众焚毁），因为二二八当晚向台北市民的广播当中，颇有替当局开脱罪名之嫌，第二天早上，她在太平町的康乐医院，被激愤的民众包围，家具设备物件均被搬到外面烧毁一空。这场火爆事端的发生，也有其必然与偶然。

陈仪似乎从未预料到，台湾会发生这么大的变乱。根据柯远芬《事变十日记》，28 日清晨，陈仪曾召集台北市长游弥坚、警察局长陈松坚、警务处长胡福相以及柯远芬（台湾省警备总司令部参谋长），商讨处理缉烟事件的对策。柯氏自述，他从一开始，就认定有"奸党"在幕后操纵，但当时陈长官却认为是流氓闹事。当日下午，陈仪以兼台湾省警备总司令部总司令的名义，宣布对缉烟事件的处置办法两则：1. 为对缉私肇祸的人员决予以法办。……2. 为即日起实行戒严。（《新生报》，3月1日）

老记者王康说：

> 一小时以后，宪兵开到火车站前广场，馆前街也有哨兵，政府宣布戒严，群众星散，街上行人绝迹，我更不敢外出，我过了八年抗战生活，知道戒严令的厉害，如回答不出或答错了口令，士兵可以开枪杀死你而他不负杀人的责任。

但是，台湾人愤怒真到了极点，却没有理会。而且，当时的台湾人也确实不了解中国式的戒严为何物，没有做坏事，不曾犯法，有何可惧？

另一方面，警总并无足够的兵力有效执行任务。戒严真正能维持的范围，其实只有城内长官公署及市中心一带，其他太平町各区，市民仍可任意走动。因此，军警宪在街头枪杀人民的事情一再发生，最严重的一起，是3月1日下午，民众二十多人在北门被铁路警察枪杀。又更早在28日上午，已有民众代表见到柯远芬参谋长，却没有达成协议，无法阻止事端恶化。混乱之中，谣传与事实已经很难分辨，相互激动之下，无论真相如何，都是火上添油，陡然升高冲突。

28 日下午，事态更趋严重，台北市参议会乃召集紧急会议，谋求解决之途径。并偕同省参议会议长黄朝琴，同赴长官公署，提出抗议与和平解决之提案，葛秘书长代表陈仪会见，并接受市议会提案之要求五点：1. 立即解除戒严令；2. 凶手依法惩办；3. 抚恤死伤者；4. 由台北市参议会及省参议员、国民参政员、"国民大会代表"组本案调查委员会；5. 公务员在市内取缔专卖品时不准带枪。

广播的内容是向市民报告缉烟事件的经过，以及市参议会向长官公署所提各项要求，并为接受的活动经过。依序由台北市参议会议长周延寿率先广播，省参议会议长黄朝琴次之，台北市参议员兼"国大代表"谢娥殿后。当时听到过广播的人追述说："谢娥前后广播两回，第一回，她说长官公署前只有负伤的民众，没有打死人。民众包围公署强行要进入，守卫兵士向空开枪示警，民众惊散混乱中，自相践踏而致伤。数分钟之后，又听到谢氏再度广播，解释先前的广播内容，并非她所亲目所睹，而是葛秘书长说的。"

事过境迁，四十多年过去了，谢坦然承认自己在广播中是说错了两句话。她也无限感慨地说，她是根据葛敬恩对市参议员的报告广播的，"当时，我实在并不了解，政府官员会做不正确的报告"。大陆返来的黄朝琴议长，显得圆滑得多，他的广播，只字不提公署前广场民众的死伤，显然，"半山"黄朝琴比本地的谢娥要识时务且懂因应。谢说"发生那么大的冲突，我当时是民意代表，是介于人民与政府中间的，那种时刻，当然希望情势先冷静下来"。事件发生当时，她的心境如何？无从知晓。不过，日后她终于决意退出政坛并离开台湾，自我流放于海外 40 年之久。

有关外省人士在事件中挨打的报道，最受到舆论渲染的，要数新竹县长朱文伯与台中县长刘存忠了。刘存忠自己似乎没有留下有关的文字记录，值得一提的是，当年阻止群众施暴，救他一命的，还是前台湾共产党人谢雪红。

朱文伯在事件后，曾发表《二二八被殴记》，详述经过。晚年所发表的《七十回忆》中，又再提及这段事故。两份出自同一手笔，关于同一事件的记录，有引人注意的微妙差距，《二二八被殴记》的字里行间，透露着因应"情势"需要的蛛丝马迹，当时舆论误传百出，朱氏显然身不由己，强自扮演牺牲自我的新吴凤。《七十回忆》中的记述，趋于平静，笔调比前者带着较多的客观。

2 月 28 日，朱文伯因公出差到台北，途中在太平町遇事，座车被民众拦截下来，失去音讯数日。根据《七十回忆》的自述，他虽然受到本省人的袭击，但同时也受到素不相识的本省人保护数日，才由本省籍的司机接他回到长官公署，他本身仅微受肌肤之痛，反而是保护他的本省人，为他出外打探消息，被军警开枪的流弹打断了一根手指头。

不可避免的，事件混乱当中，舆论报道会有谣言误传，最可怕的却是那些与事实有距离、存心蓄意的夸大报道，成为日后大军压境，残酷镇压人民的借口。

第七章

处理委员会的

讨价与还价

"二二八事件处理委员会"的成立

"二二八事件处理委员会"原本是由官民共同组成的，以各级民意代表为主要构成分子。原来的目标单纯，是针对缉烟血案以及 28 日的暴动，进行调解与善后的处理。民怨积深犹如冰冻三尺，实非一日之寒。18 个月以来，台湾人对祖国来台接收之官僚军警以及接收政策的强烈不满，一旦爆发出来，实不易收拾。

随着各地方民众暴动，"处委会"所提的处理条件也从最初的惩凶、抚恤伤亡以及禁止军警滥捕杀百姓等，发展成政治改革的要求。"光复"以后台湾人对政治经济社会现状之不满，比日本殖民统治时代并无不及。但是，在二二八事件以前，并没有类似日据时代的政治抗议运动出现，这实在是因为当时台湾人对祖国普遍地有归属感与效忠之心，是种纯朴且浓烈的民族感情。

事件很快地蔓延到全省各县市，从民众暴动到接管军政机构以及各地"处理委员会"的相继成立，全省进入一个无政府的状态，长官公署及其各处、局机构以及各县市政府，已经无法行使职权了。在这种客观的形势与气势之下，"处委会"仍有进一步的政治改革方案提出。可以说是民愤在感情的宣泄过后，冷静地开始考虑理智的诉求，是民众暴动的冲击，引发社会精英阶层走向政治改革的要求。

存在只有短短七日的"二二八事件处理委员会"，内部组成十分复杂，旋即成为各种政治派系之势力较劲的场所，内外发展日趋混乱。终至于有《处理大纲》32条与42条的出现，而给当政者冠上"叛国"罪名之借口，动用武力进行残酷的镇压。

杨亮功闽台监察使认为，在当时的情况下"民众有所要求，长官公署几乎无不答应。即因长官公署让步太快，益使民众怀疑，认为是缓兵之计。乃越法提出各种要求，迫使其让步"。（《杨亮功先生年谱》）这种紧张的时刻，官方与民众之间相互猜疑，"不信任感"的互动关系，确实可能存在并发生作用。但是，这只能解释片面的现象，不是关键性的因素。因为"处委会"并非单纯的组织，甚至表面上的一致都难以维持，其内面之斗争，更是暗潮汹涌。

"处理委员会"的组成，表面上有行政长官公署的代表，各级民意代表，商会、工会、民众及学生代表，以及"台湾政治建设协会"之代表。一般民众都期待"处委会"能促进政治改革之目标，特别是台北市的青年学生，抱怀很天真。热心于政治改革，主张台湾高度地方自治的是中间偏左集团，保守的地主阶级和地方士绅，对政治现状虽有不满，多半观望一旁，做调停及善后处理之准备。暗中较劲的局面，一方面是紧密跟着当局的"半山"以及投机政客，各自有他们利益挂钩的隶属派系。凌驾其上的是国民党党内明争暗斗的派系——军统、中统和政学系。掌握党部的中统，充分利用对政治现状不满的本地部分群众力量，向掌握行政系统的政学系展开猛浪的争权斗争。除此之外，还有势单力薄的左翼知识分子（及中共地下党人），作为幕后智囊，支持开明人士王添灯等一派，提出高度地方自治的改革主张，成果落实在《处理大纲》32条。

3月1日，台北市参议会邀请"国大代表"、省参议员、国民参政员共同组成"缉烟血案调查委员会"，并派代表黄朝琴（省参议会议长）、周延寿（台北市参议会议长）、王添灯（省参议员）、林忠（国民参政员）四人向陈仪提出五项要求：1.立即解除戒严；2.被捕市民应即开释；3.饬令军警宪不得开枪、滥捕打老百姓；4.官民合组处理委员会善后；5.请陈长官对省民广播。

王添灯，摄于《人民导报》社长室，1946年秋（林彩美提供）

3月2日，"处委会"扩大组织，增加商会、工会、民众、学生以及"政治建设协会"之代表。行政长官公署代表周一鹗（民政处长）、胡福相（警务处长）、任显群（交通处长）以及台北市长游弥坚列席参加。下午三时，陈仪向全省广播，宣布四项处置办法：1. 对参加事变者不加追究；2. 被捕人民可免保领回；3. 死伤者不分省籍一律抚恤；4."处委会"准增加各界代表。

3月3日，"处委会"代表二十余人，前赴长官公署要求撤退巡逻军队哨兵。勉强达成协议：1. 军队于当日下午六时撤回军营；2. 地方治安由宪兵、警察与学生青年组织治安服务队维持；3. 拨出军粮供应民用以纾解米荒。

柯远芬参谋长调"独立团"一营，自凤山北上途中，火车在新竹、中坜两度受民众所阻，又加上昨夜警察大队在铁道管理委员会楼上，开枪杀死民众甚多。消息传到，台北市民大哗。处委会于下午四时，召开台北市临时治安委员会，市长游弥坚，警察局长陈松坚，民众代表许德辉、刘明及学生十余人出席，决议组"忠义服务队"担任治安维持工作。

3月4日，"处委会"发表《组织大纲》。宗旨为"团结全省人民，处理二二八事件及改革台湾省政治"。政治改革纲领包括有：行政长官公署秘书长及各处长应以本省人充任；公营事业归由本省人负责经营；立即实施县市长民选；撤销专卖制度；保障人民之言论、出版、集会自由及生命财产安全等等。

《处理大纲》的产生

3月5日，王添灯向全省广播，报告台省国民参政员联名致电蒋主席暨各首长，阐明事件经过真相，建议九项政治改革方案。

同日晚上，陈仪也向全省做第三次广播，宣布尽可能采纳民意要求：1. 改组行政长官公署为省政府；2. 各厅处长尽量任用本省人；3. 各县市长定7月1日实行民选，在选举前，现任县市长不称职者可免职，另由参议会推选三人，由长官圈定。

蒋渭川随后接着广播，呼吁省民接纳陈仪长官所应允的政治改革原则。

事件发展至此，杨亮功认为，陈仪几乎已全部接受处委会的要求。不能以此告一段落，开始处理善后，实因"处委会"受暴民所裹胁，无法控制群众，乃至于7日有《处理大纲》42条之出现。（杨亮功，《二二八事件调查报告及处理经过》）

3月6日，"处委会"发表《告全国同胞书》。下午成立台北市分会，会上主席王添灯在报告中，主张"政治改革方案"需要补充及具体化。

　　显然，"处委会"对蒋渭川与陈仪之间所达成的协议，并不肯给予确认。事实上，王添灯、吴春霖等不肯受理蒋渭川所提出的政治改革方案。王添灯并且说："昨夜在陈逸松家里讨论研究到翌晨四时，已决定二三十条要求，这已胜过你们的九条，何必多此一举。"

　　蒋渭川又向张慕陶（宪兵第四团团长）报告："今日听到许多报告，称特权人分子大起不安，将要起而反对我与长官的谈决方案。"张氏回答称长官对该案非常赞成，"提交'处委会'也不过是形式的"；又说长官已准备逐条实行，"日内要将警务处长调换本省人，你可安心就是"。又有陈木荣者向蒋渭川报告："'处委会'有人公然大骂蒋先生，他说你有夺取政权的野心，没有团体的精神，单刀匹马独走长官路线，想要独占政治的地位等等。（中略）这我想是因为长官天天请你去会谈及天天与你同去广播，由嫉妒而不平，犹恐政治改革后，他们会失去特权的地位。"（蒋渭川遗稿，《二二八事变始末记》）

　　彼时，"处委会"内部之严重分歧（或被分化）已经表面化了。构成分子的复杂背景，固然是原因之一，大部分的处理委员们也都忙着明争暗斗地争取权位、造成势力，排挤倾轧。又幼稚地误以为中南部的声势及"胜利"，错认大事近成，而急躁地争逐日后的名利。

　　而且，蒋渭川一派"政治建设协会"的成员，连日来在"处委会"会场上的表现，几近猖狂。只要不是"政治建设协会"一派所提的意见，一概反对。这种"为反对而反对"的作风，严重破坏会场的民主气氛，并造成秩序混乱，委员们之间的信任感荡然无存，而派系的分化更加尖锐化。

庄嘉农在《愤怒的台湾》之中，有如下的指责："蒋渭川刚愎自用，离开'处委会'的统制，采取个别行动。诬毁其他委员，捣乱处理委员会的统一。"

3月7日，"处委会"宣传组长王添灯提出他负责起草的《处理大纲》及《政治改革方案》。分为"目前的处理"7条，"根本处理"25条（包括军事方面5条，政治方面20条），共32条。这份纲要的基调，不外乎要求当局稳健地处理事件善后，并实施政治改革。

苏新认为贯串32条的基本精神是"地方自治"。而1947年3月8日延安《解放日报》发表一篇《支持台湾人民的地方自治运动》之社论，明示当时中共给予二二八事件的定位，是根据全国性情势的考虑。1946年国共重庆谈判的"会谈纪要"与"双十协定"里面也有关于地方自治之条款。苏新说，当时的地方自治运动，是为了削弱国民党的统治力量，扩大台湾人民的政治权利，并非要把台湾从祖国分裂出去。

曾参与"处理大纲"起草工作的蔡庆荣（蔡子民），如此说明这份文件的产生："我们几个人集中在中外日报社，坚持每日出刊，同时也帮忙王添灯，准备每天在中山堂'处委会'的发言提案。3月5日，王添灯回来说要拟一个具体的处理大纲，苏新、潘钦信、我和另一位年轻的同事，一共五个人就留下来讨论，而后由潘钦信起草，在6日写成。这就是3月7日王添灯在'处委会'上提出的《32条处理大纲》"。（叶芸芸，《三位台湾新闻工作者的回忆》）

事件过后30年（1977年），苏新在北京写《关于二二八事件处理委员会》，文中对中共地下党组织与"处委会"的联系，也有清楚的交代。当时没有党员身份的一些左翼人士，聚集在王添灯、林日高等人近侧，作为幕后的智囊，而且"遇到重大问题或意思不甚一致的时候，都经联络员萧友山（来福）请示廖瑞发（廖烟），再由廖请示蔡前（蔡孝乾）"。（苏新，《关于二二八事件处理委员会》）

3月7日，"处委会"仍旧在台北中山堂开会，会场上毫无秩序，一如过去数日。各派系人马俱全，军统、CC的特工人物也混杂其间。王添灯说明《处理大纲》32条，数度受干扰而中断。到了讨论通过时，更是嘈杂成一片，吵闹喧叫之中，草草通过增加成42条。追加的10条，有的是重复的，混乱中无法整理。但是，诸如"本省人之战犯及汉奸嫌疑被拘禁者，要求无条件实时释放"以及"各地方主席检察官，全部以本省人充任"这两条，成为叛乱罪名的，则是军统、CC特务的阴谋栽赃，为当局进行镇压而埋下的口实。黄国信（国民党铁路管理委员会特别党部书记）、许德辉（忠义服务队）、白成枝（台湾政治建设协会）、吕伯雄（台湾政治建设协会）等是会场上提案起哄的主要人物。（叶芸芸，《三位台湾新闻工作者的回忆》）

柯远芬最为关切的"警备司令部应撤销，以免军权滥用"这一条，则在原案32条之第28条出现。31条则主张"本省人之战犯及汉奸嫌疑被拘禁者，要求无条件实时释放"。于是乎，叛国罪名霍然成立。

长官公署后来的事件报告，指摘"处委会"以要求改革政治为烟幕，发表叛乱言论，公然主张撤销台湾省警备总司令部，反对国民党军驻台，陆海空军应由台人充任，释放战犯汉奸等，其叛背国家、反抗中央之阴谋，至此大白天下。由"高度自治"变成"叛背国家脱离祖国之独立主张"。（台湾省行政长官公署初编，《台湾省二二八暴动事件纪要》）

3月7日下午，"处委会"代表去见陈仪，提出《处理大纲》42条，遭陈仪和柯远芬严拒。关于这一幕经过，有两种说法：1.记者周传枝："陈仪的态度和先前完全不同，拍桌子大骂'处委会'的代表，说提这42条是搞叛乱。" 2.吴国信："陈仪于公署四楼接见黄朝琴等，披阅纲要叙文未毕，忽赫然震怒随手掷地三尺外，遂离座，遥闻厉声，毫无礼貌而去，众皆相顾失色。"（李翼中，《台湾二二八事件日录》，1951年8月28日）

当晚，王添灯向全省做最后一次广播，报告《处理大纲》42条产生及被陈仪、柯远芬拒绝之经过。并宣读《处理大纲》全文。

3月8日，中央派来援兵不日可到，即将有大屠杀这样的流言，好似在空气中随处飘荡，台北市的气氛极不安宁。"处委会"发表一份声明，称7日提请陈仪长官采纳之《处理大纲》，因当时人数众多，未及一一推敲，因而列入"撤销警总""国军缴械"等近乎反叛中央的条文，实非省民公意云云。

深夜，台北市民可以听到枪声四起。人们的恐惧随着若远若近的枪声，在黑夜中浮游，不能成眠。

3月9日，警备总司令部宣布，再度戒严。

3月10日，陈仪下令，解散各地处理委员会。第二十一师陆续开到，开始在各地大举搜捕涉事者。

马前卒

3月2日,"处委会"之扩大组织成员,特别增列"台湾政治建设协会"之代表。该会主持人蒋渭川对此有所解释,说是陈仪采纳他个人的建议。而他说服陈的理由是,原本"处委会"的成员,"半山"及"本地"的民意代表都是特权分子,不了解也不能代表老百姓。(蒋渭川遗稿,《二二八事变始末记》)

换一个角度,这不也表示,陈仪对掌握党部的 CC 派的一种妥协?有不少文献资料及台籍前辈都指陈,蒋渭川是李翼中手下干将。而且,已有充分的痕迹可寻,蒋在二二八事件中的作为,是有李翼中(国民党台湾省党部主委)、林紫贵(省党部宣传处长)紧密搭配的。民政处长周一鹗说:"省党部把持在 CC 系手中,表面上对陈仪推崇备至,骨子里是势不两立的。他们暗中一直勾结不满陈仪的台籍人士,以图一逞。二二八事件中,蒋渭川等人上蹿下跳,就是得到李翼中积极支持的。"(周一鹗,《陈仪在台湾》)当年国民党台湾省党部宣传处机关报《国是日报》的编辑野仆,指出替二二八事件的公开主角蒋渭川撰写广播词的，是宣传处主任秘书高拜石，并经由林紫贵向主委李翼中请示。而且，蒋渭川随时用电话，向林紫贵汇报各地情况。（野仆，《二二八事件的真相》）

3月10日，大军压境，蒋渭川被武装警察枪击未中，其女被杀、儿子受伤。脱逃的蒋受到李翼中之庇护，隐匿在徐白光家中。直到新任省主席魏道明上任，才由李翼中说项，投案自首，而后由丘念台出面保释。而林紫贵事后被警备总部扣押，侦讯两天才释放。党部宣传处机关报《国是日报》被迫停刊。（李翼中，《台湾二二八事件日录》）

蒋渭川与抗日民族运动的渊源，主要在于其兄长蒋渭水而非他自己的积极参与抑或奉献。战后他借其兄之余荫，组织成立"台湾政治建设协会"，后与李建兴合办"台湾光复致敬团"访问大陆返台报告会，借而建立社会活动的新资本。据说，他是由杨肇嘉介绍而逐渐加深与CC的接触的。继承其兄经营"三民书局"的蒋渭川，在老台北地区，还算是个小有名气的人物，蒋渭水晚年经营"工友总联盟"也累积一些群众基础。事件中，他参与"处委会"临时治安组，组织"忠义服务队"和"台湾省自治青年同盟"，并且推举军统系的许德辉为"忠义服务队"总队长。后者则是以蒋时钦（《民报》记者，蒋渭水子）在学生组织联盟各方面的影响力。蒋渭川又极力争取复员返台的台籍原日军、兵伕，广播召集在老松国校登记，集中训练的工作则由白成枝负责。

另一方面，蒋渭川介入"处委会"也造成严重的分化。他与陈逸松、刘明等地主资产阶级，又拥有留学日本名大学学历的社会精英分子，向来格格不入。双方针锋相对的事实，蒋渭川在《二二八事变始末记》之中，着墨甚多。陈逸松也毫不隐藏他们之间的对立：

台北市的处理委员会一直都在中山堂开会。"二二八事件处理委员会"的组织章程是我和李万居两个人起草写的。开会的第一天（应该是3月4日），蒋渭川带了一批人在会场上喧嚷不休，光复后他组织了一个"台湾政治建设协会"，成员大部分是流氓一类的人物。我在台上说明组织章程，那批人就在下面大吵大闹，对着我叫说："大交椅你就抢着要坐上去了？"我当时年轻气盛，也回答说："大位置你们若想坐，你们就上来坐吧！"我就这样子走下台回家了。（叶芸芸，《山水亭旧事》）

"半山"和投机者

柯远芬在事件后，发表《事变十日记》一文，提到他设计"以台人制台人"分化"奸伪"，以应变事件，文意间难掩得意之情，予人深刻的印象。

颇值得在此特别提出来的是，在二二八事件中确实也有足够的台湾人自愿供国民党政权中各派系之驱使。这些人有凯旋后到处抢地盘的"半山"，有角逐个人名利的投机政客，以及急于要从过去历史中隐身而去的"御用"绅士及"台湾歹狗"等大陆浪人。

吴浊流的《台湾连翘》中，对部分"半山"们在二二八事件中的行径，有很大胆的揭露，这部遗著，他生前曾交代"现在不发表，待后十年或二十年，留与后人发表"。如今，要加以求证澄清相当的困难。不过，叶荣钟生前也有佐证之言。

吴浊流认为"背叛了本省人的'半山'们，虽有种种派别，不过在打倒本省知识阶级，以求自己的飞黄腾达，却是一致的"。

二二八事件当中，最为接近陈仪的，据说是军统的刘启光。

刘氏本名侯朝宗，日据时代参与文化协会与农民组合的运动，属于左翼运动阵营。二二八事件中"他和军统的特工林顶立勾结在一起，此外又与陈逢源搞在一块，（事变过后不久）在银行设信托部，大肆囤积物资，利用通货膨胀大捞一票"。吴浊流此处所指的是华南银行，其前身即陈炘所创的"大东信托"。多年来台籍前辈中，一直有相关的流言，陈炘之死系被"借刀杀人"。

蒋渭川在3月5日，偕同陈炘、徐白光等曾在长官公署见到刘启光，"到公署上楼途中，遇见刘启光氏由楼上下来，刘氏看见我们就伸手出来握手，说：'你们是真贤人，做得很好的，祝你们大成功。'我也应酬他几句话"（前引，《二二八事变始末记》，页65）。这段话颇耐人寻味，同时透露了，蒋渭川与刘启光不属于同派系，以及刘在陈仪近侧出入之说。

蒋渭川对"半山"素来不满，常出口批评痛骂，也曾向陈仪数说"半山"的不是：

随长官回本省来的一部分自称桥梁特殊分子，他们在日据期中不耐斗争，由民族斗争阵

吴浊流遗著《台湾连翘》，台北：草根出版，1995年7月

营逃出去也不敢承认是台湾人，仅是混迹谋生，并无多大贡献，不过国语比我们先学会了，利用这一技之长，光复后大模大样随长官回台，居然自命革命者和凯旋将军胜利归来一样的态度……长官也不懂闽南语，只有他们说的话才懂，自然也要借重他们，官位也给他，经济机会也给他……他们在初回来时，穿破裤的穷汉们，现在都变成大财主了。

最令人难以置信的，可以说是中间偏左，代表民族主义资产阶级一派的刘明和陈逸松，却被网罗在林顶立的"警备总司令部特设别动队"。3月9日，第二十一师先遣部队抵基隆，向台北进发，下午六时警总宣布再度戒严，于是"军事部署略定，特设别动队，林顶立为队长，刘明、李清波副之，陈逸松为参谋长，张克敏（即张士德）、高钦北、周达鹏为大队长，时警务处已改任王民宁为处长，均台人"。（李翼中，《台湾二二八事件日录》）

李翼中在此处所指的警察大队"别动队"，与柯远芬所言的"义勇总队"应是同一个组织队伍。柯在《事变十日记》3月4日，提到"为着要分化奸伪，和运用民众力量来打击奸伪，所以昨天兼总司令批准了设置义勇总队，并以林顶立同志为总队长，他是本省人，极为忠实而有作为的同志"。

柯誉为忠实而有作为的林顶立彼时是军统的台湾站站长。据战前曾在厦门日本领事馆任职的庄氏说，林顶立曾是双重身份的特务，先在厦门替日本人工作，后来才转变成军统的台湾人骨干。

苏绍文和黄国书这两位台湾人"半山"，则受任命为新竹与台中地区的防卫司令。原籍新竹的苏绍文，很快地执行任务恢复桃园、新竹一带之秩序，受到柯赞赏。不过，他耀武扬威、穷追猛打

"御用"绅士,留给故乡父老极为深刻的印象。而当时任国民党新竹党部主委的彭德(客家籍),几乎死在他的枪下,幸得李翼中及时请柯远芬去电话解救,才得免于难。识者多半以闽、客矛盾看待此事。

黄国书之任命,因沈仲九主张宜以宣慰代替戡乱,黄本人亦不同意用武,而小有波折。黄迟延数日,才带着一名副官及林宪(丘念台的秘书)搭乘火车前往台中。车行至丰原,遇佩带着日本武士刀的青年上车来盘问。黄国书以流利之日语应对乃得化险为夷。青年并忠告黄国书勿着国军制服在外面走动。黄一行抵达台中,知道政府机构悉数被接管,乃于次日折回台北。车行至板桥即不通行,才知道二十一师已经进台北市,开始清查镇压。

应变

陈仪最初同意官民共同组织二二八事件处理委员会，其用心显而易见，是希望能及早平息事端，恢复秩序，避免南京中央政府的干涉。到了抗争升高，情势恶化不可收拾，则变成拖延时间，等待援兵赶到。

党部主委李翼中追述，陈仪曾对他说："余将以平息为主，彼等所提之政治改革不惜断然从之。"李翼中问："长官接纳其政治改革意者事件可平息乎？"陈仪沉思良久答曰："未能断言也。"李乃建议："何如速请中枢加派劲旅，且选派大员为助，俾事件得早日敉平。"陈仪表示"余亦有此意"。（李翼中，《台湾二二八事件日录》）这是3月5日的记事。同一天，陈仪也曾向蒋渭川表示，台北以外各地方尚未完全息事，嘉义、虎尾方面激战持续，很是"使我焦急要死咔"。（蒋渭川遗稿，《二二八事变始末记》）

实则，向南京中央请求派援兵的电文，在3月3日，或者更早已经发出。警总参谋长柯远芬《事变十日记》中，3月2日提到

"我建议向中央请兵，但此时兼总司令（陈仪）告诉我，业已电主席速调整编二十一师一个加强团来台平乱，但这是远水不济近火的，所以当时又决定要求将宪兵第四团留驻福建的一个营，调来归还建制"。

当时驻守江苏昆山的第二十一军军部，3月3日早上，由军长刘雨卿召集各级主管会议，宣布蒋主席电令，二十一军全部开往台湾平乱。军长及直属营连和一四六师由吴淞港上船直开基隆，一四五师在连云港上船直开高雄。并且，限定在3月8日以前到达。（何聘儒，二十一军副官处长，《蒋军镇压台湾人民纪实》）

早先，陈仪接受"处委会"所提的政治改革方案，虽不能认为全无诚意之存在，但是，虽有心要治理好台湾，陈仪之改革诚意，放在整个大陆复杂的大政治环境中，是微不足道，丝毫也经受不起考验的。

陈仪在抗战惨胜结束，国共内战如强弓待发之际，出任台湾省行政长官兼警备总司令，表面上，集军政大权于一身，实则党和军的实权都无法完全掌握，他的班底，其实就只有台面上的上层行政人员及自闽带进来的警察有关人员。陈仪虽极力排除浙江财阀以及各派系涉入台湾之权益范围，但是，现实在权力结构中，名高实低的陈仪是无法又无力做到的。

当时，国民党省党部与行政部门之间不睦，已近乎表面化，掌握党部的CC派与政学系的陈仪之对立，由来已久。安排接收之时，蒋介石对不同派系之干部，做了何种安插？而陈仪是否得到其他派系之支持？都值得存疑及探讨。

陈仪来台，颇有一番抱负，"想把在大陆上所不能实现的理想实现于台湾"。(周一鹗，《陈仪在台湾》)陈仪重用沈仲九，意图在台湾建立一个隔离于大陆之外的政治经济体制。他仿效日本台湾总督府的经济政策，执行专卖、控制贸易、发行台币以防止法币波动之影响。但是，台湾人，特别是精英阶层，对陈仪、沈仲九等所企图建立的台湾体制，所感同身受的是与日本殖民统治有异曲同工之妙的歧视及压制。本地系的资本企业以及人才均被隔离在体制的外面，少得其门而入。

　　随着经济恶化，官僚之营私舞弊，军、警、宪、特的横行不法，以及最致命的失业问题日渐凸显，现实政治的发展完全背道而驰，陈仪与沈仲九的台湾体制，成为空中楼阁似的高远理想。并且为台湾人所痛恨而猛加抨击，陈仪之声誉随着局势日益恶化而降低。原本被拒在外的各林立派系，乘隙找到空间，而积极地活动起来。特别是 CC 派的李翼中，利用拥有下层民众基础的蒋渭川，虚张声势、大事活动，颇有要撵走陈仪并取而代之之架势。反之，陈仪班底的行政官员，却是众矢之的，有许多被指控是贪官恶吏，而且当民众接管政府机构之后，他们多半只能在长官公署内避难，坐困愁城。综而观之，事件后期是完全失去控制的乱局，内外交困的陈仪向中央请兵，以为后盾准备进行镇压。杨亮功在 3 月 9 日抵达行政长官公署时，署内住着许多外省籍官员家属，仿佛战时之难民营，而沈仲九对杨说"监察使，现在一切问题非兵不可了"的短短一句话，才透露了其中玄机。

　　蒋介石之所以抽调东北、华北战场上急需之兵力，来台镇压，则是对民众武装力量没有准确估计下的判断。陈逸松在五月初到南京，出席国民参政会，蒋介石夫妇请台湾代表吃饭，"席上，蒋介石说：二二八事件中，还有十万日军在中央山脉，说我们台湾人无知都是受日军煽动的"。（叶芸芸，《山水亭旧事》）此外，还述及当时台湾全岛有四百多座仓库，存有日军遗留的一万支步枪、300 座火炮以及数量极大的粮秣、制服等等不实的信息。

杨亮功监察使及白崇禧宣慰使均对柯远芬之处理事件，颇多恶评，特别是镇压及清乡时的滥杀与滥捕。柯亦自认是二二八事件中最主要的人物，所撰写《事变十日记》，全文贯穿着一片肃杀之气，甚至邀功表彰之情也充塞在字里行间。

当年只有 38 岁的柯远芬，是一位从未有疆场战功的少将，二二八事件之于他，无异大显身手之机会，而认真力求表现。这一种"异常"心态可能是导致冤魂频生的主要因素之一。目前仍不清楚的是，柯所要表现效忠之对象，到底是陈仪或蒋介石？他来台以前的履历，较少为人知，据说在陈仪主政福建时，柯远芬就是蒲田的闽南警备部的少将。陈仪下任闲适在重庆时，柯也到重庆。陈仪发表为台湾行政长官公署长官后，柯即被揽为警备总司令部参谋长。

柯远芬在《事变十日记》一文中，所揭示的，是他个人对待此历史悲剧事件的偏颇及颠顶，很少有人能出其右。柯把所有涉及事件的民众，一概视为"奸伪"或叛乱之暴民。

3 月 4 日有如下的记述："此时我经过周密的考虑后，才决定尽速作军事上万全的准备，一俟他们叛国的罪证公开后，马上即使用军事力量来戡乱。"3 月 7 日，"处委会"提出《32 条处理大纲》，并且由王添灯向全省广播了。32 条中的内容有"取消警备司令部"和"解除国军武装"及"本省陆海空军军官应尽量采用本省人"等数条，柯认为是叛国之证据，并因而雀跃不已："晚饭与师管区刘司令一同进餐，今晚大家的话更多，真是谈笑风生，刘司令说为什么 32 条提出了后，大家反而增加了饭量，这就是为国珍重啊！现在他们的阴谋大暴露了，现在是我们理直气壮了，我们苦守了八天，今天我们才争得了主动，黑暗的日子快去了，光明就在前面，我们为什么不高兴呢？"

第八章

骚乱、起义、镇压的

虚与实

实力知多少？

论者每以国民政府驻台兵力薄弱，不足以应变，以及"奸伪"在幕后煽动操纵，是为二二八事件所以演成全省各地烽起，政府在短短数日间陷于瘫痪，全面失控之局面的主要因素。

然则，事件前夕，国民政府派驻在台湾的部队，到底有多少兵力？根据官方的纪录："事变前，驻台部队仅（正在）整编（的）第二十一师（的旧第二十一军）独立团及该师之工兵营与三个要塞守备大队，总兵力不过5251员名。"（"国防部史政局"，《台湾二二八事件纪言》）其中高雄、基隆与马公三个要塞的守备大队有1532名，担任台中以北勤务的是兵工营（517名），守备嘉义以南的为独立团的主力（2500名），而镇守台北本部的，只有独立团之一个营约700员名。

战后来台接收驻防的七十军，于1945年底调防回大陆，接防的六十二军也在1946年年底调防大陆。接防的第二十一师，在二月份实际派到台湾的只有一个团和一个营，其余的仍在福建整编中。

1946 年秋，"剿共"失利的蒋介石，曾密电陈仪，探询调军回大陆参战的可能性，陈仪欣然同意，理由可能包括下列几个方面：1.陈仪对台湾民众欢迎祖国的热情，以及守法精神，留下很好的印象，因此对台施政深具信心。2.七十军与六十二军，都是临时整编的杂牌军，军纪紊乱，扰民之事层出不穷，成为民众怨恨之对象。3.陈仪因拒法币在台流通，驻防部队之薪饷遂不由南京中央政府支付，而落在台湾长官公署肩上，成为重大财政负担。

据说，不仅陈仪同意驻防部队调走，警备总司令部参谋长柯远芬也是赞成的。已自保安工作退休的 H 氏，有如下的证言："柯远芬原不得志，在福建时渐得陈仪所重用，盖因稍有文才，陈仪向来厌恶传统'土包子'军人。但柯乃无疆场战功的军人，虽居警备总司令部参谋长之高位，却徒有官架傲慢，而无威可指挥军队。因此也极力赞成驻防部队调离台湾。"

正规驻防部队之外，尚有本省籍与外省籍合组的正规警察，约 8500 名（前引《台湾二二八事件纪言》）。其中承担实务的下级警员，九成以上为本省籍，并且多半也是日据时代的警察。事件发生后，本省籍警员心理上的反应是值得再深加探讨的课题，除了直属警备总司令部的"警察大队"积极执行任务以外，本省籍警员听命政府的积极性显然不高。大多数消极地观望，任由民众将武器移交过去，甚至也有加入抗争队伍的。

警务处长胡福相即因台籍警察相率离职，无法行使职务而下台，改由王民宁接任。（《大公报》，1947 年 3 月 10 日福州电）

杨亮功的官方报告也承认："各地暴民发动，多以警局为进攻之目标，而警局均90%以上为本地警察，事发后或自动封存武器，任其劫取；或弃械潜逃，不予弹压抵抗；或公然参加暴动，以致地方当局，不惟无一可用之保安警力，且反成赘累，实为束手无策、坐视暴动扩大之一重要原因。"

可以判言的是，民间武装烽起，绝非事前有任何计划之举，纯然是民众的愤怒忍无可忍，爆发以后，临时地、自发地汇集而成的。共产党人苏新就说："二二八起义是'官逼民变'的自发事件，事前毫无准备，谁也没有预料到，国民党到台湾一年半就会发生这样大规模的反蒋斗争。"（苏新，《关于二二八事件处理委员会》）而且短短数日间，实在也不可能确立组织与纪律，说穿了是匆促成不了军，虽然同仇敌忾，气概激昂，但乌合之众，具有多少战斗能力？是颇有疑问的。民间武装烽起，亦有积极、消极之分，前者介入抗争行列，有比较彻底的对抗意识，比较明确的政治主张。消极的动机，则只是骚动中产生的不安全感，以及想要维持地方上的治安与秩序。吴浊流说："为了防止外省警官拿出武器，青年人就进入警察署接收武器。这些去接收的青年主要是过去当过（日本的）军伕、军属、志愿兵的人们。"（吴浊流，《无花果》）事件当中，最早接收全市政府机关，而受到全省厚望的台中市，左翼的谢雪红与地方士绅之间，对武装的问题即存在着积极与消极的严重分歧。

参加武装行动的，以原日本军台籍兵员为最多，也有在学中的学生。总数到底有多少人？很难估计。原日军台籍兵员包括志愿兵、军属和军伕，从海南岛一地回来的就有十万人（杨亮功，

《二二八事变调查报告及处理经过》），加上南洋与东北、闽粤各地回来的，总数当更多。根据日本厚生省所发表的数字，台湾出身的军人、军属、军伕，复员的总数是十七万六千余人。（厚生省1948年4月18日；加藤邦彦，《一视同仁的结果》〔《一视同仁の果て》〕，1979年）

这些复员人员中，有多少加入事件中的武装行动？虽然难以估计，但是以当时失业问题之严重，失业人口（有高达40万之估计）又以复员原日本军台湾兵为众，比率可能不低。

关于"奸伪"在幕后煽动操纵之说，真相已经逐渐澄定。就目前出土的史料，确实可以找到少数共产党人积极介入的线索，不过，甫建立不满一年的中共台湾地下党，并没有多少党员，也谈不上什么社会基础。事实上，只有少数几位老台共，有草根性的社会基础，能够就地积极地参加，但是他们大半都没有组织关系，不具中共党员身份。这是因为过去旧台共时代的恩怨很多，值得我们指摘的是，通常共产党的地下组织工作是不积极与已曝光的老共产党员发生关系的。虽然台湾有其特殊性，据常识来判断，老台共人员的归队亦该经过"过滤"及归队手续才是常理。地下党的领导人蔡孝乾遂不以旧台共为发展对象。根据蔡氏被捕以后的自白，二二八前夕，全省中共地下党员只有70名。而且事件爆发时，党员间互相失去联系，有的主动在所在地参加抗争，也有的不敢出面，大部分都是个人行动，并非组织的命令。（周明，《二二八事变中的谢雪红》）

事件的历史真貌，通常是难以重现的，只有神似重于形似的轮廓，勉强可能勾画出来。二二八事件因偶然的缉烟血案而引发，从此星火燎原，不可收拾。无论是统治的当局或抗争的民间，均措手不及，仓皇之中，各种社会力量积极投入骚乱和斗争之中，但是任何一股力量，都不可能单独掌握事件发展的方向，而是互动互为消长的，台北与台中两地的处理委员会及组织武装的过程中，均凸显出这种较劲。而最受本地政治派系之过度利用牺牲最多的，乃是活跃其间，热情而单纯的学生，此一具有行动能力的社会资源。

台北——匆促不能成军

2月28日以来，台北市军民冲突频频发生。市内散见军队、宪兵、治安警察，武装的巡逻车穿梭在大街小巷，枪声此起彼落到处可闻，伤亡者时而可见。民众虽然也从警察派出所接收到少量的老式日本武器，但一直都没有成形的民间武装队伍出现。杨亮功闽台监察使来台调查二二八事件，在医院巡视时就发现，受伤的本省人均为枪伤，而外省人则多为棒伤。

3月3日，处理委员会首次会议，商定武装军队于当日下午六时撤回军营，改由宪警学生联合组织维持治安与交通，以减低军民间的冲突。处委会要求解散惹祸最多的"警察大队"，但未得陈仪及柯远芬之同意。

3月4日以后，台北市面上已渐趋平静，商家恢复开市，而各种民众团体亦纷纷成立，主要的有：1. 台湾民主联盟支部，内有一部分共产党，力量不大，不能左右大局；2. 爱乡青年团台北支部，以留日之台湾同学为主，亦有留台的日本人；3. 学生自治同盟，以台北各大中学学生为主干；4. 海南岛归台者同盟，系日本征调至海南岛的退伍军人（约有五万人），声势甚大；5. 学生联盟，亦以学生为主干；6. 兴台同志会，系过去常在日本经商之商人所组成；7. 台湾省警政改革同盟，以台籍警察为主；8. 青年复兴同志会，以职业青年为主；9. 若樱敢死队，系囚犯浪人的组织；10. 台湾省政改革委员会，以各县市议会为中心；11. 台湾省自治青年同盟，以在职及失业青年，一部分学生为中心，约四万人。（杨亮功，《二二八事变奉命查办之经过》）

另一方面，处理委员会治安组也成立"忠义服务队"，拟取代军队维持治安。同时警备总部也成立警察大队"别动队"借而钳制、分化。当时形势一片混乱，要由复杂的长官公署、军队、特务以及民众的派系中，厘出一个清晰可辨的面貌，殊为不易。已经面世的文字资料，以及历史见证人的口述证言，都只能提供一个不同的小角度的场景，比较接近历史原貌的全场景，仍有待时日及更多的探讨努力。

台北各校学生，自1947年初以来，经过组织涩谷事件（在日本东京发生的华侨被迫害的事件）和沈崇事件（北大女生被美兵强奸事件）两次抗议示威游行，已有一定的联系。事件发生以来，学生纷纷集会自动地组织起来，3月2日上午，台湾大学、师范学院、法商学院、延平学院以及各中学高年级生，在中山堂召开学生大会，决议组织学生队伍，协力维持治安、整顿交通。

"学生联盟"——这个学生组织在二二八以前已经存在，主要的灵魂人物是台大医院的郭琇琮大夫。当时还不是共产党员的郭琇琼，联络许强医师（台大医学院副教授，内科主任）组织学生，吴思汉（《新生报》记者）发展农、工组织，以及他自己在二二八之前，在台湾乡村消除霍乱巡回医疗时打下的群众基础，迅速召集了学生、工人与先住民，企图组织武装队伍，投入抗争的行列。

3月4日晚间，学生联盟集合数百人在师范学院的旧礼堂，准备发动攻击，撤除驻守南机场警卫之武装。没有武器的学生，削尖了竹子，一人一支当作武器。新店乌来的先住民也赶下山来会合，但是一直等到凌晨四时，社子、艋舺的队伍却没有赶到，这晚的起事遂只好取消了。直到3月8日，国民党军二十一师登陆之前，学生队伍仅有的武器是五十几支（的老式）步枪与少许的弹药，而且存粮不多，郭氏衡量形势不利，乃解散队伍，令学生、工人、农民及先住民各自回家躲避。但是，3月9日开始，各地都有很多学生被杀害了。（蓝博洲，《美好的世纪》）

另一方面，中共地下党台湾省工作委员会书记蔡孝乾曾派林梁材到台中与谢雪红联系，请求支援武器，没有结果。总之，台北的武装队伍，因时间匆促不能成军，起事计划粗糙，事机泄露，乃至于行动前被发现，而归失败。（叶芸芸，《三位台湾新闻工作者的回忆》）

柯远芬在《事变十日记》中曾提到林顶立的"义勇总队"逮捕到两名建国中学学生及台大学生若干，因而发现武装起事之计划，并大事渲染，成为"奸伪"叛乱阴谋存在之证据。

"台湾省自治青年同盟"——3月5日上午10时，"台湾省自治青年同盟"在中山堂成立，台北市青年出席很是踊跃。会场内外溢满，情况很是热烈。大会由《民报》记者蒋时钦主持，宣读纲领，强调要求高度地方自治，实施民选，并呼吁台胞发挥守法之精神，振兴实业，安定经济。随后有蒋渭川演讲，强调拥护中央，打倒台省舞弊官僚，并呼吁和平解决。

"台湾省自治青年同盟"是由台北市长游弥坚主持的临时治安委员会托请而临时成立的。后来并没有起什么作用，虽有相当庞大的人数，那只不过是人头，以失业之复员原日军台籍兵占大多数，日本军队之各种行为模式，无形中成为主导，与学生团体间很难共同行事。蒋时钦基本上是消极地放弃他的领导权。（蒋时钦夫人傅莉莉口述）

蒋渭川以领导人自居，一再广播，号召复员（原日军）台湾兵出来登记，他曾向国民党省主委李翼中说明"台湾省自治青年同盟"之组成内容："游弥坚发动组织本同盟，中途而辍。余以活跃台北市内者殆以海南归来之失业青年为多，借此同盟为号召，然后居中指导以抚循之，或有裨于事件之宁息。所谓建设高度自治，一时虚假之辞无大碍也。"（李翼中，《台湾二二八事件日录》）

"忠义服务队"属于"二二八事件处理委员会"之"治安组"，3月3日下午4时，于台北市警察局开会，由市长游弥坚、警察局长陈松坚主持，民众代表许德辉、刘明及学生十余人出席。会上决议"为恢复台北市治安起见，组织台北市临时治安委员会，并成立'忠义服务队'负责执行"（《新生报》，3月4日）。许德辉为总队长，并向各界摊派治安费77万元。

但是，"忠义服务队"很快就成众矢之的，非但无维持治安之效，反而是公然打劫、恐吓、行暴、制造事端，受骚扰打劫的，不仅有外省籍官员家舍，也有本省籍的商家。其恶劣行径，上海《大公报》有所报道："此间民间负责治安之忠义服务队队员及青年学生，三日来，日夜搜查此间外省人之住宅，彼辈声称搜查民间枪支，然文件亦在检查之列，并公开掠取金钱、手表、衣服、物品而去……掠劫外，同时制造（实施）恐怖行为。葛敬恩公馆内被一台人投掷手榴弹……"（3月8日，中央社电）许德辉是大稻埕一带地方上的角头人物，吴浊流指陈"忠义服务队"之背景来历："CC派马上组织了忠义服务队，派遣许德辉为队长，但队员中龙蛇杂处，有不少黑道分子，因此在不得已的情形下，把市内的治安交给纯真的青年学生们，军队开来后，这些纯洁的青年学生们便成了首当其冲的牺牲者。"（吴浊流，《台湾连翘》）

有许多文献资料都提到，被残酷屠杀的，以青年学生为最多。在台北市维持治安的百余名学生，于3月8日晚上被押到圆山陆军仓库前面的广场悉数枪杀。第二天，警总参谋长柯远芬领着监察使杨亮功到现场，指为武装攻击仓库的"奸伪""暴徒"。此事与杨亮功从基隆到台北的路上遭遇枪击一事，有异曲同工之妙，为柯远芬制造军事镇压之借口的设计，杨亮功对此事也存疑。（《杨亮功先生年谱》）

台中市——武斗与文斗

3月1日上午9时，台中市、彰化市及台中县召开各参议员的联席会议，决议支持台北市民的抗争，另外追加两项要求：第一，改组长官公署；第二，即刻实施地方自治、省县市长民选。这是二二八事件中，最先提出来的政治改革要求。

3月2日正好是星期日。台中地方上的士绅原定要在"台中座"（戏院）召开一个"宪政促进会"，但是前一夜，台北事件的消息，通过广播以及杨逵印发的传单，已经传遍了全市。一大清早，"台中座"门前人潮汹涌，"市民大会"就这么召开起来的。大会由左翼人士杨克煌与谢雪红主持，首先报告缉烟血案，并讨论如何响应支援台北市民，"会开到一半，群众已经不耐烦了，有人喊着：'不必再说了，大家走，行动吧！'"（李韶东，《二月事件中的台中市》）

首先被解除武装的是警察局，警察局长洪字民与群众充分合作。同时被围困的是台中州接管专员，后为台中县长的刘存忠的住宅，刘是众所周知的贪污官僚。僵持中谢雪红赶来解围，劝阻民众放火，刘乃投降受民众看管。此后一周间，外省籍公务员被集中在市政府大楼内，另有二百名则避难于台中师范学校（按：斯时的校长为洪炎秋，教务主任及总务主任，则各由张深切、郭德钦等担任。事变中的争议人物吴振武则为体育组长）内。接下去的一个昼夜间，台中市及近郊的军政机关逐渐被民众接收控制了。3月3日的晚上，谢雪红向各地广播，报告台中市的"战果"，并号召中部各地青年，到台中市集合参加抗争。应该在此并提的是，当时中部地区并无驻守军队，只有无战斗力的工兵营五百多人，驻守在飞机场仓库。（"国防部史政局"，《台湾二二八事件纪言》）而其中有四百多名为台籍士兵，后来透过军医许子哲，和平解械。（洪炎秋，《怀益友庄垂胜兄》）

3月4日，形势稳定下来以后，地方上有力的人物召开了"台中市地区时局处理委员会"，谢雪红也出席参加，会上选出台湾省立台中图书馆馆长庄垂胜（遂性）为主任委员，又推出台中师范学校的体育教员吴振武为武装部队指挥员。庄是日据下民族运动的干将，在台中市素来能孚众望。吴振武为台南师范学校毕业的田径好手，后来到东京高等师范学校念体育科，被日本海军征召入日本海军预备学生队（相当于"国军预备军官训练班"）第三期受训，结训后任少尉，后来被派往海南岛，战争中升中尉，日帝败战后，跃升一级，以海军大尉（上尉）复员返台，是原日本军台籍兵员中军阶最高的一位。

谢雪红对参加处理委员会一举，事后后悔不已，认为地方上的士绅们设计剥夺她的军权，总结为一次与资产阶级合作的失败经

验。（周明，《二二八事变中的谢雪红》）

的确，3 月 2 日的下午，当谢雪红领着群众，忙于接管各政府机关之时，林献堂与地方士绅已在市民馆开会，研究如何收拾善后。林献堂对谢雪红掌握武装力量显得忧心不已，"林先生说，谢雪红是共产分子，让她抓住武力斗下去，非把地方搞得糜烂不可。我们应该请师范学校的体育教员吴振武出来，抢她一部分武力，加以牵制"。（洪炎秋，《怀益友庄垂胜兄》）

仔细解析当时之形势，张志忠（中共台湾地下党领导人之一）之所以规劝谢雪红参加处理委员会（周明，《二二八事变中的谢雪红》），可能是因为她并无单独行事之条件。谢个人生涯之传奇性以及冒险家的胆识，确实具有相当的群众性魅力，尤其是她那绝佳的演说口才。光复初期她在台中市与大华酒家齐名，极为活跃，吸引了许多理想热情的青年学生。但是，在一般市民的眼中，她那"赤色分子"的背景以及不符合传统女性的经历（包括她的私生活），是好奇与疑惧并存的。

此外，当时民间武装队伍的组成，完全是群众自动自发汇集而组成的，复员返来的原日本军台籍兵员之外，还有台中农学院及台中师范、台中商业、台中一中等校高年级学生。谢雪红、吴振武、钟逸人都各自有一批效忠者，但是恐怕并无人可真正统领全体武装队伍。

3 月 5 日，台中时局处理委员会再提出七项政治改革之主张：1. 实行完全省自治；2. 改组各级干部，起用本省人才；3. 开放官军民粮仓，供给省民，以安定民食；4. 废止专卖制度，各种工厂交人民管理；5.确保司法独立，肃清军警暴行，尊重民权，保障人民七大自由；6.因二二八事件愤起之民众行动，一切不得追究；7.平抑物价，救济失业，安定民生。

这七项政治改革要求，与台北处委会所提32条的基调是大同小异的。中部的地主阶级与士绅们虽也有强烈的政治改革要求，但并没有以武装斗争这么激烈的手段去争取的动机与决心。而且，打从一开始，就笼罩在对抗"赤色分子"的疑惧中，开诚布公的合作既然不可能，遂只有暗中较劲的消极反应以及收拾残局的准备。

接下重任的庄垂胜，在米荒的情况下，向市民商股募捐粮食，发动妇女会及女学生出来服务，利用台中师范学校的十几口效率甚高的蒸汽饭锅，每日准备饭团，供应民间武装队伍与被集中看管的外省人士。谢雪红是否有足够的社会关系，能筹措这么多资源，安顿成百上千的民间武装队伍，诚然是值得存疑及难以回答的问题。3月8日以后，陆军整编二十一师在基隆登陆的消息传到，全市开始动摇，粮食的供应也就发生困难了，甚至沿街可见因恐慌而搬徙的市民，怕事的士绅也开始到乡下去躲藏了。（画家蓝运登先生口述）

3月11日的晚上，台中市时局处理委员会，开最后一次会议，只有庄垂胜以及带着武装警卫的谢雪红两个人出席。庄氏要求谢雪红领"二七部队"撤出台中市，以免波及无辜市民，谢雪红慨然答应。翌日下午，"二七部队"果然开车，撤到埔里，随行队员到底多少？不详。根据二七部队的副官周明所言是两百多人，二七部队的队长钟逸人所说的数字则有数倍之多，另一位参加过乌牛浦之役的二七部队队员陈明忠却说只有一百余人。可以确定的是，此时有许多队员离队返家，正如李韶东所说的："这种民众自发组织的战斗部队，都很松散，没有什么纪律和约束，本来是群众自己找来的，后来人不来了，也没有办法啊！"（李韶东，《二月事件中的台中市》）特别是邻近的彰化、丰原、员林各地的父老，怕惹事，也赶来领回他们的子弟。

日后到大陆定居的谢雪红，据说曾因事件中拒绝与蔡孝乾合作，整合地下党中、南部武装力量，而在台盟（1947年11月12日，参加过二二八的左派人士在香港所成立的"台湾民主自治同盟"之简称）内部受到批判。谢、蔡个人间的恩怨早溯自旧台共的时代，谢不肯合作或许是真的。但事实上，当时谢也指挥不了队伍，武器又在处委会控制之下，"事后诸葛亮"也只能说这是一场美丽的误会。错觉的产生显示出一连串的问题——事件中，全省各地反政府和批判政府方对台中市反对势力不切实际的厚望，事件当中的虚张声势以及事件后夸大不实的英雄事迹报道。

台中市在事件中，虽然闹得最凶，但事件中、事件后的伤亡人数很少。二七部队开到埔里以后不久，钟逸人及谢雪红、杨克煌相继离队不知去向。只有当时方22岁的副官周明（古瑞云）领着二七部队的残余人员与二十一师，在埔里近郊有过一段战斗，后来在孤立无援的状况下，不得已才解散了队伍。

3月13日下午3时许，二十一师开到台中市。林献堂（国民参政员）、林连城（台中市参议员）、黄朝清（台中市参议会议长）、陈健文（台中市国民党党部主委）以及蓝运登（画家、社会贤达）

叶芸芸访问 H 先生，
摄于 1991 年 11 月 22
日（林彩美提供）

等地方上的人物到火车站相迎。小心翼翼地，说一些"惹事的已经走了，留下的都是善良无辜的市民，等待国军来保护"的阿谀话。蓝运登老先生回忆这段旧事，感慨万千地说："人生难免都会有屈辱的时刻。"

二十一师的师部就设营驻在台中市内，比较其他市镇，二十一师在台中市的表现是很有节制的。推测可能与事件中财政处长严家淦在雾峰林家受到保护有关。而且，谢雪红与二七部队已经撤到埔里，地方上的士绅大可以将责任一概推给谢。庄垂胜与杨逵、叶陶等人被捕，都自认必死，却能保全一命。事件后台中市另有近二十人被捕，均在短期内一一释回，但是他们的幸运是绝少的。杨逵生前曾提道："以后我听人讲，调查局有一个比较开明，是我朋友的好朋友，'二二八'之前就来台中。'二二八'时开始捉人，他只捉走私和经济犯，其他人都不动。"（杨逵口述，《二二八事件前后》）这位担任保安工作的 H 氏，有如下的证言："当时我曾要求二十一师直接开进干城营区，驻扎下来，有事故才请他们出来处理。绝不准荷枪的士兵，在市内街头骚扰百姓。我又到图书馆去看庄垂胜先生，他仍照旧在上班，我劝他到乡下避避风头。他却很严肃地回答：'我是台中市处理委员会的负责人，我怎么能逃？而且，我自认没有对不起国家，政府若是不能谅解，这款仔社会又有什么可眷恋的？'"庄果然被捕，在扣押中曾作联自挽，画家朋友蓝运登先生给他送去衣物，庄也对他说："这款仔社会，活下去又有什么意义？"

对庄垂胜以及与他同辈的知识分子而言，日据时代，他们抵抗异族殖民统治，精神上依恃的是对中国传统文化的肯定，特别是儒家思想。政治上，追求的是西方近代议会民主政治的理念。战后初期，他们——具有现代市民意识的社会精英——满心以为"光复"可以实现前半生的理想，固然是过分天真的主观愿望，但是国民党政府官僚接收台湾所表现的腐败，以及处理二二八事件的蛮横暴烈，无异全盘否定他们前半生的执着与付出，这是他们情感上万难接受，现实中又不能不屈服的困境。太平洋战争末期（1943 年），被日本军部征召到马尼拉，担任报纸汉文栏（为安抚华侨而设）编辑的叶荣钟，在致友人庄垂胜的诗中，有两句为"余生只合三缄口，去死犹怀一寸心"。意想不到的是，这两句诗中所表达的，军国主义下被殖民者的绝望与无力感，实在也是他们这一代知识分子，回归祖国以后的后半生的真实写照。

庄的风骨，令 H 氏敬佩不已，因而倾力相救。杨逵生前对 H 氏有过"可以给他立铜像"的评价，在充满仇恨、愤怒与恐惧的年代，这是难能可贵、抚慰人心的故事，毕竟像 H 氏这么理解台湾人的外省籍官僚是不多。

庄的坦然无畏，固然是他个人修养的境界，却也透露了，当时的台湾人，普遍地对大陆政治文化的隔阂与无知。丘念台在 3 月 6 日，致监察院院长于右任的电文说："盖现代化之民而施国内落后之政，久离隔之族而接五十年未习之风……"从日本殖民地时代，就活跃于社会运动的台湾精英、知识分子与地方士绅，面对复杂的中国现实政治，大多显示出这种时代性的局限。因此在二二八事件中就吃了眼前大亏，有很多人失踪或被暗杀。

反而是居少数的共产党人，无论是旧台共或中共地下党人，对自己在事件中处境之险恶，比较有认知与警觉。可能他们在日据下经历过大检举，以及借镜大陆共产党人在白区地下活动之经验，另一方面，他们也有实际存在的组织关系。军事镇压开始，无论是抛头露面搞武装抗争的，或是隐藏幕后做智囊的，都能迅速匿藏起来，或试图出走岛外，估计总共有近百名二二八事件的关系者，日后在大陆定居下来。

起义与镇压

事件之初期，警备总司令部之军事措施，一方面电请中央增调部队，一方面抽调驻凤山二十一师独立团中之一营，及基隆要塞守备队中之两个中队，开往台北拱卫省会。并划定台北、基隆两个戒严区，分别以宪四团团长张慕陶、基隆要塞司令史宏熹为戒严司令，并划定新竹、台中、南部三个防卫区，发表苏绍文、黄国书为该前两区司令，嘉义以南则由高雄要塞司令彭孟缉负责，以承担防务及应付事变。

3月8日，整编二十一师上陆以前，警备总部捏造借口，谎称南部民众武装队伍有进犯台北市之举，宣布再戒严；并在圆山及市区内枪杀无辜学生、市民。

二十一师抵达以后，先控制台北市及周围地区。3月12日，空运新登陆之四三六团一个营至嘉义，以解嘉义机场孤军之围。同时，主力军沿着铁路，向中南部推进，展开绥靖，另一方面，整编二十一师独立团，由团长何军章率领，前往东部，绥靖花莲港、

大武等及东部高山地区。（"国防部史政局"，《二二八事变始末大事记》）

民众死伤最多的是基隆、高雄两个要塞地区，嘉义机场一带以及台北市。厉行恐怖、杀人最多的是基隆、高雄两要塞司令部的驻防部队、宪兵第四团，担任警备总部及长官公署核心警卫的预备队（特务营）以及警察大队别动总队。被杀害之人民，以青年学生为最多，一般民众次之。流氓不良分子，据说有很多被收编入别动总队，残杀民众。2月28日那天领衔请愿队伍的大鼓手周达鹏（似乎周传枝所指的周清波），后来竟名列别动总队的队长。（李翼中，《台湾二二八事件日录》）变乱过程的复杂可从而窥知其一斑。

何汉文监察委员，奉派会同杨亮功闽台监察使到台湾彻查事件。他曾与陈仪、高雄要塞司令彭孟缉、基隆要塞司令史宏熹、嘉义市长陈东生、台中市长黄克立谈话，寻问各地死亡人数，而得到"总计台湾同胞在这次起义中死亡的，最少有七八千人。连同受伤的，估计当在一万人以上"。（何汉文，《台湾二二八起义见闻纪略》）

但是因为死亡被害者，多半为当地士绅、知名人物，无形中扩大并且深化了恐怖感。据事变中在台湾省党部宣传处机关报《国是日报》任编辑的野仆说："陈仪从福建带来的一批军统局特警东南训练班出身的警备部特工人员，却奉命秘密处决各地参与反政府活动的士绅人民。"（野仆，《二二八事件的真相》）此外，当时还"成立一个党、政、军、宪、警的联合特务机构（可能就是党、政、军、宪、警联席会报，简称特种会报），调查进步人士，制造黑名单，到处捉人。（中略）秘密调查参加二二八事件的主要人物，执行逮捕、审讯、监禁、屠杀等工作"。（何聘儒，《蒋军镇压台湾人民起义纪实》监察委员何汉文也说："军事大屠杀以后，接着由党、政、军、宪、警联合实行全面大搜捕，加以秘密杀害。"

全省各地之民众武装，以嘉义地区组织得最好。军民冲突，战斗最激烈的是嘉义机场的攻防战。

嘉义市的骚动是3月2日开始的，殴打外省人，捣毁市长公馆，警察局在民众包围下缴械。3日上午举行市民大会，组织处理委员会与防卫司令部。下午，民众武装队伍攻下空军军械库，取得相当多数量的武器，声势大增。晚上，市民占领市政府，外省籍公教人员八九百人，被集中在市党部、参议会、中山堂等地。嘉义市长及一部分外省公教人员，则随驻守军队（二十一军独立团第一营，是整编二十一师派来台湾的先遣部队，在事变发生前已驻守在台湾南部）退入红毛碑。

经昼夜激战，双方死伤惨重。二十一军独立团第一营营长罗迪光，下令炸毁红毛碑第十九军械库，率部退守到水上飞机场内，并向台北警备总部告急。3月6日，柯远芬派机输运弹粮补给，空投在水上飞机场。3月12日下午，二十一军援军空运抵达嘉义，开始反扑，展开血腥镇压，死伤或被捕的青年、学生、市民相当多，但数字不详。

嘉义地区的武装队伍，在其组织形式上公布有高山部队、海军部队、陆军部队、学生总队、海外归来总队、社会总队等等，以及稍后成立的"台湾民主联军"，由张志忠和陈复志两人指导指挥。

激战数日中，嘉义市颇多男女学生出动协助，又有台中、竹山青年赶来参加。张志忠是嘉义朴子人，本名张梗，早年到大陆参加华南游击战争，抗日战争中随陈毅部队转战苏北，升任新四军的团长，1946年初偕妻季沄返台，是中共台湾地下党负责人之一。二二八当中，张志忠曾过访台中的二七部队。陈复志是保定军校出身，抗战中升至国府军中校副团长，战后返台在嘉义，担任三民主义青年团筹备处总干事，成立后任嘉义分团主任。3月13日，宪兵队以卡车载陈复志游街示众，之后在嘉义火车站前广场枪决。其后又陆续有卢炳钦、潘木枝、陈澄波、柯麟等11位市参议员及民众代表被拖到嘉义火车站前广场，用铁丝捆缚成队示众，并加以枪毙。

虎尾、斗六两地青年，于3月2日夜，袭击两地区公署和警察局，取得武器，组成"斗六警备队"，由陈篡地领导。5日夜晚，有斗六、斗南、虎尾、竹山、台中、林内各地青年汇合，编成联合军，向守备虎尾飞机场的守军（三百多名）进攻，翌日守军投降，被集中于林内国校内。3月14日，二十一军由嘉义大举出击，抵达斗六，陈篡地领部队上小梅山中，打了一段时期的游击战。据闻，事变尘埃落定后，陈篡地由其台中一中昔日同窗谢东闵担保自新。

高雄市的暴动，开始于3日晚间，到处一片打"阿山"，市内极为紊乱。5日成立"处理委员会"及"总指挥部"，由涂光明指挥。三青团全部成员参加，本省籍警察二百余人，也携带武器加入民众武装队伍。市内军政机关，悉数被民众占领，官兵七百余名被集中看管，外省籍公务人员均避入高雄要塞司令部内。

要塞司令彭孟缉，曾经下达格杀勿论之令，实施残酷无比的镇压行动以对付请愿、骚乱、起义的民众。驻守凤山的二十一军独立团第二营有一个连，在副营长刘家驹指挥下，分乘四部卡车，架着七八挺机关枪在汽车上，不分青红皂白地向沿途路人扫射，被打死的无辜者很多。（何聘儒，《蒋军镇压台湾人民起义纪实》）

3月6日，青年代表涂光明、曾凤鸣，苓雅区区长林界以及市参议会议长彭清靠（彭明敏父亲），及市长黄仲图前去要塞司令部谈判。谈判破裂后，五人当中的三名代表林界和涂光明、曾凤鸣，未经任何审判，马上当场被枪毙。议长彭清靠被扣在要塞司令部，市长黄仲图被赶下山。驻军从要塞冲下山来——聚集在市政府内，等待市长及代表们回来，商讨地方治安维持之问题的地方士绅三百多位，手无寸铁，竟然受到机关枪野蛮绝伦的扫射。高雄市的杀伐持续了好多天，据说沿着爱河到处都是尸体，爱河的水都变成了红色的。

3月13日，当援兵二十一军一四五师抵达高雄时，事实上高雄市已经很平静，也无"暴民"可敉平了。

基隆以距离近，交通方便，台北二二八当日的骚动，首先受波及。28日当晚，在大世界戏院门前，就发生殴打"阿山"的事情，又有民众袭击警察局，基隆要塞司令史宏熹派出军队开枪弹压，驱散群众，同夜宣布戒严。3月1日的基隆，平日的活动都停摆了，只有荷枪戒备巡逻的兵士到处可见，而不知戒严可惧，仍然出来走动的升斗市民，很多因此冤死在枪弹下。

3月7日，援军不日可到的消息，在基隆、台北地区传开，人心顿时惶惶不安起来了。

3月7日下午，杨亮功闽台监察使与宪兵第四团的两营宪兵，由福州开赴台湾，第二天清晨抵达基隆，登岸以前有一番折腾，港内机枪声阵阵传来。据说，码头工人与青年、学生准备要炸毁码头，以阻止军队登岸。基隆要塞司令部发现20辆装满爆炸物的卡车，停在码头上。（杨亮功，《二二八事件调查报告及处理经过》）

登陆的部队可能预期，上陆时会遭遇武力抵抗，因而在船舰上就开枪射击岸上，要塞司令部也向码头进逼，民众受到双方夹杀，死伤相当严重。

以下四则"见证"，是军队登陆以后之一周间，残酷弹压的情形。

（一）庄嘉农《愤怒的台湾》

闽台监察使杨亮功在宪兵第四团保卫之下，到达基隆时，基隆要塞司令部与宪兵夹攻基隆市民，大炮、机枪、步枪齐响，杀死许许多多的市民，老幼男妇都有。接着，第二十一师到达时，又再大杀一阵，同时基隆市长石延汉指挥警察队到处捕人，捕了数百个"奸匪暴徒"，用铁线串足，每三人或五人为一组，捆缚一起，单人则装入麻袋，投入海中，天天海面皆有死尸浮出，致一般市民，在一个月之间，不敢食鱼介类。要塞司令史宏熹也率领"武装同志"，逐日大捕杀。其屠杀方式，残酷绝伦，二十名青年学生，被割去耳鼻及生殖器，然后用刺刀戳死！

在台北方面：自三月八日至十二日为止，足足杀四昼夜。市民为了买粮外出，辄遭射杀，因此在马路上、小巷内、铁道边，到处都有死人，鲜红的血、模糊的肉，比二二八日更多了几十倍。蒋军抵达台北时，在铁路管理委员会里面办事的三十余名青年一时逃避不及，被蒋军捕获，一律自三层楼上掷下，跌得头破骨折，血肉狼藉，不死者再补一刺刀，无一幸免。

在戒严当中，广播电台天天传达警备司令部的命令：一切公务人员必须立即上班，一切学生必须照常上课，一切工人必须照常上工。但是上了班的公务人员，个个都死在十字街头；上了课的学生都一批批地死在学校门口；上了工的工人都一去不复返。这些尸体都被投入淡水河里，以至黄色的河水都变了红色，腐烂的尸体，一个一个地浮上了水面，其惨状令人不敢正视。

（二）何聘儒《蒋军镇压台湾人民起义纪实》

三月五日，一四六师的四三八团先行在吴淞军用码头上船开台。四三六团随之在一码头登另一只海宁号轮船。

三月八日午前，四三八团乘船开进基隆港，尚未靠岸即遭到岸上群众的怒吼反抗。但该团在基隆要塞部队的配合下，立刻架起机枪向岸上群众乱扫，很多人被打得头破腿断，肝肠满地，甚至孕妇、小孩亦不幸免。直至晚上我随军部船只靠岸登陆后，码头附近一带，在灯光下尚可看到斑斑血迹。

部队登陆后，即派一个营占领基隆周围要地，并四出搜捕"乱民"。主力迅即向台北推进，沿途见到人多的地方，即疯狂地进行扫射，真像疯狗一样，到处乱咬。到达台北的当天下午，又空运一个营到嘉义。嘉义罗迪光营残部在增援部队刚一下飞机场，即配合援军向四周武装的人民进行大屠杀，当场死伤数以千计。

(三)张琴(胡邦宪,即胡允恭)《台湾真相》(刊载于《文萃丛刊》第2期,1947年4月5日出版)

从九日起,台北基隆一律宣布戒严,以便搜缉奸匪暴徒,以后又有警务处长王某宣布国军某师来了,善良的人民,不必害怕,奸匪暴徒们则势须清除,以去害群之马云云。之后市面稍安静一时,但旋即枪声四起。九、十两日全台北市的枪声,有如大陆庆祝新年一样,断断续续彼此地响着。

直到十二日市上才稍安定,这时才获知八日下午国军在基隆登岸,即以机枪队为前锋,遇到市民即密集扫射,基隆死了许许多多的市民,老幼男妇都有。并悉闽台监察使杨亮功奉令赴台调查,由基隆下船,也遭暴徒袭击,某秘书伤手,杨也下令射杀暴徒。台北市在九、十两日,市外人民因事外出,辄遭射杀,因此马路上、小巷内、铁路边,到处皆有死人。鲜红的血,模糊的肉,比二二八日更多了几十倍,这些死者都是台湾人,士兵看到台湾人的怪装束,不要问话,即开枪射杀。遇到外省人则不加盘问。十一、十二两天,在僻静的地方,仍是任意屠杀人民,士兵们说:台湾人不承认是中国人,他们打死中国人太多了,上头准许我们来杀他们,这几天杀得真痛快!

(四)雪穆《我从台湾活着回来》(刊载于《文萃丛刊》第2期,1947年4月5日出版)

十日下午我走出门去,通过步哨的时候,我举起双手来,说明我的身份,那个举枪欲射的卫兵听我的口音是内地人,挥挥手,表示让我通过。我正举步向前,后面远远地来了一个台湾老人,卫兵吼他站住,那老头儿惊恐地站住又向前走了几步,忽然一声尖锐的枪声,从我身旁扫过，我吃一惊，看那老头儿已经倒在血泊中了，而我的心也像中了枪弹一样，说不出那份麻木和痛苦的味道来。

我带着这种心情游走市街，发现大街小巷到处都是被枪杀的尸首，南国的暖阳照在上面，都已经发肿了，而且微微有些臭味。前面有两个军官握着手枪，随时准备放射的样子，在悠闲地散步，向我这边走来，他们打量了我一下，大约看我的服饰和模样，不像台湾人，没有理我。我只听见其中一个对另一个说：

"真无聊，我们找个'肉把子'打去！"我真十分惊讶于他们的这种口气，不禁打了一个寒战，恍若置身鬼窟！

二十日搭火车去基隆，在台北火车站候车的时候，我将我留恋的眼光向这个初经重创的城市作最后的一睹，我看见一辆卡车载运着学生、工人以及浪人模样的青年，由宪兵押管着在街心驰过，许多行人都驻足沉默地望着，然而他们的心里想些什么呢？那批青年又是运到什么地方去的呢？

到达基隆，港口里的小艇正来往穿梭，在打捞浮在水面的尸首，据说这些尸首都是在黑夜里一样用小艇把活人运到港心投下去的。此时有成群的人站在岸边观看，有的老太婆扶着手杖，年轻的妇人提着裙子——大约她们发现了她们的爱子或丈夫，在那里呼天抢地地嚎哭着，这景象真是使人胆寒。

清乡

3月17日，代表蒋介石莅台宣慰的国防部长白崇禧对全省广播，宣称国民政府中央对二二八事件的处理，将秉持和平宽大的原则。粗暴的军事镇压，暂时告一段落。紧接着，警备总司令部下令，全省各县市同时分区实施清乡计划，彻底追究事件之关系者。

清乡之具体内容是"清查户口，检举歹徒，收缴民枪，奖惩等方法，全面同时进行"。全省各县市要同时分区进行，其规模之大可以想象，而其恐怖之处，则在于"连坐处分"，户口清查之后，须办理"连保切结书"，令人民互取保结由邻、里、户长三人为保结人，如被保人有不法行为，保结人应受连坐处分。

清乡表面上由市政府负责主持，实受绥靖区司令指挥，会同当地之军、警、宪，并召集区乡镇里邻长办理之。全省分成台北、基隆、新竹、中部、南部、东部、马公等七个绥靖区。（台湾省警备总司令部，《修正台湾省县市区清乡计划》）

绥靖清乡计划，由警总参谋长柯远芬主持，国防部长白崇禧晚年留下的访问记录，指出柯下令铁腕执行，竟有"宁可枉杀九十九个，只要杀死一个真的就可以"的狂言。柯远芬引用列宁（Vladimir Lenin）说的话："对敌人宽大，就是对同志残酷。"

杨亮功曾经在4月17日，上电于右任院长："此次二二八事件中央宽大为怀，而地方政府滥事拘捕，人心惶惶。拟请转陈中央严令地方政府不得采取报复行动。并须注意下列两点：第一，非直接参加暴动者不得逮捕；第二，处理人犯须依法律程序。"蒋介石亦曾电致陈仪："台湾陈长官，请兄负责严禁军政人员施行报复，否则以抗令论。"陈仪复电："已遵命严饬遵办。"从结果来看，这些电文都只是官样文章，对于在现场（台湾）发生的事情并无任何约束力。

同样地，陈仪在3月16日就发布《告驻台全体官兵书》，明定绥靖期间，尽量避免扰民，绝对禁止官兵借端抢掠、污辱或恫吓良民。但是趁火打劫的，向涉事者家属勒索敲诈的事多如牛毛。据说多为闽、台籍的各派系特工人员所为，警总参谋长柯远芬本身也

左起：陈仪、白崇禧

涉嫌勒索的事情，《中外日报》的发行人林宗贤（板桥林本源家人）与林诗党、吕伯雄、骆水源、李万居等共同被推为"处委会"代表，于3月3日到美国领事馆，请求"将台湾事变真相周知全世界及中央政府，说明台湾人要求改革台湾政治，别无他图"（《杨亮功先生年谱》）。事后林被捕，与台中和平日报社社长李上根同囚一室，据李上根说林家花费很多的钱财才将他赎回。杨亮功则直指柯远芬就是勒索巨款的人，并说"此不过是柯作恶之一例"。（《杨亮功先生年谱》）

3月20日以后，整二十一师全部到达，清乡的工作则自3月21日，在全省各地挨家挨户地开始了，陈仪迟至3月26日，才发布《陈兼总司令为实施清乡告全省民众书》。五月份初见收成效，警备总司令部发布通缉令和一批通缉名单，这批名单包括三十几名事件中各地的活跃分子，被控以"内乱罪"嫌，由高等法院检察官起诉。其中有王添灯、林连宗、黄朝生、陈屋等八人，其时已失踪遇害。军队开始镇压以后，第一批被捕遇害的，可以说都是社会精英。

吴浊流提出过一个疑问："是谁策划把台湾人的知识分子阶级一网打尽的？"据说曾经有一份黑名单的存在，包括二百多名台籍人士，均是各地各界的领导者。这份黑名单是重庆回来的"半山"刘启光、林顶立、游弥坚、连震东、黄朝琴等人所提出的。（吴浊流，《台湾连翘》）

当时的民政处长周一鹗说："陈仪此番到台，原主张放宽政治尺度，绝不随便捕人，尤其是对本省籍人士更应该开明一些。但警备总部和宪兵团以及国民党省党部对所谓异党活动分子，仍侦察不遗余力。"省党部主委李翼中曾经提出一份"异党活动名单"，包括谢雪红、林日高、宋斐如等本省籍人士，以及大陆籍的丁文治（《和平日报》记者）、谢爽秋（《新闻报》特派员）、袁国钦（台南县长）等多人。

晚近，陈仪的班底周一鹗、丁名楠等的著述中，都提到二二八事件发生后，陈仪对整个局势失去控制，军统与中统合流，陈仪完全不能约束他们。混乱中，他们任意闯入民宅，拘捕看不顺眼的人，暗中加以杀害。关于宋斐如和林茂生之死，陈仪曾说："他们（指军统特务）事先不请示，事后还要求补办手续，真是无法无天。"（丁名楠，《二二八事件亲历、见闻杂记》及周一鹗，《陈仪在台湾》）

同流合污的，绝不只是军统和中统，违法杀人作恶的事，柯远芬（警总）和张慕陶（宪兵第四团）恐怕只有过之而无不及。王添灯惨死在张慕陶手上。（苏新，《王添灯事略》）检察官吴鸿麒之死，杨亮功曾查询长官公署、宪兵第四团及省党部，均不得要领，

戴国辉（左）访问丁名楠教授，摄于北京，1991年8月3日（林彩美提供）

其情况之混乱可见一斑。而张七郎父子、施江南、王育霖、陈炘等许许多多死得不明不白的人，他们的死因，恐怕还要一番追究，才能大白。

还有许多外省籍的新闻界人士，也在二二八事件中被捕或被杀。《民报》《人民导报》《中外日报》《重建日报》等报纸被查封。

陈仪离台之前，曾指令周一鹗（民政处长）和徐世炎（贤？警总军法处长）作一总结。但因柯远芬多方推托，不肯交出有关二二八事件的案卷，而未实现。（周一鹗，《陈仪在台湾》）

这一段文字难以描绘，后来的人也很难想象的恐怖黑暗的岁月，死者不能复生，生者毫无尊严地活着。社会氛围也充塞着惊骇。我们无从知晓，每一个夜半凌晨，有多少人被任意逮捕？有多少人未经法律审判就被杀害？甚至死前还要受尽凌辱。他们是地主、士绅、医生、律师、新闻记者、编辑、青年、学生。[1] 他们是人子、人夫、人父，他们也不分省籍。

幸运未被逮捕的，竟相走避到海外及大陆，匿藏到山上、乡下农村里，因而连累亲友的也很多。

3月29日，警总公布"准许参加暴动分子非主谋者自新公告"，虽也有洞察先机者，暗中劝阻涉事青年，勿踏入诱捕之圈套。但是走投无路、不得已而向警宪"自新"的仍大有人在。惊骇恐惧之余，出卖别人以求自保的事，也时有所闻。甚至密告、嫁祸罗织、公报

---

1 据《二二八事件辞典》统计，系为：民意代表、医师、律师、法官、报社负责人、记者、公务员、教师、学生，许多无辜的农民、渔民、工人、商人等。

私怨、借刀杀人、铲除异己、卑鄙的政治诬陷等丑陋行径及恶人的劣根性又原形毕露地横行一时。

曾经任保安工作的 H 氏说，事件过后，台中市的宪兵团，逮捕了二十多人，包括杨逵、叶陶、张深镶、张深切、蓝运登、庄垂胜等多位"文化仙"（日据时代，民族运动的积极知识分子），而他们之所以被捕，多半是受人密告。耐人寻味并值得深思的是，告密者均是昔日的"御用"士绅，战后积极表现爱国而求自保并图掩饰与日帝同流合污的臭事前科，前呼后应紧跟着接收官僚的一些"新"人物。

清乡、自新一直持续到 1947 年的年底。范围一再扩大，竟追溯到日据时代，任何涉有政治案前科者均在追究之内，林田烈、萧来福、李乔松等一些旧台共人士，被迫离开台湾。

一直要到 1950 年的 5 月，二二八事件有关公案才正式公布结案。

"肃匪扫红"已在 1949 年底悄悄地展开。面对存亡挣扎的国民党，在蒋介石的领导下，焦急地要确立在台湾的绝对控制权。5 月 1 日，实施全省户口总检查，5 月 20 日，再度发布"戒严令"。整个台湾在风声鹤唳、草木皆兵情况下，被驱赶着，跨入彻底高压的戒严统治时代。

第三篇

病变的后遗症及影响

第九章

历史的伤痕

台湾的经济在近 20 年来有飞跃的进展，物质生活富裕繁荣，然而在精神层次上却呈现思想贫乏、价值观与道德伦理秩序混乱、是非不明的混沌局面。连应作为社会思考中枢的学术界也不免于思虑不清，未能发挥释疑解难的角色。

　　像二二八这样伤亡惨重的历史悲剧，遗族与整个社会都可谓创巨痛深，然而，过去学界却鲜见有考证精审的资料汇编与见解精辟的论述。从严谨的历史与社会科学研究的观点来看，有关二二八的文章，大体上仍停留在比较粗糙的感性认知的阶段，还没有加以提升，做深刻理性的认知，因而许多史实与观念仍未厘清，陷于错综纠葛、颠倒错乱，久久不得其解，遗族的伤痕也就难以愈合。

　　据我多年的访问与研究心得，遗族的伤痕主要是在二二八时，由于有关当局未经合法的法律程序与公开审判，即滥肆拘捕、枪杀百姓，家人突然无故失踪，杳无音讯，然后就传出被捕被杀的消息。被捕的，想尽办法请托关系说情、贿赂，倾家荡产也在所不惜地奔走营救；被杀的，能收到尸首还算不幸中之大幸，有些连怎么死的、死在哪儿，都无从知晓，更遑论收尸安葬了。在这样的情况下，二二八受难家属除了为骨肉血亲的死于非命悲伤之外，其心理的愤恨不平也难以消除，成为久久不得愈合的伤痕。

恐怖主义的恐怖

最近台湾社会流行谈"白色恐怖"如何如何，但也许是我孤陋寡闻，迄今未见有深度解析何谓"白色恐怖"的文章。现在我不揣浅陋，在此做一番厘清。

所谓 terrorism（可译为恐怖行为或恐怖主义）是指"出于政治目的对反对者行使恣意的暴力"。反过来说，法治国家的国家机关不是恣意而是经由法定程序对个人行使的某种强制行为，则不称谓恐怖行为或恐怖主义；在一般法治国家中，恐怖行为主要是指由私人团体或私人所行使的非法行为。然而，特别要指出的是，政府机关若未经由法律程序或者停止法律程序，对反对者或一般民众滥施强制行为，也就是政府不分青红皂白地滥用国家体制的暴力，也属于恐怖行为或恐怖主义。

白色恐怖

台湾现在一般是把国民党行使的高压统治抨击为"白色恐怖"。从学理上来讲，应该更细致精确地来界定"白色恐怖"。所谓的"白色恐怖"不只在台湾、大陆，甚至在世界各地都发生过，尤其当前很多第三世界的百姓都受到"白色恐怖"的威胁。我们可把"白色恐怖"很精要地定义为：由反革命派所行使的恐怖行为。任何一个比较落后的社会（例如现在的第三世界）执政者在面临民众的叛乱或革命，或者恐惧革命叛乱将如星火燎原威胁到其统治权力而亟思及早扑灭时，就会采用恐怖手段来对付异己，这就是学理上所谓的"白色恐怖"。

行使"白色恐怖"的主体有两种：第一，是政府有关当局；第二，是政府以外的团体或个人。我们可举几个史例来说明。第一个例子是法国大革命期间，自 1794 年 7 月 27 日开始的"热月政变"。在"热月政变"中，由资产阶级所控制而由山岳派（Montagnards）主导的国民公会，把原本执政的革命派罗伯斯庇尔（Maximilien Robespierre）等人赶下台，送上断头台，封闭革命派的雅各宾（Jacobins）俱乐部，并在全国各地肃清雅各宾分子，雅各宾派纷纷遭到监禁、屠杀，造成历史上著名的"白色恐怖"。

第二个例子是 1933 年，德国纳粹党上台执政后，即解散各反对政党，大肆捕捉、扑杀德国左翼人士及其他反对派。第三个例子是第二次世界大战前及大战中，日本右翼政团与军国主义分子进行"一人一杀"的恐怖行动，凡有反对天皇制及军国主义者即予捕杀。

"红色恐怖"

在"白色恐怖"之外，还有"红色恐怖"在台湾鲜为人提及，但却是讨论恐怖主义所不能忽略的。所谓"红色恐怖"是指由革命派所实施的恐怖行为。

这有两种情况：一种是任一革命政权在革命后，政权尚未稳定的阶段，所行使的镇压反革命行动。这同样也可举史例来说明，例子之一是法国大革命时，集结于雅各宾俱乐部的政治势力——雅各宾派——在革命当权后，实行独裁统治，法国波旁（Bourbon）王朝的封建贵族、天主教僧侣教士等反革命分子拿起武器反扑时，雅各宾派即大肆搜捕反对派人士，且不经审判就地处决或拘禁，造成数万人丧生、30万人被拘押的恐怖统治。

第二种"红色恐怖"是由尚未获得政权的革命集团所行使的恐怖行为。例如：在帝俄时期的19世纪60至19世纪90年代，由主张"解放农奴""分配土地给农民"及"知识分子应'到民间去'向农民学习、为农民服务"的民粹派（Narodniki）团体"土地与自由社"中的激进派所组成的"民意党"（Narodnaya Volya），就常使用暗杀帝俄政要的恐怖手段。其目的一方面是为被帝俄政府捕杀的同志复仇，一方面是认为借暴力流血除去掌握大权的头头，则专制政权自然易于崩解，同时也可使统治阶级心生恐惧，放松对革命派的镇压。再者，同样在帝俄时期的19世纪末、20世纪初崛起，主张俄国不必经过资本主义可直接由农村共同体"村社"进入社会主义的"社会革命党"（Socialist Revolutionary Party），也组织有战斗团，使用暗杀等暴力行为，希望借此能从贵族、地主手中夺取土地分配给农民。

恐怖政治下的历史暗影

经过上述的讨论，把"恐怖主义""白色恐怖""红色恐怖"的概念分别予以厘清之后，我们再来谈何谓"恐怖政治"。恐怖政治的一个显例就是前面已提过的法国大革命时，雅各宾左派为了推行革命，而把贵族、地主、教士等旧势力推上断头台的血腥镇压行动，"恐怖政治"的目的就在慑服反对者，使其心生恐惧，服从己方的意志。

为了便于说明二二八混乱时期的恐怖政治，我们可以说，所谓"恐怖政治"就是当政者没有得到被统治者的同意，而对反对人士行使秘密逮捕、暗杀等暴力、威胁行为。这些暴力行为通常由警察、宪兵或军队行使，但有时也以黑道的帮会组织为马前卒。

台湾在经历二二八的大镇压之后，很不幸的，20世纪50年代的"白色恐怖"又接踵而至。1949年国民党在国共内战溃败，仓皇避台。为了巩固在台湾的统治，国民党在台实行近40年的军事戒严统治体制，并从40年代末期开始进行"台澎全区大清洗"，全力搜索左翼人士；数以万计的左翼人士与无辜被株连的民众遭到秘密逮捕、枪杀，那种风声鹤唳、恐怖肃杀的政治气候，令台湾民众战兢危惧，惊恐莫名，形成民众心中的历史暗影。

目前台湾一般较常谈到二二八的伤痕，二二八的历史较多得到平反，而20世纪40年代末期以降的"白色恐怖"则仍处于隐晦不明的状态，"白色恐怖"的受害者仍难以平反申冤，这使台湾的战后史无法有比较完整的面貌，也使民众的历史认知产生偏差，增加了台湾政治的混乱。实际上，二二八与"白色恐怖"的恐怖政治所带给台湾民众的历史暗影是联系在一起、不可分割的。以下我分别就台湾籍、大陆籍、先住民的知识分子各举实例，略做说明。

得罪特务头子，换来十年囹圄

去年（1991）10月9日，在台大医学院基础大楼前，"一〇〇行动联盟"的抗议静坐场面出现了甚为感人的情景。世界级名小提琴家胡乃元穿上"反阅兵·废恶法"的背心，用露天演奏方式给静坐团打气。

有何人真正知道，这场不同寻常的"乐景"背后所回荡着的悲剧性血与泪的故事？

胡乃元是李镇源老先生的外甥已见于报道，但乃元的父亲胡鑫麟博士的一段难以抹消的往事遭遇，却鲜为人知。

二二八事件前，因看病顺序（斯时胡鑫麟在台大医学院眼科任教兼同科主任）得罪王民宁（台湾"半山"，时任职于"警备总司令部"副官处少将处长，二二八事件过程中接替胡福相任警务处处长），被拘禁了三四天。据胡博士告诉笔者，因有被拘禁三四天的经验受到了教训，故一直观望着二二八事件的动向。胡医师的一批常聚在一起宏论世界、国家大事的台大医院的朋友们，早知道轻举盲动成不了大事，但一些年轻朋友却沉不住气，到处乱闯，不但被坏人利用，最后有些人还被捕杀，真是伤天害理、令人悲愤的事。

二二八时，胡医师虽然躲过一劫，但继之而来的"白色恐怖"却降临在他身上。即将动身赴美留学的胡医师被逮捕，最后在火烧岛坐了十年的政治牢。同案的老朋友台大医师许强等人被枪毙。入狱不久，自称情治人员的台籍人士找上了胡太太娘家说，可花钱消灾，李老太太（李镇源博士的母亲）答："我们可以付钱，但要与我的女婿胡鑫麟当场交换。"于是这项敲诈抑或骗局遂没有得逞。

戴国辉夫妇（右一、右二）与叶芸芸（左二）、《美洲时报周刊》副总编辑吴克（左一）访问胡鑫麟博士（中），摄于台北，1991 年 11 月 13 日（林彩美提供）

这一类人的劣根性，不分本、外省籍，当时弥漫了全台湾。恐怖政治不但带来了恐怖、血债，还累积了民怨及憎恶。

乃元获奖（伊丽莎白皇后小提琴大赛奖）后不久，笔者有个机会与胡家聚餐。胡夫人（李碧珠女士）说："我们感谢客家人朋友邱仕荣博士（台大医学院的名妇产科教授），假若没有邱先生把我从台大医院赶回家，乃元可能就不存在了。"乃元系胡医师从火烧岛返家后的"爱的结晶"，当时胡太太已是高龄孕妇，害喜害得很厉害，不想保留孩子，因而去看邱教授。我一方面聆听他们两老的故事，脑际回荡的是，任何恐怖政治都不该让它存在于世，这个信念更是巩固。若是胡老也被枪毙的话，名小提琴家胡乃元从何而来？甚至于我又想及许强医师（他是我建中时代一些同学所崇拜的前辈），许强医师若没有倒在白色恐怖的枪口下，台大内科除了宋瑞楼博士外，我们医学界一定还可以拥有不亚于宋博士的许强名教授。回忆至此，热泪不禁夺眶而出，久久不能自已。

因声名引来杀机的"华侨"老师

胡鑫麟博士还告诉我们夫妇，有关北京人徐征老师的一些事迹。

徐征老师是日据末期至二二八事件前夕，一些已觉醒的台湾爱国、民族主义男女青年所尊敬的老师。据胡老的记忆，徐是20世纪30年代末期，自北京来台北教中文和中国话（北京官话）的。斯时，台北帝大医学院，聘请徐征先生开了非正式讲座的中国语文课程，在此课程中，徐征老师给谢娥、郭琇琮（1950年11月28日，因中共地下党案被枪杀）等人授课，并带他们熟读20世纪30年代的作家鲁迅、巴金、老舍等人的作品。1944年因有台籍人士告密，日本宪兵队逮捕了徐征、谢娥、郭琇琮等人，一直把他们关到日本战败之期为止。

胡老继续说："据我所判断，徐老师根本不是左派人士，更不像是中共地下党人士。光复后，当他教我们用北京话唱《满江红》《义勇军进行曲》等时，他是坐着教，但是当他教我们唱'中华民国国歌'时，却是非常正经，甚至肃然立正的。一些左倾人士，虽然尊敬他的人品，但背后却笑他的保守及顽固。勉强地要给徐征老师下评价的话，我是把他作为20世纪30年代最良质的中国自由派文化人来看待。

"在二二八事件当中，他住在大桥头附近的台籍人社区，徐家不但不曾受到干扰，还受到了一般台湾老百姓的礼遇。他始终并无涉及二二八事件，不过，事变随后的3月15日，徐征被官方机构带走从而失踪。暗算他的原因，被认为有二：第一，他的台籍青年学生们，大部分都是倾向爱国、民族主义的精英，甚至于有一部分是左倾青年，事变中领导了青年学生运动。他们过去愈是抗日爱国，他们对陈仪及长官公署的批判抨击就愈激烈，因而波及徐征。第二，当年，徐征老师属于'华侨'（光复前已在台湾定住的中国籍人士，大部分为福建人，尤其以福州人为主流）界的著名人士，他的学识声望显赫，但脾气相当刚直，不容于当年执台北'华侨'界牛耳的福州帮，是众人皆知的事。我们不排除这是他被暗杀的主要原因，当然，亦可视为私仇公报和争权夺位被陷害的一个不幸例子来看。"

惨遭株连的山地精英

中坜、桃园、大溪一带医学界老一辈人士，都不会忘记角板山一位山地同胞医师林瑞昌先生的名字。记得，他们在日据时代由日本警察强加给他们家的姓是"日野"。光复前，山地同胞出身的医生（台北医学专门学校毕业生）仅有两位，林医师因是泰雅人出身，雾社蜂起事件（1930 年）的善后处理时被日本当局抬出来安抚山地同胞人心，而受过注目。

光复后，理所当然地，他自日野改汉姓为林，同时被推举为山地籍省议员。二二八事件中，许多平地台籍青年都对角板山的泰雅青年打过主意，但都由林瑞昌医师劝止，因此并未惹祸。

没有想到，"白色恐怖"时代却受到中共地下党山地工作委员会组织的牵连被处决。其侄林昭明则因"蓬莱民族自救斗争青年同盟"叛乱案而被处 15 年徒刑。周围的熟人，自"中央日报"看到他们的案情时，人人都在长叹。他们连汉语（包括福佬话、客家话、北京话）都说不好，或根本可以说是不会说，又是山地同胞仅有的几位精英及领导分子，为何不能宽容对待他们？何况，林昭明的胞兄林昭光，日据时代还因在宜兰农校揭起抗日学生运动而扬名一时。

但，人人敢怒不敢言，只好把愤怒及同情的泪水往肚子里吞。

如今，不知林家后裔可安然无恙？惜乎不曾看过任何对他们悲情的关怀及报道。

认同危机

所谓"认同危机"（identity crisis）是由著名的美国精神分析学家埃里克森（E. H. Erikson）首先提出的。他指的 identity，其实有其复杂的正反两面意义，但翻成中文"认同"后，却好像只有正面的意义，台湾一般人也望文生义，习焉不察而有所误解。二二八值得注意的一个后遗症就是"认同危机"。许多 60 岁以上的台籍人士在敞开心胸与人坦言对国民党、国民当局的不满时，常会怒称："我根本就讨厌支那兵、讨厌支那这个国家。"

有这样心态的人，所在多有。这样的心理很可以用"认同危机"的精神分析学理论来加以剖析。

我们且举彭明敏的父亲彭清靠为例。彭清靠在二二八时，担任高雄处理委员会的主席，他率领几位代表到高雄要塞司令部，要求要塞司令彭孟缉撤走在市区射杀民众的巡逻队，并在处理委员会开会讨论改革事宜期间，将军队暂留在军营内，免其外出。不料，其中的一位代表涂光明因破口大骂蒋介石和陈仪而被枪杀，而彭清靠等人则被捆绑监禁，至次日，才被彭孟缉释放回家。彭明敏在回忆录中说："到了这个地步，父亲甚至扬言为身上的华人血统感到可耻，希望子孙与外国人通婚，直到后代再也不能宣称自己是华人。"这种因看到二二八的恐怖政治而对国民党当局所代表的"中国人"滋生怨怼、仇恨心态的中上层台籍人士为数不少，因而造成严重的后遗症。

为何会产生这种"认同危机"？我们知道，传统社会在转化成现代化社会的过程中，都不可避免地会发生传统价值观与现代价值观的矛盾与摩擦，这是举世皆然的。然而，台湾有个特殊之处就是，台湾自1895年割让给日本后，受日本统治50年，遂无缘直接参与中国向现代化道路挣扎求变的过程。日本占领台湾的头十年，用残酷的血腥镇压，屠杀数以十万计平地的汉族系台湾人，扑灭了汉人抗日的火焰；直到1930年，还有山地先住民的武装抗日"雾社蜂起事件"的发生。在初期的武力镇压后，日本采取高压的强制性法律，来维持殖民体制的纪律与社会秩序，台湾百姓遂逐渐地习惯于日本殖民统治的法政秩序，落入所谓的"共犯结构"中。

在这个"共犯结构"中，主犯当然是日本帝国主义者，而台湾住民的中上层则因驯顺地迎合殖民体制，不知不觉地沦为接受其统治的从犯一类的角色。也就是说，台湾住民的中上层虽然受到日本人的民族歧视与各种差别待遇，但只要不以武力对抗，却可在日本所掌控的秩序内，换取现实的部分利益，虽然大部分是属于殖民体制的残渣，但是可借其建立台籍中上层人士本身的生活方式。但值得注意的是，日本统治下的法制与纪律主要是为巩固其殖民体制而设的，并非为台湾住民的福祉来着想，同时，日据下的法制与秩序，也不是台湾住民以本身的主体性去向日本统治者抗争而建构起来的，因此，其脆弱性自不待言。

但相对地，大陆从清末就饱受列强欺凌、压榨，历经辛亥革命、北伐、抗日战争等挣扎求存以建立现代化国家的痛苦历程，始终处于动乱不安中，既谈不上什么法治，社会纪律也几乎荡然无存。而光复后来台接收的官员与各色人等，除了少数是具有现代化社会意识、识大体、明大局的人以外，多数是"混水摸鱼、扯烂污、缺乏法治观念之徒"，这在已习于日本纪律严明的殖民体制统治下的台籍人士来看，自然难以接受。尤其经过二二八的非法恐怖镇压与20世纪50年代的"白色恐怖"，这就使一些台籍人士认为大陆人是"野蛮、落后"的，不值得与之认同，相形之下，反而认为日本是比中国进步的现代国家。

本来，在日本的"皇民化"、同化政策统治下，台籍人士已存在有认同危机，在光复后，亟思回归认同中国，但这一认同在尚未善加建构成熟前，就因发生了二二八与接踵而来的50年代"白色恐怖"，而遭受到莫大的心理挫折，遂使台人鄙视大陆人，加深了认同的危机。这个问题至今仍未厘清、克服，致滋生诸多争端，统"独"争议的症结之一，可说就在于此。

本来，台湾光复后有两大课题：第一，是整个中国，包括大陆与台湾都必须从传统的社会迈向现代化的社会；第二，由于有受日本殖民统治50年的特殊历史因素，台湾还必须在生活方式与价值观念上从日本回归中国，也就是必须经过认同的重建，以与大陆携手同步建立现代化国家。很不幸的是，光复后不久即碰上二二八与50年代的"白色恐怖"，遂使一些台籍人士未及建构好对中国的认同，从而错误地认为日本帝国主义遗留下的价值体系比中国的要来得进步，而予以肯定。殊不知未经台人向日帝抗争从而以自主性建立的价值体系及法政体制是脆弱的，也是不可取的一种虚构而已。

因此，我一直主张，我们应该站在中华民族的主体性立场，来好好思考、处理这个问题，才能真正解决认同的危机。只可惜国民党来台后，为了巩固政权、对抗中共，实施全世界最长的"戒严"体制，使台湾社会很不透明，社会正义经久不得伸张，从而加深了认同危机的裂痕，以致认同危机迄今仍未很好地抚平及解决，遗留下许多问题。

"戒严文化"的病理

当前台湾社会的整合一直不太顺利，国民党与民进党都在争取整合的主导权。执政的国民党希望透过改革来赢取民心，但内部的分歧仍难弥合；民进党内的激进派虽想以"台独建国"来整合人心，但始终困于内部派系之争以及建构不出具有说服力的一套理论。对这些纷争，我们可从"戒严文化"的病理来观察、分析。

如同前述，一个传统社会在转化为现代社会的过程中，不免要发生纷争与摩擦。由传统而现代化须经过七个过程：1. 都市化；2. 识字率的普及；3. GNP（国民所得）的提升；4. 广泛的地理与社会流动性的增加；5. 比较高度的经济的工业化（也就是产业结构的升级）；6. 大众传播媒体网络的发达；7. 全民广泛参与政治或非政治的各种活动。台湾目前在前六项都已有不错的成就，但第七项的民众参与问题则仍颇为棘手。

前阵子逼退"老贼"，要求全面改选"国会"的呼声是民众对政治参与渴望的一种表现。目前台湾"朝野"两党都同意"台湾二千万人命运共同体"的说法，但这个"命运共同体"是要故步自封转化成"台独建国"呢？还是向前逐步发展成"中国人命运共同体"？则众说纷纭，莫衷一是。主张统一者，在统一的时机和方式上尚有所争议；而主张"独立"者，对与大陆未来的关系该如何处理也有分歧。这些争论目前都已摊开在民众面前，答案最终还是要由民众来选择。

但要让台湾民众能做出妥善的选择，事实上还有诸多课题要完成。目前，台湾社会整合的不顺利与统"独"争议的扰攘不休，一方面是由于二二八与20世纪50年代"白色恐怖"造成省籍的隔阂、猜疑，从而影响到对国家的认同与忠诚度；另一方面是由于台湾尚未成熟到完全由传统的社会过渡到现代化的社会，换句话说，近代化市民意识尚待培育，因而对地域的忠诚度犹高于对国家整体的忠诚度的状况仍在，故发生地区性利益与国家利益的矛盾时，仍片面强调地区性利益。这也是台湾统"独"之争的症结之一。

台湾在物质方面的进步虽已逐渐接近现代社会，但在民众中仍存有认同危机、"戒严文化"所遗留下的余悸，仍不敢为20世纪50年代"白色恐怖"中的冤假错案翻案平反。也就是说，虽然形式上已解了严，但遗留的病理仍未解决，亦未被全面性地克服，社会上仍有一大片不明朗、不透明的部分有待揭明。我深信只有台湾"朝野"合力弭平二二八遗族的伤痕，化解认同危机、克服"戒严文化"的病理，台湾才能妥善地解决今天所面临的各项政治、社会难题，进入一个更合理、美好、和谐的社会。我衷心地殷切期待这一天的早日到来。

第十章

省籍问题与

语言问题

经常撰文批判南非种族隔离政策，为打破南非种族歧视而不遗余力地奔走呼号数十年的南非白人女作家内丁·戈迪默（Nadine Gordimer）去年（1991 年）获得了诺贝尔文学奖，这是饶富意义的一件事。这显示整个世界潮流是在朝向消除种族藩篱、化解族群隔阂。然而遗憾的是，我们台湾岛内的政治人物，不论是国民党保守派或在野的激进右派，却经常为了本身的政治利益而利用省籍情结，加以扩大。因此，台湾社会到现在仍屡见一些社会现象被泛政治化，像省籍、语言问题就被无限上纲变为低层次的政治问题。

　　在台湾，语言、省籍概念已被情绪化，失去了理性层次的认知而成为抽象的概念、符号，造成概念先行，却鲜有人能深入加以分析，抓住问题的本质。尤其省籍、语言涉及敏感的统"独"问题，更使其纠缠难解。一般老百姓因没有充分的时间来思考，因而受到误导、左右者，所在多有，但我们相信，真理是愈辩愈明的。我们有必要将这些问题厘清，期待社会大众能逐渐弄清问题的本质，从而提升他们对政治认知的境界，庶几可消弭台湾的省籍矛盾，走向更和谐、更民主的社会。

为图政治目的的省籍划分

所谓"本省""外省"的省籍观念，其实并不只在台湾才有。中国的幅员辽阔，各省份、地区都难免有地方本位主义。然而，这种本来是由地理上的区分造成的，属于文化人类学上具有相对义涵的概念，在台湾却因政治因素而把它绝对化了。有些"台独"人士或本省人不自觉地把外省人视为没有区别的整体，其实所谓"外省人"是由大陆各省份的人组成的。居于国民党政权核心的还是以江浙人为多数，在核心之外的还有河北、河南、山东、江西、蒙古、新疆、西藏等各地方的人，他们之间具有宗教信仰、饮食习惯、语言表达、生活方式等等的差异。

目前极力鼓吹"台湾意识""台湾人意识"，怀抱"台湾人出头天"的强烈主观愿望的"台独"人士，常把主观愿望当作客观事实，以主观企图代替客观规律，但主观愿望和企图毕竟不能代替客观事实和规律。例如："台独"把战后来自不同地区的大陆人，一概不加分析地视为同质的所谓"外省人"，激进派的"台独"否认台湾人是中国人，甚至把由福建、广东移民，口操闽南、客家语言的海外华侨也列为不同于台湾人的"外省人"、中国人，与其划清界限，忘记了自己的祖先也同样是自福建、广东两省移民到台湾的。这种观点的荒谬自不待言，也成了存在的社会现实，不过，社会现实却不等同于历史的真实。这是要明确予以区别的。"台独"所谓的"台湾人"指的是什么？最早搞"台独"运动的廖文毅提出的"台湾民族论"是说，汉人、台湾少数民族与西班牙人、荷兰人等经过400年的混血通婚，已产生出"不同于中国民族的台湾民族"。近年来有些"台独"人士则用近代民族理论主张台湾自清末甲午战争后割让给日本，至今与大陆已分离90多年，形成了"独特的、不同于中国民族的台湾民族"抑或"不同于中国人的台湾人"。

事实上，所谓"台湾人"的称呼，在日据时期不论是文字上或口头上都很少有，这是日本人在台湾实行歧视、差别政策所致。当时李王朝所代表的朝鲜半岛，整个国家被日本明治国家所并吞，日本人为消除其国家意识，故避提"朝鲜人"而改称"半岛人"；同样的，也称非日本人的台湾住民为"本岛人"，或常带侮辱性地骂汉族系台湾住民为"清国奴"，为此还常引发汉族系住民与日本人的冲突。

但"台湾人"这个概念在战后，特别是经过二二八事件及白色恐怖期后逐渐成形。除了被当作区别和抗拒"外省人"的对立性称呼来用外，大众媒体也开始使用。使用"台湾人"的概念本无可厚非，因为任何一个概念都是某一个特殊时空环境的产物。例如："日本人"这个说法也并不是像现在日本人说的古已有之，是到了明治维新十多年后，才被提出来的。特别是在中日甲午战争后，日本统治集团，趁其取胜"大清帝国"的良机为了强化日本人的民族意识，以利其推行军国主义，才刻意宣扬"日本人"的国民意识，并以资塑造其日本民族意识。

"台湾意识""台湾人意识"可说是"台独"为了他们所企图的"建国"而刻意鼓吹的。不过，到目前为止，"台独"内部对"台湾人"的概念仍未发展成熟，仍未整合成一个完整的概念。例如：由于"台独"的主体是闽南（福佬）人，他们基于"福佬沙文主义"，所谓的"台湾人""台湾话"常不包括客家系台湾人与台湾的客家语。事实上，台湾的先住民（山地山胞与平地山胞）自认为自己才是台湾真正的开山鼻祖，是正宗的台湾人，但闽南系的"台独"主张者却以正统台湾人自居，多不愿承认先住民系台湾人的正统及优先正当地位，不愿承认这一主观愿望所不能掩盖、抹杀的客观历史事实。

近代国家主义的滥觞

　　省籍与方言的问题可用理论的思维来加以考察、厘清。所谓省籍，通常是指出生地或父系所从出的原籍——祖籍。而方言常指自小向母亲学来的语言、词汇，也就是所谓"母语"。母语固然基本上与血缘有关系，但也不是完全可由血缘来决定。例如：笔者是客家系，我的内子有四分之三的闽南系和四分之一客家系的血统。我们出国得早，在日本结婚后，生育的三个子女的母语则既不是闽南语、客家话，也不是中国的普通话＝标准语，而是日本话。由于我们夫妻忙，子女大都由幼儿园、小学、电视与日本朋友的接触中学习语言，日本话就成了他们的"母语"。因此，所谓母语，应是指客观生活环境中，多数人所共通使用的语言。这是从学术上该加以分析并厘清的，但通常，甚多人士却自陷入于拟似血缘论来意识"母语"问题。

　　应当指出的是，从客观的历史发展来看，省籍矛盾、方言与标准语的矛盾，不独台湾一地有之，而是世界性的问题。人类历史从法国大革命后，欧洲出现了近代国家（modern state）的形态及内涵，而成立近代国家就必然带来国民（nation）统合的课题。形成近代国家之前的国家，不具社会一体感，缺乏政治的统一体，经济上也没有共同的市场圈；反过来说，要形成近代国家就必须把分裂、分歧、隔离的各个部分整合成关系密切的一个整体。对照来看，中国与西欧的情况不同，中国人的国家意识与西欧市民的国家意识不同，这点常被我们所忽略。

我们若以理性、冷静的态度，做客观的比较考察研究就可以知道，欧洲在中世纪时，其社会权力的秩序在精神世界方面是由罗马教会所统一，而世俗的世界，形式上则由神圣罗马帝国的皇帝维系，但神圣罗马帝国实际上并无实力真正控制各个封建诸侯。神圣罗马帝国皇帝所主张的普遍的权威其实是有名无实，他只能透过分封授权的封建制度，维系其脆弱的政治秩序。因此，中世纪时的西欧是个由封建的诸王侯、教会、行会等多元、分散且多方纠结的传统特权所构成的散漫社会。它要转移成近代国家，就必须用高度集权的绝对王权加以统合，并实行政、教分离。

再看日本的明治维新，是王政复古，权力集中于天皇手中，当时的日本并没有成熟的市民社会，只袭取了西欧的国家形式，却缺乏其实质内涵，因此只能称为准近代国家，有别于西欧诸近代国家。而欧洲则是自法国大革命后，市民社会趋于成熟，市民的基本人权得到保障，议会政治得以实行（当然这些人权并不扩大到其本国以外的殖民地）；而其占主导地位的社会力量则是资产阶级，故称资产阶级的市民革命。日本是在二次大战后，制定和平宪法，规定主权在民，天皇转化为国家象征，不握实权，不参与实际政治后，才算成为近代国家。

中国问题的特殊性

反观中国则迥异于此，有其特殊性。中国毋宁可说是自成另一个世界，发展不均匀，系混沌（chaos）的，尚不具备一个近代国家的内涵。这样说当然容易滋生误解，当年日本帝国主义者就曾利用中国这一客观存在的混沌性政治形态，而声称"中国说不上是个国家"，因此，把"满洲"从中国割裂出去，另搞一个"满洲国"。依他们的逻辑好像是言之成理的，但即使如此，我还是要强调，迄今我们中国人的国家意识仍然与西欧人的近代国家意识有些不同，这一点一定要搞清楚。

中国被世界性的"近代"卷进去后，历经辛亥革命、1949 年的中共社会主义革命到今天，历时 80 年，大陆内部的发展仍不均衡，文盲率相当高，虽然他们努力地经之营之，但交通仍不很畅通，统一的经济圈还不很成熟，也仍未建立起充分的社会一体感。但在政治上，基本上都是高度中央集权（国民党统治大陆与台湾也是用强力的威权统治，国民党到台湾后，能建立起比较成熟的政治一体性，主要也就是靠高度集权的威权统治）。从辛亥革命以来，中国人一直在努力将各种多样性的小社会，凝聚整合成密切相关具有一体感的近代社会。这里所谓的多样性社会与资本主义发达后社会的多元化不同。

所谓的前近代国家的社会多样性是指人民经由家庭、家族、宗族或同乡、语言、宗教等因素形成不同的"群体认同"（group identity），一般老百姓通常只对这些小社群效忠。这样的认同意识，是属于前近代的封建或半封建意识的范畴。要造成一个近代国家就必须克服这些封建或半封建意识，将多数的小社会凝聚统合成一个更高层次的大社会，将人民对这些小社会的忠诚转化为对大社会及国家的忠诚，形成一个近代国家所必备的荣辱与共、休戚相关的国民整体意识，这是由前近代国家发展成近代国家所必经的过程。

这里，应予一提的是，如何给民族概念一个科学的定义？过去"台独"人士常滥用民族的概念，大谈他们的"台湾民族论"，他们谈"台湾民族论"的主观意图，是想借民族自决理论及想学西欧国家建立近代国家的过程，达到他们自认为的"出头天"的目的。但我一再强调的是，主观的愿望绝不能代替客观的事实，就像德国的希特勒曾大灌德国人"日耳曼民族优越论"的迷汤，日本人也曾大唱"大和民族神圣、优越论"，虽然一时满足了德、日人民的虚荣心，造成一个时期的民族规模之凝聚、整合，甚至貌似一致团结对外的一种假象，但也使德、日两国走上法西斯的窄路，不但荼毒了邻近的民族，也使本身遭受创痛巨深的深刻教训。因此，我要特别提出，不能靠主观的情绪、喊口号来制造所谓的"台湾民族"。

民族论的学理与实际考量

从学术的立场来看，所谓的民族可从三方面加以剖析：首先，它是在一定的地域（地缘）共同生活，由有共同血缘的个体构成具有连带关系的命运共同体。任一个体生于某地，成为具某一血缘的人是非自愿而不许有任何选择的，所谓"血浓于水""骨肉情深"似乎是保守的说法，但也显现其不得不然的无选择性。从而，我们可以说，地缘和血缘的共同性为构成某一民族的自然且命运注定的前提条件。

第二，经济、政治、语言、文化的共同性也能造成休戚相关的一体意识。这可以认为系构成某一个民族的历史和社会的另一个侧面。例如：1894 年第一次中日甲午战争，日本即极力宣扬日本民族意识，凝聚全民意识，以举国上下同仇敌忾之力，来攻打民众离心，朝中主战、主和不一，已分崩离析的清廷。但也由于日本对中国的政治压迫与经济掠夺，同时又逐渐地促使中国人在一盘散沙的情况下，形成反日的共同体意识，凝聚成政治的命运共同体。但中国地域过于辽阔，交通、经济仍不够发达，共同体尚不很成熟及健全，未完全具备西欧式近代国家所应具有的内涵。

第三，政治、经济、语言、文化这些民族的第二要件，值得我们留意的是，它是属于可选择的，非命定的"认同"。它与构成民族的第一要件——命定的依据于地缘和血缘相重叠的因素——在形成近代民族国家的过程中所引起的是互动的作用。主导一个近代民族国家的形成，一般来说具有悠久历史传统的地域是由第一要件，但有时也会由第二要件来描绘其远景。其主次关系依具体的时空条件而有所差异。换句话说，人类历史固然有朝向法国大革命后建立近代民族国家的普遍发展趋势，但在普遍趋势下，各国仍因其历史背景、政治、社会、经济等条件的不同而有互异的形成过程，不可以把西欧近代国家当为唯一的范例，将其绝对化，只突出普遍性的导向，忽视了某时空所具有的特殊性招致的限制而一概而论，且硬套而构思，将是不合乎社会科学分析的。

失之偏颇的"台独"主张

　　台湾的民族论问题常被说成是二二八的后遗症，但这点需要科学地加以剖析。"台独"运动的兴起，查究其真正的原因，实在于光复后台胞参与政治的热望受到挫折后，丧失了"自我"所致。这点"台独"人士并不愿承认。他们以"事后诸葛亮"的姿态说，日据时期的林献堂、蔡培火等"祖国派"和台共等左翼抗日分子对中国的认同是错被"祖国"情感所"蒙蔽"，而未能及早建立起认同台湾的"自我主体性"。其实，光复后，一些台籍人士对中国会产生离心意识，是由于当时台人怀抱着素朴的民族意识，盼望回归祖国，但眼见国民党来台接收官员以权谋私、贪污腐化的种种败德恶行，遂由热望转为失望，欣喜化为怨怼，部分台人因而失落了民族的自我认同感，逐渐埋下以后走上"台独"的分离主义运动的"种子"。

　　比如：他们以日本式的观点和标准批评说：中国军队的装备落后，军容不整，兵士打松懈绑腿、穿草鞋、挑锅壶、一副土包子样，远不能与日本军队相提并论——这其实是只看表面现象的皮相之论。社会现象具有像泡沫一样的虚幻性，很多时候并不能直接地呈现其本质，想要对事物有真切的理解，还须联系相关事物，运用科学的理论思维，才能穿透表象，掌握事物的实质。好似，甲午战争打败了清廷以后的日本人，错认了中国人之实质，只自外表观察，认为中国是个无可救药且一片烂摊子的古老国家，不堪一击；中国的国内政治分裂、教育落后、长期性贫弱，官僚之腐败、低效率、不具反抗能力，必定可短期内征服。这个错觉招致日本人在侵华战争中，日陷泥泞、一败涂地之奇辱。

这里，我很愿意把我与早期"台独"领导人同时也是台湾语言学学者的王育德博士，对"台独"问题的一些讨论向读者公开披露。王博士现已过世，所谓死无对证，我虽将力求客观地记述，但由我单方面来追述与他的一些对话，似乎有点不公平。不过，为了厘清"台独"问题，让我们的乡土有更美好的未来，我仍然不得不在此披露。

20 世纪 60 年代初期到中期，由于我在东京的留学生界已小有名气，且为客家人，若加入"台独"可冲淡"台独"运动的闽南系过浓且偏颇的色彩，因此，王育德先生几次邀我入伙，但我都予以拒绝。为此而在东京神田的神保町（著名的旧书店街巷）咖啡店谈了几次（逛旧书店及购买中文书籍而巧遇时为多）。

我问王先生，"台湾共和国"尚未建立，你却先把"台湾话"定为未来的"国语"，是不是过于性急了些？这不是会引起先住民、客家人的反弹吗？王博士回答说：世界上大部分的国家都以多数国民所使用的语言为国语，这点得请你谅解。

我又问：你为何说"台湾话"与闽南语无关？美国是从英国为主的西欧殖民地独立联合起来的，但美国人并不否定英语，东部人尚且以能说正统英语（King's English）为荣，美国人顶多称他们说的是美式英语（American English）。尤其你们根本不考虑先住民的立场，胸襟未免太狭窄了吧！王先生答说，"台湾话"就是已与闽南话不同，"台湾人也不是中国人"，请你也帮忙从理论上建构"台湾民族论"。我则答说，"台湾独立运动"可参考美国的独立运动，但你们的心胸太窄小，恐怕学不到家。

"台独"想剪断与中国文化的联系抑或脐带关系，建立起所谓"独立自主的台湾文化主体性"，但血缘却是无法否定的。我住在东京的二哥看到王育德先生主编的《台湾青年》杂志，也以日本人侮辱中国人以及日据时代"汉族系台湾人"的用语"支那人""清国奴"等骂"外省人＝中国人"，他怒不可遏地拍桌子大骂王育德忘本离谱。目前"台独"的"台湾人"内涵，虽由最狭窄的闽南系台人逐渐扩展到客家人、先住民以至 1949 年以后来台的所有居住在台湾岛上的居民，提出所谓"台湾命运共同体论"，但还停留在只从形式表象看问题的阶段，仍未从上述社会科学的近代国家的形成要件立论。

台籍中上层人士的认同危机

　　王育德先生告诉我，他原来对日本人辱骂"支那兵""清国奴"，在抗战胜利前夕，还不能接受。但战后看到来台接收的国民党军队衣衫褴褛、仪容不整、军纪败坏，遂觉得日本人骂得一点儿也不错。

　　对于王先生的这种以貌取人的形式逻辑式说法，我表示不敢苟同。我告诉他，我们看问题要科学地加以分析，不能凭表象遽下论断。比如：延安的窑洞出来的中共红军，把美式近代装备的国民党军队赶下海，逼迫到台湾来，以及越共的军事装备不如美军，却击溃美式装备的越南阮文绍政府的军队系人皆知的事实。中共与越共的军事配备都不曾有过空军、装甲机械化部队等，远不如国民党和南越军队的精良，但结果是从窑洞和密林里钻出来的共产党打败了住在城市中的当权者。

　　一些较为冷静客观的国民党将领在战败后，曾自我检讨，拥兵数百万又有美国巨额军事、财经援助的国民党，何以一朝冰消、土崩瓦解，败于小米加步枪的中共手中？据我未成熟的看法，可整理如下：第一，当年的蒋介石委员长虽然知道胜利后将面临的大敌为中共，因而力保嫡系军队，以异（红军或非嫡系军）制敌（日本），却忽视了不打仗、不重训练、军纪败坏的军队，一旦有事是派不上用场的。第二，日本宣布无条件投降，但中国军队无一兵一卒登陆日本四岛，打过日本兵；虽抗日胜利，但那只是幸获的"惨胜"而已。国民党的多数人仍然是私心自用，忙着企图扩张自己的地盘以及大捞胜利"劫收"财，不知更不关心大战兵燹，山河残破，人民颠沛流离，一旦胜利，复员建国的前途荆棘多艰。

第三，国民党把惨胜当作最后胜利，二房东的依赖心理作祟，自认为有美国当靠山，笃定可挫败中共军队，阿Q式的思考逻辑弥漫了"国统区"，国民党内斗抢"胜利大饼"日趋激化，铸成失去人心的大错。国民党军队到台湾接收的胡作非为，不过是上述历年积弊、病入膏肓所必然显现之部分病征而已。另外值得留意的，是因国民党当时正与中共抢胜利后的地盘及日本不得不遗留下来的所谓胜利果实，而展开大作战，国共内战已开始吃紧，且视台湾为边陲之地，非中原抑或枢纽之地，所以派了装备、训练俱差的杂牌军来台湾接收。连陈仪都骂为"叫化子"兵的杂牌军系临时拉伕，捆绑一般农民、壮丁，强迫其入伍所组成的，既没有训练，亦没有军纪可言，士气普遍低落，自不待言。有军队之名而无其实的乌合之众，才是其具体内涵。

问题的关键在于其纪律不佳，霸道扰民，不具近代国家军队之实，而非装备不好等等表象可见者也。日据时期日本人对闽南系台湾老妇人缠小脚（客家妇女不包小脚）的习俗非常鄙夷、瞧不起，认为是落后、野蛮的表现。但老妇人缠小脚，是受其长辈尤其是父母、传统的束缚而不得不然的结果，并非她们自愿的，当然罪不在其身。难道你也同样要用日本人的眼光、价值观，追随日本人之后，责骂、鄙视你们福佬系台湾妇女吗？王先生对我的诘问，只有摇头不语。我又告诉他说，你们要搞"台湾独立"其实也用不着强调"台湾民族论"或台湾文化的独特性，台湾的文字、宗教（像妈祖等）都源自大陆，你们如果要以日本的尺码为标准（以及你们福佬系台湾人的精英意识）来搞"台独"，根本与台湾的一般老百姓脱节，肯定是不会成功的。大部分的客家系台湾人不赞成你们以"福佬沙文主义"为核心且极度排外的"台独"运动之外，甚多闽南系台湾人也不至于苟同你们的形式逻辑以及分离主义。虽然，他们对国民党当局有不满和批判。

我也劝王先生说，不要因为自己的哥哥王育霖先生（他是笔者在建国中学时的老师）在二二八事件中被杀害，心存报复，而致感情用事，蒙蔽了理智，搞起"台独"来。就像不能把日本帝国主义者等同于所有日本人民。同样，也不能把国民党员等同于一切外省人，更不该把内涵具有多元性格的所谓外省人等同于全中国人，一竿子把船打翻，统统打成为对立面去，这是极不科学的思考方式。你们要把"台湾话"当作"国语"，这是你们的自由，但你们要不要争取客家人、先住民以及外省人对你们运动的认同和支持呢？像你们这样排外、唯我独尊的搞法，占台湾全住民人口 35％的非闽南系人不会支持你们，而 65％的闽南系人，也未必会人人赞成你们。搞政治不能只凭激情，不断排外自我划清界限，拒人于千里之外，那肯定只剩下你们一伙人，是成不了事的。

其实，像王育德先生般的以日本尺码抑或以貌取人式的形式逻辑，看待问题的台籍中上层人士不甚少，才是问题的症结所在。

有一次，家兄来日本谈及当年的国民党军士兵事，我除了以反驳王先生的上述道理说给他听以外，反问了他：你找儿媳妇时，要不要到"酒家"找化妆甚为漂亮的女郎？外貌当然重要，但并不是绝对唯一的条件。内在不美、人品不佳、欠缺节操，只具有宜人外貌的姑娘你真会要吗？你会只考虑小姐家里有钱，不考虑她家的家教以及她的健康状况吗？看不见的部分才是真正重要也！

消逝的台籍文学界精英

　　吴浊流先生着手《无花果》之前有过访日本，斯时来我宅小住，煮酒论国事兼谈台籍人物光风霁月的事。其中涉及二二八事件的前前后后有关人物与事迹亦真不少。

◎　戴：你善作汉诗，为何不以中文写小说（吴老的小说皆用日文起稿，其大部分的稿本存我书库保藏）？

◎　吴：用中文写小说可真不容易，我尝试过，但没有成功。写小说与作汉诗不同也。不过二二八到 50 年代前半，我们这一代台籍知识分子心有余悸，基本上在政治钳制下度过醉生梦死般、自求多福的沮郁日子。不但停止了学习北京话，甚至以不说北京话，当为对国民党恶政的一种无言反抗的表现。现在想起来，既可笑又可惜，我失去了学习中文的良好年华。哎！真可恶的老 K（暗喻国民党）！

◎　戴：吴老，我非常同情也可以了解你们这一代台籍精英分子的心境，但我不能苟同你们的逻辑。尤其是，把一切责任都往老 K

吴浊流（前坐左）访日时，前坐右者为竹内好，后排左起：
戴国辉、尾崎秀树、鹤见良行。摄于戴宅，1971 年 5 月
3 日（林彩美提供）

身上推的思考及行为模式。我曾经与叶荣钟先生讨论过有关张文环
先生的事（20 世纪 60 年代在东京，笔者在幕后支援尾崎秀树编写
《殖民地统治下的伤痕文学及其研究：台湾篇》，因而对那一代台籍
文化人的事迹相当关心）。叶老告悉，文环先生在日月潭的旅馆当
经理，不但不愿写作，连北京话及中文都不屑于学习和阅读，对老
K 的恶政痛恶到了极点，苦水只能往肚子吞，不能表露于外。但冷
静一想，他的日文造诣，在我们这一代人来言，可数进五指之内。
不过日文稿件在台湾根本没有市场，送到日本又不一定能找到适当
的发表园地。他更怕的可能是招惹麻烦（政治上的干扰），所以又
可以说他是不敢写作。至于他的汉文素养，等于没有任何可陈的基
础，却是另一面的事实。

我反问了叶老，抗议和憎恶是一回事，但失去写作的意愿、
毅力、能力又是另一回事。毕竟，我们不能把老 K 当为代罪羔羊

（scape goat），借为口实把我们台籍知识分子应该承担的责任及使命也推得一干二净，将自己一切的思考与行为正当化及合理化。找到了代罪之羔羊是非常的惬意，可以自怜、自慰和自欺，但解决不了问题。在台籍文化界，为何找不出矢内原忠雄（东京帝大教授，著有《日本帝国主义下之台湾》，因反日本军国主义侵华而被赶出校园，与叶老相识多年）或鲁迅一类的傲骨。叶老露出稍微无奈的表情说："不多，但我们有赖和，还有吴浊流先生。他在日据末期冒险创作《亚细亚的孤儿》又该数进的呀！"

◎ 吴：嘿！我不算什么，荣钟先生才是伟大，他能用中文写作，虽然他没有文学作品，但有随笔、散文的佳作。他最近还完成了《台湾近代民族运动史》的大著。"国府"政治不但钳制着我们的文艺界，它的高压政策也给台湾的社会科学研究带来不少威胁，因而叶先生虽然是自著，但不得不找上了吴三连、林伯寿、陈逢源、蔡培火等"名流"挂了名，当为共著，唬一唬老 K，免得惹祸。话得说回来，我本来也是对说北京话、学习中文有过芥蒂的呀！ 20 世纪 50 年代后半期，我开始热读《自由中国》，重新认识来台外省人知识分子中也有不少择善固执、狂狷胸怀之士，甚感欣慰。继而与（林）海音他们开始来往（海音斯时在《联合报》编副刊），1964年 4 月 1 日，我还自告奋勇创刊了《台湾文艺》，经历着这些体验，我逐渐地克服了我的芥蒂，只好自笑庸人自扰，恨错了对象。老 K根本代表不了全中国，更不能代表全中国人，我们说北京话、学习中文跟老 K 有何相干？ 不过，话得说清楚，像张文环一类的台籍人士还真不少呢，可叹！

语言的争议

◎ **戴：**吴老，我想插一句，像您，能如此般冷静且由衷反省，已经甚为难得。你们文学界人士注重直觉，珍重感性层次的认知，但我们搞社会科学的最后还得靠理性层次的认知来整理分析。台籍人士抗拒"国语＝北京话"的深层心理因素，还可以指出下列几点。

第一，光复至二二八之间，来台能说标准语的外省人士不多。虽然有魏建功、何容等"国语"学界的一流人才来台，但推行运动尚在筹备阶段，当时的接触面也相当有限。代而跳出来浑水摸鱼者甚多，他们既没有教学经验又不具有真正素养，趁着台籍人士学习"国语"的迫切感而发挥他的劣根性，赚他的钱，骗取他的教席及权位，带给老百姓不良印象。

第二点，当年的台籍人士，习惯于用日本式尺码来判断一切。一开始，他们就无条件地认为"国语"应该是标准的、是一样的。日本国语除了琉球话和爱奴话具有相当大的差异外，"关西辩"（关西腔，大阪、神户等地的方言）及"东北辩"（东北腔，日本东北地区的方言）的差异不甚大。换而言之，日本主要四岛的语言是相通的，尤其自 1868 年开始的明治维新及近代化运动所支撑的标准语普及运动效果彰显，来台日本人"国语"教师，又有夸示"日本人＝统治者"的威信的需要，力克方言腔调而行，带给台民美丽的误解。台民一般而言，不但不具有大陆辽阔及语言复杂的实感，更不知道在辛亥革命后的中国国语制定及普及运动的历史背景，所累积的经验尚浅。

第三点，"国语"本质上具有政治意识的概念。它是在创建近代国家过程被附带创出的一种概念，因而具有高度理想的概念。当行使抑或教授"国语"的有关人士失信于人民时，它所具有的理念亦难免将受到猜疑或挑战。老百姓普遍地对国民党来台机关及人员的多种政策和措施怀有不满时，必然地亦会对他们所体现的"国语"产生恶感及抗拒。虽然它是情绪性的一种反弹，但其纠结却是难于厘清及化解的。

写到此，我还记起，我与吴老第一次（记得是 20 世纪 60 年代前半期）在东京见面时的情景。

吴老愤慨地说："老 K 真岂有此理，阿山能说日本话，留学过日本的算是人才，我台籍人士能说日文的却被贬为日本遗毒产下的奴才，同样是日语，这是什么话？是什么道理？"

我慢慢地解释道：是的，傲慢不讲理的外省人并不是没有。我们都知道，懂日文的外省人中有些是当过汉奸、日帝走狗的，他们光复后急奔来台，隐姓埋名，不外是为了逃避汉奸罪，因而便有需要强调台籍人士的日本的奴化教育吧！不过从学理来说，被强制的日语和自发性去学来的日语，虽是同一语言，但其所蕴涵的意义是有异的。语言，本来只是沟通、传达以及表达意思的手段而已，应该是中性的，但附着于实际政治或被泛政治化时则难免带上价值观念。林献堂为了抗日，光复前，他不学、不说日语。家父能听又能讲日语，但他憎恨日本人抓他坐了政治牢，他也坚持不说日语，假装听不懂，度过了他的日帝时代。当年，台籍人士甚多为了反对殖民统治的"强制"而抗拒日语，但迫于殖民统治下生存的现实，逐渐被"日文＝强势文明及语言"所驯化抑或同化。台籍人士的"母语"逐渐被侵蚀甚至于丑化。特别值得我们留意的是，我们就是能说"母语"，但"母语"＝不管它是闽南语或是客家话，甚多部分是没有字可以来书写的。没有来得及创造自己文字就被征服的先住民，更是不必赘言。

因此，大部分外省人士，只要不属文盲的话，他既能说其中国方言抑或北京话，又具有文字表达能力才是常例。这一类人士学日文，本来就是当为工具而学的。反过来，台籍人士因被日帝统治，学日语是被强制的。姑且不管它的正负价值属性，它是难免带上价值观念的。所以，我才会主张，我们台籍人士应该把日语手段化＝工具化，我们必须克服附着于我们台籍人士所具有日语的正负价值属性，才能树立我们真正的独立自主观念，我们才能从殖民地体制被囚的身份属性翻身，并且才能克服殖民地伤痕，夺回我们自己的尊严。

我们不该持续自囚于日本殖民体制所留下的价值体系，自伤自怜而流于自我丧失之境地却不知自拔。

台湾命运共同体

目前，二二八的禁忌已经解除，激情也日渐消退，该是理性、冷静地面对这些历史课题的时候。省籍矛盾以及"方言与标准语＝国语或普通话"之间的本质性问题急需作好学术性研讨是紧急课题。这几年来，出现了"台湾命运共同体"的提法，不但在野的民进党、"台独"这么提，连国民党也同意这个提法。"台独"方面有这种提法可以说是一种进步。也可以说，老一代"台独"的提法已行不通而有所转换。

不过，朝野双方对这个提法的认知不尽相同，事实上是各有所图。去年底与今年底，"国代""立委会"全部改选完毕，待今年中"宪政"改革完成后，执政党所主导的台湾政治体制改革基本上将暂告完竣，新起的政治领导层在厘清二二八等历史问题，进行政治改革外，更应该提出一个深具前瞻性的发展远景（vision）向台湾住民阐释，何以与大陆统一是必然要走的道路，力图克服前述后遗症，加紧努力整合全体住民的一体感，并落实台湾的民主"宪政"，以资顺利地解决这一历史遗留下来、民族规模的艰巨课题。

第十一章

统"独"争议的

本质与导向

一般说来，我们探讨问题若能掌握其核心所在，即可算解决了问题的大半，就像写论文如能掌握住正确的问题意识，也就是说，知道问题的实质所在及其关键，那么论文也就等于完成了一半。

　　主张"台独"的台籍人士常利用二二八来炒作"台独"议题，他们把二二八泛政治化，在选举、群众集会中，诉诸民众，争取群众的认同、支持。二二八的后遗症被他们转化利用成了牟取政治利益的资本。尚待究明真相的二二八，却已变为"台独"运动的"图腾"（totem），任其恣意套用，变成操纵民众的工具。二二八构成了当今统"独"争议的一个重要因素，何以"台独"人士能够这样长期地利用二二八？如果任由"台独"人士这样把二二八泛政治化，作为谋取私人政治利益的资本，对台湾社会会有什么影响？这不能不令人深为隐忧。因此，很有必要运用理性、客观、深入的学术研究把二二八的真相及本质厘清，庶几有助于解决统"独"争议，并促进岛内社会的和谐和整合。

二二八前后的"台独"主张

　　首先，二二八事件的过程中，到底有没有人主张过"台独"？这个问题颇有争议，可分三部分来说。

　　第一，有一种说法认为，台湾光复时台籍人士中没有人有"台独"思想。这是未经社会科学分析的说法，并不正确。日据时期的台湾社会中有有产的、无产的，有地主、农民、工人，有抗日的，也有媚日的，各色人等，不一而足。台湾人中既有这么多种不同种类、不同阶级和阶层的人，他们的意识、思想也必然各不相同。尤其那些与日本殖民体制合作，获取特权特惠的"御用"绅士、买办，在抗战胜利后，举国弥漫清算汉奸的浓厚气氛中，无不栗栗危惧，深恐被以汉奸、战犯处刑，他们会没有寻求"台湾独立"以避罪的念头，那才真是咄咄怪事。

　　就是在这样的背景下，由驻台日本少壮军官发起"台湾独立"之议时，有些台籍上层人士被牵入涡中（有日据时期曾被敕任为日本贵族院议员的许丙、台湾总督府评议员林熊祥、原日本贵族院议员辜显荣之子辜振甫等人）。此议因遭末任台湾总督安藤利吉告诫严禁轻举妄动而告流产，结果事败被捕，辜振甫被以"阴谋窃据国土"的罪名处刑二年二个月，而许丙、林熊祥则各判刑一年十个月。有关此事件之真正内情，不曾听到有何媒体向辜振甫要求澄清，亦可算是怪事。

第二，二二八后，台湾省行政长官陈仪向当局报告说，二二八事件中台湾有人喊口号、发传单，主张"台湾独立"。这其实是台湾省行政长官公署，为了逃避官方贪污暴虐的失政责任而故意将民众的反抗行为抹黑为"叛国暴动"。像 1947 年 3 月 8 日杨亮功与宪兵二营由福建抵基隆，继续开入台北准备调查时，杨与护送队伍中途遭暴徒袭击。这当然系长官公署有关当局特意演出的一出单元剧，以显现台湾乱民持枪作乱横行的一斑。这不外是借机抹黑台民为"反叛祖国"的另外一举。

第三，在二二八事件中被杀的台大教授兼文学院院长林茂生，其真正死因至今犹为尚未解决的悬案，颇为人所关切。根据我多年前与吴浊流先生谈及的记录整理出来一些，在此披露，备供各方参考。

20 世纪 60 年代中期至 70 年代初期，我为台湾文学界耆宿吴浊流老安排《亚细亚的孤儿》《黎明前的台湾》《泥泞》三部作品的日文版在日本的出版事宜，吴老每次来日时都会在我家住个十来天，其间不免月旦臧否起台湾人物。谈到林茂生时，吴老表示，林茂生在日据时期抗日并不积极，即连温和如初期文化协会的启蒙文化活动，他也并不热衷。为此，吴三连等人还曾在《台湾青年》（请参考吴三连，《给文学士林茂生君的公开信》，日文，登载于同志第2卷第3号〔1921年3月号〕）等刊物上，撰文指责林茂生的不是。吴老分析林茂生之所以消极抗日的原因说，日据时期台湾人士在学术文化界地位被认为最高的，要属唯一台籍担任台北帝国大学医学部教授的杜聪明。反观林茂生，他不只是毕业于东京帝大的第一位台湾人，还获得日本台湾总督府的资助，到美国哥伦比亚大学留学，得到哲学博士学位。他自认为学经历俱佳，比诸杜聪明不但不逊色，且远过于杜，更足堪胜任台北帝大教授，该同享尊荣。林茂生既一心巴望日本当局垂青赏识，畀予高教职，以遂所愿，当然生怕触怒总督府，坏了生平大愿，也就不愿勤力于文化协会的抗日活动。

但林茂生虽已尽力以温和姿态敷衍日本当局，却始终未能如愿。其实，林茂生没有搞清楚，以杜聪明并不特别光彩的学历（由辣手治台的日本台湾总督府民政长官后藤新平创办的台北医学校毕业后，被特许至日本京都帝国大学念得医学博士，再回台北帝大任教）之所以能获日本当局青睐，主要是，当时颇多台湾医生出钱出力支持抗日运动，其龙头为杜之同班同学蒋渭水医师，其影响力特别突出，令日本当局颇为头痛。因此刻意抬高杜聪明的地位，作为样板，以达安抚、收编台湾医界人士的目的，这是从现实政治利益着眼所做的安排。而林茂生一介文人书生，只不过是英、德文的语文教师，无钱无势，抗日运动也不甚有力，用不着列为招安对象。因而林茂生只好停留在台南高等工业学校教授的相对性低位。

一俟光复，林茂生却忙着向百姓及祖国表态，唯恐晚搭了"光复号"的巴士。积极地接受了《民报》社长的"空衔",坐上了《民报》激进少壮派抨击长官公署的"台报轿子"而不自觉。此可列为林受害原因之一。吴老还提及,林茂生大改既往的温和作风,除了参加"国民参政员"的选举外,为了抢做台大文学院院长还与对手有过纠葛。二二八事件过程中,台籍台大教授内部已酝酿争夺台大校长席位之局面。所以,不排除成为被借刀除去的可能性之一,因为,林系既懂英文又是留美的唯一台籍资深博士教授故也。

口述时,吴老再三地叮咛,绝不能在其有生之年发表的是,林茂生与美国人的关系。乍看吴老的遗著《台湾连翘》以下的描述:"《民报》的方面,社长林茂生生死不明。有一种说法是林的失踪并非由于《民报》的关系,而是因林与'美国驻台(副)领事'卡氏有关系,涉嫌参加台湾由美托管的运动。"(前卫出版社,页182—183)。其实,吴老告诉我的内容更是详细。他说,台北有几位年轻人,包括一位林本源家(台湾首富之家)的某君,他们前赴"美国驻台领事馆"请愿。他们推举林茂生为代表,请他以英文表达他们之意愿,斯时唯一能讲流利英文的只有他一个,林且因有教会关系,光复不久就与美加在台人士建立关系,人人认为他方便沟通。其才和人脉关系反而害了他自己,是历史的悲剧。此事被长官公署探知,林茂生因而赔了命;另一位林某却用了家产的一大部分,好不容易才赎回来一条命。

抗战结束后台湾人的地位与立场

　　这里附带提一下，抗战时期台湾人在大陆的状况与战后国府对所谓台湾人汉奸的处理态度。抗战时，台湾人在大陆者除了台湾义勇队与一小部分人在重庆、延安参加抗日外，不是在广东、厦门、上海、北京、东北地区等地任事、经商，就是被日军征用为通译、军夫。一部分台湾人在厦门、汕头等华南一带以及日本沦陷区内与日本人勾结攀附，狐假虎威，借日本人的权势，包赌包娼、开鸦片馆，作威作福地欺压当地大陆人，予人极坏的观感，招来"台湾歹狗"的骂名。这是令人痛心的劣根性表现。因此，抗战胜利后，台湾人成了当地大陆人怨恨的对象，想以汉奸罪名加以清算。

　　对此情形，当年在第二方面军张发奎将军麾下，当少将参议的丘念台先生，最早是向张发奎等在广州的国府上层人士建议说："台湾是甲午战争清廷战败后割让给日本的，台湾人因而被迫成为日本国民，台湾人之到大陆，多半也是受日本当局征召派遣，并非心甘情愿，自动为虎作伥，真正存心替日本当爪牙的，只有利令智昏的一小撮人，因此切不可把台籍人士一概论以汉奸罪。"此说颇得张发奎等人的赞同和同情。

但，在大战后一片乱局的大陆各省，台民因身份不明致遭政军官民歧视并被逮捕之事例频生。丘念台乃于 1945 年 11 月离穗赴渝趁着办公事时，再度为台胞请命，以寻求合理合法的解决办法。丘本人认为，这固然是以解除台胞困难为目的，而实际就是替国府安抚久受日治的台省绅民，使光复后的台湾，能在感情和洽中开展各种新建设。

丘在重庆谒晤蒋介石并向蒋与政府当局者陈述："对于早已丧失中国国籍，而被日人征用致散居于大陆各省的同胞，不能一概治以汉奸罪。当然有些巨奸大恶是要依法严惩的，但是台人文官做不到乡镇长（按：台籍人士，虽然有人当上日伪县长，但是这是个例外），武官做不到团长，实在够不上做汉奸和战犯的资格。在道德上说，他们都是来自大陆的汉民族的子孙，有些人竟然夷夏不明而认贼作父，当然是可以称为汉奸的；唯在法律上，他们根本没有中国的国籍，是不能构成汉奸罪名的。"丘的意见得到有关当局的了解与同情后，被转达至各省有关方面。续后，时任陆军总司令的何应钦也明令宣布台湾人没有侵华战争责任，不能以汉奸罪论处。

事情的开展并不是一切都顺畅的。当丘战后头一次自上海飞返台湾（1946 年 3 月初）时，听到已有十多位台省绅士被长官公署拘捕，还有百数十位列入预定拘捕的名单，包括中部大地主且一度为"文化协会"抗日运动的中间靠右、民族主义派龙头的林献堂在内的不寻常消息。丘继续向长官公署为台民请命，另外，特将不久前向重庆中央交涉有关台民身份和地位的经过以及被日人征用的台民，在道德上虽有过错，但在法律上不构成汉奸罪等论点送交台地报纸发表，这样，长官公署才停止再捉人之举。

不过，国民党中央"各省对前被日人征用的台胞不能治以汉奸罪，如在战时利用敌伪势力妨害他人权益，经受害人指证者，仍应交军法或司法机关予以公平议处"的正式命令，要等到 1946 年 11 月才见其发出（参照丘念台《岭海微飙》）。

在台籍士绅被逮捕，街巷弥漫追究台籍日本走狗，并追打台籍日本警察等买办时，心里有数的在台"御用"绅士等家庭，上下为之仓皇失措。至于有些在伪满洲国、"冀东政府"、汪伪政权等伪政权任过一官半职的台籍人士，自忖难逃当地官民的制裁，力图返台避难。他们以其久历中国官场打滚多年的经验，或以金钱行贿，或者重新勾结来台新官，不但自求避罪，还利用通达北京官话而纵欲营私，到处敲诈，无所不用其极，既可悲又可恨。而在台与日本合作的"御用"士绅则因对大陆的传统性政治文化不明，对政治情况所知又不多，深恐获罪，只有想方设法地巴结逢迎来台接收的党政各派系，以及国府军政机构的官员（包括本省籍自大陆返来之所谓"半山"人士），力谋与之勾结，寻求庇护，而国民党军政官员也就趁机大揩油水，敲诈勒索无所不为。

另外，不能忽视的，却是留在台湾以中道左派立场及民族主义立场抗过日帝的一批人的思维和作为。他们除了批判长官公署的种种不是外，还借光复驱出日帝的大好情势，揭发台籍"御用"士绅们的对日合作劣迹并大加挞伐。

总而言之，在这种情况下，一小撮人士的"台独"思想和主张是难于公开化的。

"台独"主张的萌芽至受挫

"台独"运动其实并非起源于二二八，反而是"台独"人士利用二二八的伤痕，不予科学分析地刻意渲染，激起台人的情绪反射，借以扩大"台独"的群众基础，累积其政治资本。实际上，萌芽中的"台独"思想变为"台独"运动而公开化，主要是因1949年10月1日中共在大陆建立政权，台湾的地主、资产阶级既愤恨于国民党在接收后的秕政与二二八的镇压，又深恐中共跨海而来，损及其既得利益。加以美国在20世纪40年代末期，曾有扶植"台独"取代国民党当局，建立亲美政权以符美国利益的政策，因此廖文毅兄弟才公开地搞起"台独"。

廖文毅、廖文奎兄弟二二八事件时并不在台湾，1948年廖文毅在香港与原日据时期台共领袖谢雪红一伙人合组"台湾再解放联盟"（1948年2月在香港成立）。廖氏兄弟出身云林县大地主之家，又都获有美国的博士学位，自然不能接受中共的社会主义革命，但何以又与左翼的谢雪红等人结盟呢？这一方面是因廖文毅没有料到

廖文毅（右二），摄于归顺国民党返台时

中共会那么快地席卷整个大陆，他们认为中共难以越过长江天堑，国共两党将以长江为界，隔江南北分治。台湾人则应可联合各方力量推倒国民党的在台统治，自求解放，俟后再谋出路。另一方面，当时中共活动经费并不宽裕，谢雪红等人在香港须靠与南洋侨领陈嘉庚关系密切的庄希泉济助，谢雪红一伙以廖文毅富于资财，也有借其资金做政治活动之意。不过，时局的进展迅速，双方不久即因路线、主张不合甚至于谢被中共定为中国人民政治协商会议（1948年5月1日倡议，1949年9月召开）的代表，廖虽一度巴望自己或能得到中共的青睐，但却被拒上榜从而分途发展。

谢雪红于1949年1月间以"台湾民主自治同盟"（台盟）理事身份赴华北，准备参加新政治协商会议筹备会议。但台盟的萧来福和潘钦信因岛内的工作重要（由蔡孝乾领导的中共台湾省工作委员会）和情势判断所致，继续留在"台湾再解放联盟"与廖氏兄弟合作。1949年大陆大势已定后，中共系统的台盟同仁陆续到大陆，另有一部分人被派回台湾搞地下工作，廖文毅、邱永汉等"独"派人士则转移阵地到日本活动。

国民党撤至台湾省前，美国即印发《中国白皮书》（*United States Relations With China*）认其腐败无能已无可救药，遭中共彻底击溃是指日可待之事，因此停止美援。美国将失败的责任全推给国民党，并准备培养亲美人士主掌台湾政权，保障美国的对台控制，以免台湾"落入中共手中"，损及美国在远东的权益。但到 1950 年 6 月朝鲜战争爆发，美国又改变政策，宣布"台湾海峡中立化"，派遣第七舰队进驻巡弋台湾海峡，并重新在军事、经济上援助国民党，以对抗中共。

本来，在台湾岛内，经过二二八事件，不少台人——特别是知识青年对国民党失望、怨愤，但接着他们又发现了另有一个反封建、反帝、反官僚专制、反剥削、反压迫的红色中国之存在，于是由对白色祖国的失望转向寄托红色的祖国，省籍矛盾逐渐被左派意识所克服。这由二二八之后，台大、师院等校学生不分台籍、大陆籍共同发起的反内战、反饥饿、反迫害学潮（1949 年的"四六学潮"是个高潮），即可见一斑。然而，至朝鲜战争爆发后，国民党在美国支持下重获生机，为稳定风雨飘摇的局势，开始以激烈而残酷的手段极力肃清、捕杀左翼人士，台湾进入了"白色恐怖"时期。

海外人士对"台独"主张的影响

　　流亡到日本的"台独"人士在美、日的包庇下，提出混合民族论，牵强附会地说，"台湾人不是中国人"，"台湾民族不是中国民族"，向联合国、美国、日本等国呼吁支持其"民族自决"。邱永汉甚至撰文呼吁，日本人不要忘记台湾人过去是日本人的同胞等奇怪论调。但"台独"的理论既荒谬、贫乏，组织亦散漫无力，1965年，"台独"领袖廖文毅回台向国民党当局"投诚"，"台独"声势大衰。1985年，王育德赍志以殁，跟随其后的一些"台独"人士，滞留日本已失去作用。他们的主张非常偏颇而情绪化，初期扬言要把外省人推下海，而理论又粗糙缺乏坚实基础，无法说服众人，得到共鸣，其力量日益萎缩，不能成事，是理有固然的。

　　早期的"台独"人士多半都很亲日，这是由于台湾人原抱着素朴的爱国心与民族主义，想在回归祖国后参与建设新台湾，甚至于建设强大的新中国。当初以为打败了日本的祖国官员、军队必定是廉能、有纪律的，没想到来台接收的军政人员素质极差，正如曾任"国贸局长""经济部次长"、台糖董事长的汪彝定在回忆录《走过关键年代》中说：大陆来台的接收人员没有是非观念。大陆来台人士极少有人把台湾看作一块需要用心好好建设的中国的一部分，而是抱着抢地盘、揩油水的心理来。台湾人在饱受压榨、不公正的待遇之下，原有的爱国情感及渴望投入建设新台湾及强大新中国的参与感受挫。伤心之余，不免会与日本人在台时相比较，他们觉得日本人虽然专制，但还讲纪律、法律，连撤退的时候都是规规矩矩的。相形之下，战胜的中国显得漫无法纪、官僚贪赃枉法、倒行逆施，"远不如日本"。加以二二八事件中，国民党军警特务常未经审判即滥捕滥杀，甚至还借机敲诈勒索，自然令台人咬牙切齿地生痛愤之心。

"台独"在日本声势日益衰颓后，重心转至北美地区。

这些留学国外的"台独"人士屡屡提起二二八，引为台湾"独立"的论据，究竟是什么原因？这得从国民党的治台政策说起。国民党在大陆时期由于党中要员、干部颇多出身地主家庭，孙中山先生平均地权的土地改革政策始终无法落实，结果，备受榨取、温饱有虞的农民跟着中共搞革命，把国民党赶出了大陆。国民党到台湾后，有鉴于大陆失败的经验，加上台湾人地主与国民党权贵素少有渊源，于是就在美国协助下，进行"三七五减租""耕者有其田"等土地改革，以收揽农民的心；这个政策既可防止农村成为培养共产党的温床，又可利用农民获得土地后的生产积极性增产粮食，确保粮源，才能养活 1949 年后撤退突然涌进台湾的二百多万党政官僚、军人及其眷属。

20世纪50年代国民党之能巩固在台湾的统治有几项因素：第一，用"军事戒严"实行高压，钳制人民的集会、结社、言论等自由权；第二，透过"土地改革"、田赋征实、随赋征购、肥料换谷等农业政策掌控粮源。朝鲜战争后，又有每年约一亿美元的经济援助，使台湾的民生物资基本上不虞匮乏；第三，国民党把大陆四大银行的巨额准备金及外币、金、银类，运到台湾，抛卖出部分黄金，来遏阻了20世纪40年代末期至50年代初期的通货膨胀，使台湾经济趋于稳定。

通常一个政权在实行像"土地改革"这样的社会经济政策，要把土地从地主手上转移到农民手里，都会引起既得利益者极大的反弹。但台湾的地主阶级因见识过当局对二二八的血腥镇压，心有余悸，慑于当局的枪杆子，连吭气都不敢，更谈不上反抗的举动。但当局也不只是用超经济的强制力对付地主的，它还运用经济手段，拿农林、水泥、纸业、工矿四大公司的股票及台当局发行的债券和地主换取土地，于是不少台湾大地主就由土地资本转化为工商业资本，把传统的投资导向自土地转为工业抑或贸易去。二二八及白色恐怖带来的余悸，把台湾中上层人士的精力从参与政治引向经济领域，又值得吾人留意。从而台湾人年轻一代精英往外发展，留在台湾的与壮年世代在台湾经济发展过程中飞黄腾达。这些上层地主蜕化成的大资产阶级还与国民党权贵子女通婚、合资经营企业，融为利益共同体。

然而，大多数的中小地主却没有分沾到这种利益，他们或者成为自耕农，或者成为小业主。他们的子弟有不少到欧美、日本等国留学，拿到学位后，由于国民党在台实行威权统治，而且不像上层阶级的子弟回台后有较好的发展机会，因而有颇多长年滞留在美国、日本不归，就在美国、日本等地成家立业，搞起"台独"运动。在政治上，自 20 世纪 70 年代，日本、美国与中共开始改善关系、建交，美国解除对中国大陆的封锁，台湾一些资产阶级连人带资金逃往北美等地，也成为"台独"的一股助力。千万不能忘记，美国的移民法的改善，保障了他们的居留权，让留美者比留日者方便搞其政治社会运动，因此，20 世纪 70 年代后，"台独"的重镇转往美国。

美国的"台独"人士不像老一辈的"台独"用日本的观点思考。由于美国是个多民族移民国家，且是由白种的盎格鲁－撒克逊清教徒（White Anglo-Saxon Protestant，WASP）后裔为主体，从欧洲独立出来的，因此，美国的"台独"人士逐渐不大主张"台湾民族论"，认为同是华人也可像美国白人那样"独立另组国家"，也不强烈主张要把外省人赶下海，而是强调美国式民主的制度与价值观念。由 20 世纪 70 年代至 80 年代，连续发生中坜事件、余登发被捕、美丽岛事件、陈文成返台遇害、林义雄家人被杀、江南案等一连串震撼人心的政治事件，予"台独"抨击国民党当局的口实，给了"台独"发展壮大的良机，美国"台独"的声势因此而大为兴盛。

不过，20 世纪 70 年代后，"台独"阵营中也发生了一些变化，有一部分人士主张与国民党开明派合作促成台湾民主化，搞"革新保台"。因此，"台独"运动与台湾岛内民主运动有了部分重叠，而在中共与美国建交后，台湾党外人士与部分"台独"人士也游说美国国会议员卖武器给台湾。最近几年虽然还有部分激进的"台独"仍主张"台湾是台湾人、台湾民族的台湾",但多数的"台独"人士已比较务实地主张"二千万台湾居民命运共同体论",这就使"台独"主张与"独台"的政治现实逐渐有了结合的共同基础。这显示"台独"的主张已脱胎换骨,由原来的"闽南沙文主义"扩大为希望闽南、客家、先住民不分彼此,而外省人第二、三代都能放弃过客心态,认同台湾,融合一体,形成"台湾命运共同体"。这也等于必须放弃过去视国民党为外来政权的说法,因为从逻辑上说,若还认为"国民党是像荷兰、西班牙、郑成功、清朝、日本等的外来政权",那还有何"与外来政权建构命运共同体"之理可言?

　　总的来说,早期"台独"运动相当受日本的影响,而后半期到现在则主要是受美国自由主义、民主政治思想的影响。

揭开"黑盒子"中的真相

　　这里，有必要探讨一个二二八造成的省籍隔阂问题，一般大陆人士很难理解为何老一辈台籍人士会那么亲日？对外省人会有那么难消的仇恨？

　　其实，台湾光复后，台湾人虽然不像朝鲜人那样激烈地对日本人施行报复，但也同样有殴打日本警察之类的报复行动，台湾的一般人民并不是那么亲日的。问题是，台湾百姓在光复时抱持着素朴的中华民族主义与爱国心，一心一意想参与建设新台湾、建设强大的中国，这些愿望却由于国民党当局来台接收的军政人员贪暴蛮横，欺压百姓而受到严重的挫折，对台湾人心理产生了莫大的冲击。

　　最后，我们得从"社会的记忆"与"社会性记忆"的概念来探讨二二八留下的后遗症。所谓"社会的记忆"，不外是有关的档案、报道文字等。众人皆知，二二八一直是政治上的禁忌，不但不能谈，更不能有学术研究，因此"社会的记忆"也不曾有过公开性的出土与介绍，当然就谈不上活用"社会的记忆"，来求其事变全程的真貌。事变的真相被锁在"黑盒子"中，后遗症只好累积，病入膏肓。有关二二八的神话、虚构、传说之类难免丛生且横行。任何民族、社会都会希望追索自己的历史，填补自己历史的空白，这就需要靠"社会的记忆"为基础来建立起信史，否则会由于资料的残缺不全，造成历史被曲解恶用，使社会上对历史的认识产生偏差影响到"社会性记忆"。

现在甚多台籍人士包括年轻一代，普遍搞不清楚二二八，常常被误导，只是听说二二八是"外省人＝中国人＝国民党"杀了台湾人，而一些外省籍人士也还误解所有台籍人士都恨外省人，所有台籍人士要搞"台独"。这些都是"社会性记忆"偏差的表现。例如，有次在被杀的美籍华裔作家江南的礼品店里，碰到一位"军统局"的退休干部跟我说："我离开台湾后，不会再回去了。军统给人民的印象很坏，特别是二二八时，我没有做过冤枉人的坏事，但二二八如翻了案，军统的人一定会被杀。"这位外省的"军统"干部因恐惧遭到报复而逃到美国。但有趣的是，"台独"人士在二二八问题上只指责彭孟缉或一些外省人，对当年担任"军统"要职的台籍人士如刘启光、"军统台湾站长"林顶立等人，在二二八的角色责任，却只因为他们是台籍就不予追究了，这其实是很偏颇的心理。

我们研究二二八，应不带有色的眼镜来看问题，把历史的归于历史，不论是"军统""行政长官公署""警备总部"都是当年客观存在的治台权力机构，它们当年如果犯了错，错在哪里？其结构如何？都应认真地给予客观的研究，而不是笼统地以偏差的"社会性记忆"加以指责、批评。我们还是保持"恨事不恨人，可恕不可忘"的原则，来做好二二八研究才是正道。

这种错误、不正常的"社会性记忆"偏差，是值得严重正视的。我们已多次言及，光复随后，台民因素朴爱国心及民族主义受挫，招惹自我丧失及心理挫伤的情境；本来这一类"社会性记忆"可以随时间的流逝而有所冲淡，但两岸交往的断绝阻碍了台籍人士对大陆正负两面的真貌认知的机会，更不幸的是，国民党有关当局一连串的失政，不但没有能够纠正被歪曲的"社会性记忆"，还给"社会性记忆"添加了甚多不正当且负面的因素。

有识的外省籍人士，一直感叹为何台胞不爱中国甚至看贱中国及中国人，反而有亲近日本人的趋向，有时又会盼望"儿不嫌母丑"的社会公理适用于台湾同胞。台籍人士有其草根性情结，而且先是受日本的"近代主义"（Modernism）价值体系影响，后来又被欧美生活方式与价值观所浸染，却鲜有人能自觉地反思，并加以批判，因而自因于美、日意识形态的樊笼中，无法脱出困境。但非常遗憾的是，外省籍的有识人士对台籍人士的草根性情结与思想困境也不曾有所厘清与关怀。

甚至，我们往往也可见到一些外省籍的有识之士，一方面有从形式逻辑出发的大一统思想，一方面又执迷于浮面的欧美生活方式的价值观，两者混杂为一，成为其至上的价值观，与台籍人士一样陷于无独立自主性思考的窘境而不自觉。

"儿不嫌母丑"的公理，只能产生在自幼与母亲生活在一起，不管酸甜苦辣，母子都能在同一环境共享荣辱的条件下培育。一个自幼就被隔离半世纪，被军国主义、资本主义之仇家＝日本夺去养大的孩子＝台湾，一旦回到自己的家＝光复回归祖国，当初渴望投入慈母怀抱的赤子之心是天经地义。

不待半年，母家的来人却不是台湾同胞所期待的。虽然被养家歧视榨取过的台胞，他们近 40 年（头十年，日本帝国主义也血腥镇压过台民）却是在有法律、有秩序、有纪律下度过了自己的生活。虽然，那些都不是台湾人基于自主性所争取以及所定下来的，但惯性是可怕的，人人都有适应环境的潜力，不习惯将被驯化为习惯。

被割弃的台湾孩子，回母家时正逢乱时，既不习惯，心理上又不曾有过准备，目击了人心险诈莫测、争权夺利、纵欲营私、无法无天、无所不用其极的母家来人，有何理由不生可憎、可悲、可怕之情？

恨事不恨人，可恕不可忘

二二八事件过程，失去理性力图泄愤的"暴民"，唱着日本军歌，挥舞日本武士刀，大声以"支那人""清国奴"叫骂，乍看是既可恨又荒谬。但，被夺去语言以及表达手段的台人（日帝推行"皇民化"运动，不只是压抑了台湾闽南语的整合性现代化，同时又阻碍了中国标准语＝北京官话在台湾的普及），难道他们可借唱些闽南情谣、客家山歌来为己打气，对抗贪官污吏吗？虽然是不伦不类之举，却是值得有识之士谅解及同情的。绝不能把那些"反常"之举动一概以日本遗毒来蔑视，甚至于认为台籍人士都是亲日，都可能搞"台独"。这一种认知的鸿沟急需填平，彼此之间没有互信，不知相互安抚及关怀，哪能有化戾气致祥和的一天？

二二八的血腥镇压，部分军特人员还借机敲诈勒索的一些怨怼已逐渐谈开，但继二二八而起的白色恐怖＝扫红大整肃却少被谈及。其实二二八事件的后遗症是应该把"白色恐怖"的牺牲者联结起来探讨才够全面的。

在二二八事件过程失踪的外省人士向来甚少受到关怀，而倍于其人数不知凡几的"白色恐怖"牺牲者更不曾被正面探讨过。因为外省人在台既少有亲属，台籍与外省籍之间又有隔阂，外省人被杀、被关，台籍人士多无所闻。但台籍人士有家属亲戚，一有风吹草动即传扬开来，这就形成一种错觉：好像只有台籍人士被迫害；其实外省籍被害者在"白色恐怖"期间要来得更多，更加深了省籍隔阂与仇恨的"社会性记忆"。

对二二八的善后问题，我觉得二二八中很多不明不白被冤枉杀害者，应使他们的牺牲有助于台湾的民主化。遗族的最大愿望应是平反其冤屈，当局在物质上应给予补偿，至少在工作、升迁各方面要给予公平的待遇，不能再视其为叛乱造反的家族。若不给他们抚恤、公平的待遇，"台独"人士就会趁机利用其情绪上的不满，继续鼓吹"台湾人意识""台独意识"来搅局，累积"台独"的政治资本。

一部分台籍人士确实具有仇恨并藐视"祖国"及其来人的偏见，这千真万确是绝对的错误。

日本帝国主义的"历史殷鉴"，还不值我们台籍人士学习的吗？打胜了甲午战争以降迄至二次大战中的日本人，错认了中国及中国人，认为中国根本国不像国，不堪一击。自殖民台湾一直到七七全面性侵华战争，他们的知识界总是藐视着中国及中国人，最后只好吃上了两颗原子弹自取有史以来的奇辱。

美国人败于越南的经纬亦足以给我人当作历史教训的。统也好，"独"也好，两者都不是只靠喊口号就可以做得到的。

我认为，对二二八事件无须夸大更不容掩饰，把它的真相公布，该道歉的道歉，该补偿的补偿，竭尽我们之所能，一起来克服二二八的后遗症，化戾气致祥和以共寻觅更美好的明天。二二八的后遗症，若不及时加以矫正，而任其恶化下去，继续成为政治野心家利用的政治资本，则将有碍于台湾的社会和谐，台湾的民主化也将难以落实。因此，台湾官方应尽速全面地公开二二八资料，供学界做理性、深入的研究，使人民认识二二八真相，恢复正确、健康的"社会性记忆"，果能如此，台湾的民主、和谐方有厚望焉。

第十二章

建碑风尚的
光彩与陷阱

冷战结束后，东欧和苏联发生了风云莫测的激变。一些历史事件重新翻案，一些政治人物也被重新评价，过去密不可外泄的官方档案、资料因政权的转换逐渐公之于世。用理论的思维来看，这意味着新秩序的建立与价值观的重整，同时也带有人类共同的愿望，那就是要力求填补罅隙，不让历史留有空白。过去受压抑、委屈者借政治的变革，要求平反冤屈，还其公道，并将怒气发泄在具有政治象征意义的铜像、塑像等政治性纪念物上，造成政治性纪念物的"受难"季节。最典型的是，苏联八月政变失败后，列宁与KGB（克格勃）创始人捷尔任斯基（F. E. Dzerzhinsky）的铜像被拉倒、击毁。

　　在普遍发生而易于察觉的"受难"形式之外，还有一种情况是"受辱"。一般发生在政治气候有所转变，但没有达到彻底的变革，政治上仍有禁忌或顾虑的地方，一些对过去的政治强人不满者或者用喷漆等丑化的方式，偷偷摸摸地对政治性纪念物侮辱一番，以泄其愤，或者是用移走铜像、减少其存在数量等迂回的方式表达鄙弃之意。在台湾也曾发生过政治铜像受辱的事情，而最近台北县县长尤清聘请师大教授林玉体担任台北县教育局局长，林玉体就表示有意拆掉县内所有的政治铜像。

政治纪念物的兴建风潮

在拆毁铜像之外，台湾也兴起了另一种流行，那就是许多县市掀起一股为二二八立纪念碑的风尚。除了嘉义市已于1989年8月19日建碑落成外，宜兰县县长游锡堃、屏东县县长苏贞昌也都正在推动建碑。既谓之"时尚"或流行，即表示会继续扩大，波及其他地区。

我们该怎么看待这种二二八建碑的风尚？

在论到正题之前，我想先回顾一下往事。1987年《中国时报》记者越洋电话采访我关于建立二二八纪念馆的意见，我当时即表示反对。何以故？1955年11月我到日本留学后，即着手广为搜罗、整理二二八的资料，30多年来所看的材料不可谓不多，我深知若要建纪念馆，实在也没有多少东西可摆，因此，并不赞成建虚有其表的纪念馆。

再者，我看近几年来"台独"或台籍知识分子的活动，常是夸夸其谈，打高空者多，少见有实际的作为；像杨逵在世时，说要在东海花园建图书馆，杨逵去世后又传说要建杨逵纪念馆，喊得震天价响，却又不见影迹。已建成的钟理和纪念馆，我曾特地南下参观，但徒有硬件空壳，内涵却极为贫乏，不够充实，似乎在"硬件"建成之后，热情已消退，后续无力，就置之不理了。可见有些台籍知识分子徒尚空言，言不顾行，行不顾言，不甚为自己的言论负责。因而，我对建立二二八纪念馆不表赞成。我认为，要建就应使其内容充实，名实相副，但实际上由于纪念物极为有限，很难落实。

我虽则反对建二二八纪念馆，但对建纪念碑却颇为赞成。原因是建碑可收惩前毖后、警惕人心、不再重蹈覆辙的儆醒效果。像日本在二次大战中，受错误的法西斯主义、民族优越论误导，发动侵华战争，结果非但在荼毒中国上千万生灵、摧残中国半壁江山后，仍未能遂其并吞中国的野心，反而遭到惨败，落得国家残破、人民饱受战争之苦、国将不国的可悲下场。战后，日本人痛定思痛，喊出"一亿人总忏悔"，并有建立"日中不再战"的纪念碑之创举，以期记取历史教训，谋求中日世世代代的长相友好，永远不再启动战端，确保两国人民的友谊与福祉。同样地，台湾若能建立二二八的以史为鉴、不再流血的纪念碑，既慰亡灵，又可促进民族内部的和谐、团结，则我是乐观其成的。

如今，嘉义的二二八纪念碑已经建成，且受到相当普遍的支持，作为台湾的知识分子且同为二二八牺牲者的亲族的一员，自然备感欣慰。但值得我们惋惜的却在其碑文的瑕疵。从碑文的整体脉络来判读，此纪念碑所悼念的只局限于台湾精英。众人皆知，二二八事件的牺牲者不仅是所谓精英，更不限于台籍人士，难道非精英、非本省籍的冤魂就不需要、不值得去悼念吗？

因二二八事件而受伤害的宝贵生命及其所造成的伤痕，应当在更大的时空及坦荡大度中被吊念、被抚平。为何不能以博爱的胸怀吊念所有的冤魂，把所有遗族及有关人士的伤痕，坦然地物化为自然的呢？

"纪念"的表象与内涵

　　但眼见最近掀起了建碑风尚，却让我不能不深感忧虑，难表同意。我之不赞成这股建碑风，而独持异议，不是为当政的国民党谋或有其他因素，而是基于对台湾全体住民的一片赤诚，有不能已于言者，不得不对流行之见提出逆耳之言。

　　首先，有关在台湾的建碑，我另有个苦涩的回忆。那是1971年的春天，吴浊流老先生访日，住在我们家，他很得意地说，他们《台湾文艺》的同仁有了"吴浊流文学奖"，还在台北内湖的"金龙禅寺"境内建了一座"吴浊流文学奖纪念碑"，他并拿出相片让我看。那时我在想，他的书在日本出版，表示我们台籍知识分子还是有人向日本人提出抗议的；他的汉诗也慢慢出现对日本帝国主义的批判，吴老虽是70老人，但仍然在进步，甚为可敬；但为何突然来了个"大头病"症呢？我向着吴老说："您怎么的，那么忙干吗？已开始怕别人忘记你了。"

　　他老人家望着我，脸色有一点发白，虽然我们正开始饮茅台。

我继续说："为何不叫台湾文学奖或称美丽岛文学奖呢？还盖起石碑来，没有意料到您老人家也患上'台湾知识分子'的'大头病'来，真教我失望。"

我有一点兴奋，追击着说："这一种行径就是台湾知识分子最糟糕、最丑陋的一面，吴老，我不但是在说您，我在批判着，包括我在内的所有台籍知识分子。"

吴老流着眼泪，他哭着："嗳！只要你在台湾，在我身边，我就可少犯错误！真是！"

我内人，端着菜盘子，还踢了我一脚，暗示我别再提了。

但我还是再添了一句："（钟）肇政呢？他没有表示反对吗？"吴老说："没有呀！他们都在敲边鼓。"

后来，我发觉在他的自撰年谱中并未提及立碑之事。这当是吴老可敬之处。

事过境迁，1991 年 3 月底，在一个小集会上见到钟肇政兄。我问他，为何近几年的"吴浊流文学奖"得奖者芳名都没有刻在"纪念碑"上。他即刻回答说："吴老的儿子，在偷懒！"我惊奇地"嘿！"了一声说："吴老儿子，并不是文学界人士，据说只是一位小商人，你们怎么能苛求他？我认为吴家能继续拿钱出来给奖，已经是值得我们千恩万谢的了……"我只好摇头长叹了事。

究竟纪念碑有何意义？这可从原理层次来探讨。由文化人类学中的角度来说，纪念碑可当作图腾来解释，但从辩证的观点看，物极必反，图腾一多其意义即丧失。到处有纪念碑也就等于没有纪念碑，纪念碑如因过于泛滥而失其警示意义，则对台湾民众也就不会有什么好处可言。

再者，历史的事物发展到一定的阶段，往往就会变质，好事也会变坏事。以立二二八纪念碑来说，过去国民党当局将二二八列为禁忌，不准民间研究讨论，也不准纪念、建碑，如今禁忌突破了，碑也已建成，却出现了一窝蜂流行建碑的风尚。尤其现在建碑已变成在野党县长这些政治人物的政治行为。我并不否认他们的主观意图也是出于对二二八死难者的敬意，但我们建碑的目的在安慰冤死的亡魂，代他们申冤，纪念他们的牺牲受难，期望民族内部不再发生这样不幸的冲突流血，如果到处立碑，则所用的土地、所耗费的金钱，不论是由财政公款支出或民间捐赠，从整个社会来看，都是一笔可观的社会成本。本来是大家出诸善意的构想，却可能造成劳民伤财，转为台湾百姓的负担，尤其若由于过于泛滥而致失去其存在的意义，岂非欲益还损、得到反效果？这是呼应建碑风尚的媒体评论者与各界人士所宜深思且考虑的。

这里，我可以举日本的例子来做一个参考。自 19 世纪末以来，日本军国主义的积极对外侵略终于自食恶果，在第二次世界大战结束前，日本本土的广岛与长崎遭到美国以原子弹轰炸，人民死伤数十万，诚为一场悲惨的浩劫。战后，广岛、长崎为不忘战争带来的大悲剧，都设立了极富艺术品位的和平祈念像，以为警惕，并供人参观，追悼亡魂，游客络绎不绝。若是日本人也到处设碑立像，相信其价值以及它的诉求力不会像现在这样受到珍视和有力量。

就纪念物的意义，我可再举一个日本的例子。1982 年，我应邀到日本四国爱媛县宇和岛市演讲，题为"有关日本明治维新与中国"。宇和岛市本身就出了一位明治时代在东京帝大任教，对明治维新后建构法政制度上极有贡献的法学宗师穗积陈重，爱媛县的人民颇以该县能出这样杰出的硕学之士为荣，就想为他建铜像致敬，但遭到穗积本人的反对。穗积表示，他不愿让乡亲仰望崇拜，但愿能做一座桥，让乡亲步行踩过，为乡亲提供通行之便。因而，当地人就依其所愿，为他建了座穗积桥横跨辰野川，成了乡人过路必经的桥。我非常荣幸，讲演完后走过了这座桥，甚受感动。穗积这种踏实、为乡梓奉献的谦卑胸怀，才是中国人最该学习的真精神，所可惜者，我们学日本常只学其形式、皮毛，而未得其精髓，可叹也！

以史为鉴

对于历史事变的反省态度，我们可以把德国与日本做一比较，并从中得到教益。德国与日本都曾是掀起第二次世界大战的法西斯帝国主义国家，他们的侵略暴行使数千万人丧生，数亿人颠沛流离，尤其德国人对犹太人的种族性大屠杀，日本人对中国人乃至亚洲各国人的滥肆杀戮，其残暴不仁令人发指，引起举世公愤。不过，德国人在战后，衷心诚恳地表现了惭忏悔罪之意，除了追究法西斯主义对欧洲世界与世人造成的祸害，表示道歉、赔偿之外，还以深厚的历史科学、社会科学素养，进行深沉的反思、自我批判，把法西斯主义的根源，向自我深层心理做了诚实且深刻的清算，从思想层次上做了历史总结。1985 年 5 月 8 日西德总统理查德·冯·魏茨泽克（Richard von Weizsäcker）在联邦议会就德国败战 40 周年纪念日发表演讲，为德国在二次大战中所犯的过错向全世界道歉。他的演讲被世界各国的媒体以《对过去闭着眼睛的，必将盲目于当今》为题，加以推崇，其全文具有高深历史哲学的智慧与洞察，值得人人三思。去年东西德统一了，法国等欧洲国家原本忧虑以西德强大的经济实力与日耳曼民族的勤俭、优秀素质，若两德统一，版图与人口大为扩张，德国国力更为强大，法西斯主义会不会再度兴起，而不太支持德国统一。但最近我到德国、法国、英国走了一趟，与当地学界、在野势力，特别是访问了法国朋友后，觉得德国已经过极为深刻的反省，应该不会重蹈覆辙。法国舆论又普遍地支持两德的统一并期待统一后的德国能在建构"欧洲之家"过程中，扮演其积极性角色。

反观日本的表现就远不如德国了。日本当局到现在仍不肯为他们在第二次世界大战中的罪行，向中国与亚洲人民表示诚恳的道歉、悔罪之意，只是暧暧昧昧、模模糊糊地说些"遗憾"之类的话。因此，日本如今虽已是经济大国仍旧得不到国际（特别是亚洲曾受日侵略的各国）的尊敬。日本人每年虽然都会在八月的大热天举办纪念广岛、长崎被炸的纪念性活动，包括反战"NO MORE HIROSHIMA"（不愿再有广岛悲剧）游行，但由于他们没有像德国那样从思想层次上，向个人和自己民族的内部进行深刻地检讨、反思与自我批判，因而无法产生具有智慧的历史洞察。他们的纪念仪式也就日渐风化，徒留形式，不具史鉴意义了。

因此，我们应当以日本为戒，不要使二二八的纪念活动，流为只是喊口号，做表面文章。我们若不以历史科学、社会科学的知识为基础对二二八进行深刻的反思与总结，而使得立碑运动不过沦为一种情绪性的风尚，也未能跳脱政治秀的格局，岂非一种社会资源的浪费？非但失去纪念二二八的意义，也只是徒然增加社会成本，加重民众的负担而已。尤其我们应该力求使二二八亡灵的牺牲，成为落实台湾民主政治的助力，能像穗积桥一样，让台湾后人踩过，通向民主之路，而不是任其沦为政治人物做政治秀的题材，让二二八的历史意义风化，那就不单是二二八亡灵的不幸，更是台湾住民的不幸，民族的遗憾。

建立全住民真正能接受且完美的二二八纪念碑，进而把民族病变的后遗症治愈，并升华使其历史教训化，且期许其能更上一层楼，创造性地把它转化为"思想"。也就是说，把二二八思想化，才是有识人士由衷的期待及该抱持的课题。

　　二二八事件已经过了将近半个世纪，各方面的条件应已成熟，可以对此一台湾战后近代史上的重要事件，进行严肃理性的探讨了。时间的距离，足可以沉淀事件悲剧部分的情绪反应，而且还有存活的历史见证人、参与者，是有利的条件。

　　但是，过去 40 多年来，海峡两岸都政治禁忌重重，与事件相关的史料、文字资料，向来欠缺，并且普遍地有受到严重的政治干涉的痕迹。一般社会民众的记忆与反应，因长时期广泛地受压抑而扭曲。如今，虽然旧时代的禁忌解除了大半，新的政治禁忌却已悄悄登场，其中以围绕着台湾前途的争论，这种来自现实政治范畴的干扰，对学术研究的"客观"必要，伤害最多。

　　1981 年仲夏，一个十分偶然的机缘，我探访了流亡在大陆 30 多年的原台湾共产党员苏新。抵达北京之前，"苏新"两个字只是排印在文献资料上的一个"赤色分子"姓名，我所见到的苏新，是一个气色羸弱、烛泪渐干的枯瘦老人。我与他面对着面，在他空旷的客厅里坐下来，听他平静地述说他的时代——日本殖民统治者，国民党政权以及共产党政权。当我提出问题，尝试要印证事件的记载时，他的回答往往就会是一段血泪的故

《愤怒的台湾》作者苏新（庄嘉农），摄于北京，1981年夏天（叶芸芸摄影）

事。当时对我个人而言，最重要的，莫过于发现这位台湾政治运动史上的革命分子、马克思主义者，也不过是个喜怒哀乐的平常人。

这份体会，改变了我过去看待历史的僵硬心态。当时颇感意外，逐渐才能理解的是，总结苏新所谈的战后初期的台湾，与我从父亲生前所谈而得到的印象，大体上是一致的。而我原以为他们两人在政治上分属左右阵营，必然会有截然不同的看法。我所得到的启示是，在历史的领域摸索，不仅需要深厚的感情、宽阔的视野与胸襟，还要能超越预设的各种藩篱与情绪的纠缠，才可能在普遍性与特殊性之间融会贯通起来。

访问苏新的经验，是我在探讨台湾近代史的学习过程中，最重要的一个跨越。遗憾的是，那是我生平第一次做口述历史的探访，对自己颇不满意，但我再也没有第二次机会了。苏新在接受我的采访两个多月后，与世长辞。

此后数年来，我在北美、日本、台湾地区与大陆各地旅行，采访了数十位二二八事件的历史见证人。我并非历史学者，做这些工作，仅希望能搜集、累积一些资料，提供给将来学术界研究这段历史的学人。

1983年春夏，我与一群旅居海外而关心台湾和大陆的朋友，创办《台湾与世界》(1983年5月至1987年6月),这份在纽约市出版的月刊,虽然有其时代背景的特色——关怀支援台湾的民主运动、探讨台湾前途以及海峡两岸的沟通问题,也因戴国辉教授主持一个探讨二二八事件的专栏,将史料、资料有系统地整理,做客观的介绍与批判性的注解。我也陆续发表所整理的历史见证人访问记录,月刊因而有另一重要特色。1987年2月底,《台湾与世界》在纽约市(哥伦比亚大学)举办了一场两天的"二二八事件40周年纪念研讨会",邀请散居海峡两岸及北美的历史见证人与学术研究者共聚一堂,对此历史悲剧事件做了一次冷静的回顾与探讨。

我负责编写这本书中"悲剧的发生、经过和见证"一篇,主要依据已出版的或未出版的史料与资料,以及我过去历年来采访的口述历史记录。多年的采访,累积了一些见证记录,也积压了一些感受或心得。我深切领悟到的是,历史事件的原来面貌,实在是不可能重现的,这是历史研究的先天或说自然的限制。采访历史见证人,除了发掘历史的"事实"与"偶然",印证史料、资料或其他见证人的证言而外,更是历史写作的想象力的重要来源,最大的收获,乃是掌握历史人物的性格以及时代背景的气氛。但是口述历史采访也有陷阱,因为人的记忆是有选择性的(有意识的,或潜意识的),接受我采访的历史见证人也不会例外。每一个人的生命历程中,各阶段所经验的现实,都可能是干涉记忆的复杂因素。我在写作的过程,只能尝试在合乎逻辑的推论下,发挥有限度的想象力,而对史料、资料及口述记录加以合乎常理的判断与说明。但是,有时心底会浮现这样的问题:历史的原貌(事实),是否一定符合逻辑常理呢?

与戴国辉教授一起工作的经验是非常可贵的,对我最大的冲击,乃是他那份追根究底、求真的探讨精神。他的治学态度严谨,力主要有"以史为鉴"的反思和"可恕不可忘"的警惕,已经得到许多共鸣。

我希望借此书出版之际，感谢所有接受我采访的人士，在我写作过程中，给我鼓励与协助的朋友，以及我的家人。

叶芸芸于华府

1992 年 1 月 18 日

评《爱憎二二八》

杜继平 [1]

　　由台湾光复，经"二二八"事变，直到 20 世纪 50 年代，可说是战后台湾历史最关紧要的时期。

　　"台独"运动的萌生、两岸的长期分裂乃至今日的统"独"争议都可溯因至这个阶段。近年来，台湾何去何从? 人民应如何确立自我认同? 成为朝野各界争论不休的议题。

　　正如存在主义哲学家卡尔·雅思贝尔斯 (Karl Jaspers) 所说:"历史观给我们提供了场所，我们有关人的存在的意义就是从那里来的——历史图景便成为决断中的一个因素。"人作为有意识的动物，必须透过历史寻求自我认同，确定本身存在的意义，没有正确、真实的历史图景，也就无从做出正确的自我认同与政治判断。

　　然而，多年来，台湾战后史却一直未做全面、深刻的总结。也正由于缺乏坚实、正确的历史认知，有关台湾认同问题的论述与统"独"争议，

大多流于浮泛，论据之浅薄，甚至错谬屡见不鲜。"台湾往何处去？"的课题之所以长期陷于嘈杂无章的情绪性争论，难以获得妥善的解决，这不能不说是一项重要因素。

《爱憎二二八》正是针对这样的缺憾而写作的一本书。对"二二八"这个于战后台湾的社会政治发展有重大影响的历史事件，当局有近40年之久，讳莫若深；而"台独"人士长期以来，则走向另一个极端，不加科学分析地把"二二八"定性为"中国"人对"台湾"人的压迫所激成的"民族矛盾"，并利用镇压"二二八"所引起的民怨，大肆渲染被迫害的意识，鼓吹"台独建国"以累积其政治资本。在这两种极端中，"二二八"的真相遂湮没不彰，有关"二二八"的荒唐之言，谬悠之说，充斥于台湾内外。不少台籍人士因而感染了"台独"人士加工制造的"被迫害妄想症候群"，从而阻碍了对台湾前途问题的冷静思考，加深了统"独"争议的非理性化。《爱憎二二八》可说是在这正反两极的对立冲突后，辩证地产生出来的一部方法严谨、态度理性，真诚的高水平著作。

本书作者戴国辉教授在第一章中表白，他研究台湾战后史的目的在于追索台湾光复后，台湾人的身份认同问题，也就是："中国及中国人这个身份对我的'存在'有什么样的意义？"《爱憎二二八》即是作者多年思考研究这一问题的部分心血结晶。

作者研究"二二八"，一方面是把它放到近百年来中国在列强压迫下，挣扎求变以建立现代国家的艰苦历程中来考察；另一方面，也着重探讨台湾战后的重建与各殖民地国家民族解放运动的相异之处；再者，抗战胜利后的两年内，大陆各省也发生多起大规模民变，作者在本书中运用社会科学方法深刻地剖析了"二二八"事变之所以在台湾发生的特殊因素。

作者期望透过理性、科学的研究，破除历史的迷信、解开一些流妄已广的"二二八"神话，从而有助于台籍同胞厘清统"独"争议的本质，克服身份认同的危机，解决好"台湾往何处去?"的课题，以创造更美好的未来。

本书第一篇前二章探讨抗战胜利、台湾光复时，台湾与大陆的社会心理与政治状态。三、四两章则分析陈仪的为人为政与治台政策，深中肯綮地论述了在中国战后重建的历史背景下，"二二八"事件的肇因，并予陈仪不同乎流俗的公平评价。

由叶芸芸女士执笔的第二篇(五、六、七、八章)则运用大量不易取得的回忆录、口述历史与报章杂志的记载，对"二二八"的发生经过，做了相当平实的叙述与深刻的分析。

戴国煇教授并特别在第三篇中针对长期困扰台湾社会的"二二八"后遗症，如省籍问题、语言问题、认同危机与统"独"争议，以政治经济学、社会学、心理分析学等社会科学理论加以诊断剖析，希望台湾住民能早日克服、超越这些后遗症，弥合历史的伤痕，健康地迈向更合理的社会。

通观全书，作者一再强调理性认知与反思、内省的重要性。作者认为台湾住民必须突破美、日意识形态的樊笼，建立中华民族的主体性思考，才可望重建真正的尊严。

作者在第四章中，慨然指出:"'二二八'事变前后台民对秕政不满的表激愤之情与社会行为模式，基本上不脱'天真行为'(包括思维)(innocence)的范围。所可叹者，历经40年，今天反对派学、政界人士的思考与行为模式尚未对此范畴真正有所超越、克服，甚至于处处犹见当年痕迹。"作者认为"二二八"应该是台籍人士透过反思、自我检讨，克服 innocence 的契机，因此作者在书中屡屡指责"台独"人士不知理性分析"二二八"，以求将悲剧性的负面经验转化为正面的历史借鉴，反而利用"二二八"的伤痕，大搞蛊惑煽动，牟取政治利益，对于台湾学界中不知反思，或借"二二八"哗众取宠，曲学阿世之辈也严加批判。

本书两位作者俱为羁旅异国多年的台籍知识分子，爱乡爱国之心，充溢书中。但与"台独"人士不同的是，他们并不因炽热的家国之情而蒙蔽理智。相反地，他们以国族之爱为其价值理性，勉力求真求知，运用丰富的知识、严谨的社会科学方法。二来以有"恨事不恨人，可恕不可忘"的原则，做出扎实的"二二八"研究，为乡亲拨迷雾、进诤言，期待台湾社会能早日从"二二八"得到正确的教训，摆脱"innocence"（天真、无知），成熟而理性地思考两岸关系，共谋两岸的和平与中华民族的团结。但愿他们的努力功不唐捐，他们的期待也不致落空。

本文原刊于《光华》杂志第 17 卷第 4 期，1992 年 4 月，页 96—97

宿命的寂寞

陈映真

元月初，我在一个开会的场合，从电话中妻的哽咽里，知道了戴国辉先生病倒、送进加护病房的消息。虽然这之前的一年许，几次和戴先生见面，已经忧愁地看见他因肝病瘦了一大圈，但听说他倒下了，还是感到极为意外和震惊。

及至承蒙戴先生家属的好意，把探访加护病房的极有限的时间分给我到床边看他时，又是一惊。戴先生已沉落到最深的昏睡里，表情固然安详，无如令人痛感到戴先生确实正在一步步离去，不禁热泪盈眶。我在床边枯立片刻，突然想到据说昏迷中的人仍然心智灵明，便俯身向戴先生说："戴先生，请加油撑下去。朋友们都等您回来……"

元月九日。戴先生终竟与世长辞了。

一贯做事周详、认真的戴先生，对于病况猝然的恶化，想必也完全不曾料想到的罢。匆促间，留下多少事不曾交代、处理和安排，留下多少未竟的著述计划，留下终竟不能眼见民族重新和解与团结的缺憾，戴先生一定走得满怀遗恨，走得惊惶和不甘心。

一九七五年我远行回来，饥饿一般地搜读各种资料，其中就有戴国辉先生以日语发表的一篇文章。文章中说，十九世纪中后以降，中国在从历史的前现代向着历史的现代挣扎中，一切侵略与反侵略、内战与反内战的煎熬和痛苦，无非是中华民族迎向她的新生的胎血与胎痛（大意）。戴先生文章的题目，甚至文章的其他部分，于今竟已不复记忆。但唯独这一段话却极震撼了我的思想。一九七五年，我为自己的小说集作序：《试论陈映真》，便依了这一段话，以中国从前现代向着现代蜕变的阵痛，说明百年来中国的混沌和苦难。

一直到一九八三年秋末，我才能在美国的爱荷华市，第一次见到了心仪已久的戴先生。戴先生以他一贯的、对于后学的提携，找我做了一次对谈，刊在叶芸芸女士所主宰的《台湾与世界》上。

一九八七年晚夏，我因杂志《人间》的编务，去了东京。戴先生约我在一家日本餐厅见面。一大盘炸虾端出来后，戴先生一面抱怨我不会喝酒，一面给自己斟上一大杯冰啤酒。我们先是拉了一阵子家常，遂谈起《人间》杂志。

"编这样一本杂志，很辛苦吧。"

戴教授微笑着说。他于是问起那年七月号刊出的、有关仆倒在五〇年代白色肃清刑场上的革命家郭秀琮的报道。

"写得很不错。"

他沉吟着说。不料语声方落，戴先生猛然抓住了我的右手腕，低下头来，开始十分费力地吞咽着他突如其来的哭泣。我在他强力的握力和战抖，在他于公共场合也无法抑压的至深的悲恸中，沉默地坐着，一任他抓着我的手腕，守候着他从别人无从知道的心灵的风暴中恢复平静。

一分钟后，红着眼眶、擤过鼻涕的戴先生和我，都若无其事地说起别的事，吃完了一餐饭。

一直到今天，我从来不问，他也从来不说起那一场锥心的恸哭的缘由。但我却从戴先生那一次无法自抑的男儿之哭，无由来地、切肤地感觉到了他与郭秀琮那一代人与历史的刻骨的联系。

一九九二年，戴先生在他为与叶芸芸女士共著的《爱憎二二八》写的序文中，说到了在建中读书时，少年戴国辉在今日台北泰顺街"各路英雄"学长"聚合的'梁山泊'"里，听他们议论风发、受到强烈的"薰陶"；说到在二二八风暴中，这些"梁山泊"的学长对于事变的科学性分析，如何折服了年少的戴国辉；说到一九四九年"四·六"逮捕学生事件中，他的"同学、学长、老师或被捕，或逃逸大陆，一时风声鹤唳"；说到朝鲜战争爆发后"白色恐怖"铺天盖地而来时，他的"许多学识超卓、爱国、正直的同学、朋友、师长纷遭系狱、枪毙"，也说到他为"免遭无端牵连"，不在台北上大学，避祸到台中度过四年农学院的生活，终于在一九五五年悄然负笈于东瀛。

而根据调查资料，郭秀琮正是当时那"梁山泊"中热血青年所仰望的一颗明星。

对于我而言，戴国辉先生仿佛是从一个人们长期不被允许说和回忆的，遭到灭族血洗而彻底覆亡的、传说中的国度里侥幸活下来、变装逃脱，而又易服行走于今日市廛中的人。长年以来，我以尊敬默默地注视他的行止，倾听他的言说，阅读他的书。我于是看到，当台湾现当代史被机械地划分为加害者与被害者，戴先生却力言俗称的"被害者"中的"共犯构造"，足人反思。对于一时甚嚣尘上的"台湾民族论"和"台湾建国论"，他迭次提出科学性的、不媚世俗的反论；当日本殖民统治"有理""有益"之论盈耳，戴先生最早提出尖锐的批判；而当人们在煽动"台湾人"和"中国人"之间的对立与仇恨，戴先生却呼唤台湾汉族人在台湾开发史中对少数民族犯过的滔天"原罪"意识，并且在自己的生活实践中，深情地关怀台湾少数民族朋友和他们的运动……

一九九六年，戴先生任职于"总统府"，在一些朋友中招来一阵讶异和议论。一九九九年他辞职不久，我们相见于一茶室。

"别人说我'晚节不保'，为什么独独你对我不会置疑?"戴先生以日本语问我。

我笑而不答。及至去年，戴先生最后一趟到日本，有日本朋友告诉我戴先生在日本说我"最能了解"他。每想到一个从昔日的灾祸中侥幸活下来而行于今日市廛之人的彻底的孤独，不禁怅然。

如今戴国辉先生猝然走了。我不能不感到痛彻心扉的损失和悲哀。家族决定把戴先生的骨灰撒在祖国的海峡，归于大化，连墓碑都不留下来。

戴夫人林彩美女史和家族这样的决定，不但体现了对于戴先生朗朗铮铮的一生的理解，仿佛也深刻地理解了戴先生那宿命的寂寞的长途。

——原载 2001 年 2 月 10 日《中国时报》

洗涤的灵魂——悼念张光直与戴国辉先生

叶芸芸

这是记忆中最寒冷的一个冬天。二〇〇〇年只剩下最后的雨天，刚刚送走回来度假过节的两个儿子，当夜就来了一场大风雪。家又恢复了平日的秩序，两个人伴着一只名字叫作"星期四"的猫。整整有两天，门前的马路，看不到有过路的人烟车迹，尺深的积雪环绕着小屋，寂静无声，宛若冬眠。

二〇〇一年元月初五日，我从纽约的华人报纸上得知，张光直教授三日病逝于波士顿。当夜又接到兴夏小姐的越洋电话，告知戴老师病危的消息。

光直先生苦于帕金森氏症的折磨已经超过十年，因此听到他辞世的消息，比较不感到突然。戴老师一向硬朗而炯炯有神，虽然年前曾因肝疾住院，但是，怎么也想不到他竟然真的垮下来了。隔日，从台中赶去探望的旭弟，在台大医院门口来电话，报告戴老师弥留的病情。

终于，在美国时间九日的晚间，电话中传来彩美姐姐的哽咽："芸芸啊! 戴国辉走了。"

数日间，这世间的有心人突然就少了两位，怎不令人唏嘘不已呢。

同年同月同日生

张光直教授与戴国辉教授，不仅同年同月同日（一九三一年四月十五日）出生，如今又间隔仅六日相偕辞世。生命的起点与终结无由选择，只能叹说是巧合。不过，属于同一世代的他们，成长过程所经历的共同时代，影响他们一生行谊极为巨大，却是很明显的。

光直先生出生在沦陷的北京，十五岁才初次回到他父亲的故乡台湾：他说一口流利的北京话，说起闽南话也带着北京口音。客家籍的戴老师出生在桃园中坜，在日本"皇民化"运动下接受他早年的教育，他的闽南话带着客家口音。

一个在台湾，一个在大陆，少年的他们经历过被殖民、被征服的屈辱与挫折；他们也见证了殖民者、征服者、日本的败战，以及被殖民、被征服的祖国的惨胜。

战后初期，相遇相知于台北建国中学的少年张光直与戴国辉，目睹了那场惊心动魄的二二八事件。军警格杀民众，群众失去理性的暴行，都留置在他们少年敏锐的心灵；因为带着腔调的闽南话，他们还遭遇一些困扰与危险。

少年的他们曾经浪漫，曾经热切地关注人间的正义、国家民族的前途。随着国共内战政局的变化，朝鲜战争爆发后，全球冷战时代来临；白色恐怖铺天盖地而来。风声鹤唳的大逮捕声浪中，他们失去许多尊敬的师长与亲爱的友人；不仅如此，当时肃清思想的四·六学潮，十八岁的中学生张光直竟而有过一年多的牢狱之灾。

小心翼翼地，他们读完了大学，在五〇年代初期。光直先生舍弃了他所钟爱的文学，而在台湾大学读考古人类学；戴老师则远离台北，到省立台中农学院读农业经济。而后，携带着少年的困惑与伤痛，他们终于展翅飞翔，离开岛屿故乡的是非。光直先生到美国哈佛大学，戴老师到日本东京大学，各自继续在学术的领域，开展视野，奋斗不懈。

扎实丰硕的学术生涯

张光直先生以《古代中国的考古》，奠定学术地位。历任耶鲁大学、哈佛大学人类学系教授；历年获选为美国科学院、美国文理科学院及"中央研究院院士"。光直先生开创新的观点与研究方法，重建中国上古史青铜时代及殷商文明，贡献卓著。多年来，致力推动两岸考古与人类学研究的光直先生，对于台湾的考古学与人类学研究，更有开创性的贡献。二十世纪六〇年代，他就完成台湾第一个完整的考古遗址发掘"大坌坑：凤鼻头与台湾史前史"。二十世纪七〇年代，主持涵盖考古、历史、地理、地质的"浊水大肚两溪人地关系的研究计划"。二十世纪八〇年代，再主持"台湾史田野研究计划"。不仅提升台湾史与考古人类学研究的人文与科技的方法与材料；开启新的视野、观念与层次；并且，在故乡栽培了大批这方面的人才。

二十世纪九〇年代，光直先生应李远哲先生的邀请，回到台湾担任"中央研究院副院长"数年，并倡议促成"中央研究院台湾史研究所"之成立。

戴国辉先生以《中国甘蔗糖业之展开》奠定学术地位。历任日本亚洲经济研究所研究员，立教大学史学系教授、系主任、研究所所长、国际中心长；并在学习院大学及一桥大学兼任教授，是第一位在日本皇族大学任教的中国人。戴老师的研究主题，从台湾糖业经济史切入，而追溯到它的前史：七至十七世纪中国社会经济史的一个侧面《中国甘蔗糖业之展开》；从宽广的亚洲关系、中日关系、台日关系到东南亚的华侨史。而他最关注的当是台湾史，早在台湾史研究仍为禁忌的七十年代初，他就在东京领导一个台湾近现代史研究会。整整十年而编撰成《台湾雾社蜂起事件——研究与资料》，不仅揭穿日本殖民台湾的黑暗一面，也从学术上表达了他"汉族系台湾人"对台湾少数民族怀有"原罪感"的人道关怀。从二二八到白色恐怖，追寻战后史的悲剧真相，解读政治阴影下扭曲迷惘的认同危机；更而探察历史的鉴戒，对两岸问题有更深远的洞察。

一九九六年，戴老师以十八吨的货柜携带他的藏书返回故乡定居。出任"总统府国家安全会议咨询委员"，一九九九年辞职。

两代的情谊

当我初遇光直先生与戴老师的时候，两位先生都已经在大学任教多年，不仅在各自的学术研究领域拥有一席之地，并且独领风气。

我虽有缘有幸受教于他们两位，但是我离学术殿堂之门太远，不敢以弟子自居。两位先生的学术成就，留有等身的著作，不言自明。两位先生交游四海，桃李满门，追述先哲的行止也毋庸我多言不及义。不过，我与他们两位却各有一段比较不寻常的两代情谊。

光直先生尊翁张我军先生与家父叶荣钟曾经少年英雄惺惺相惜，并肩征战二三十年代的台湾新旧文学论战。原籍板桥的张我军虽然长期旅居北京，不过沦陷的北京比之被殖民的故乡，并没有好多少，也在日本军国主义的蹂躏之下。战后，壮年的张我军，在欢庆光复的热情殷切气氛中，携卷回到了故乡台湾，遂而与乡亲故旧一起经历战后初期的转折，二二八事件发生时，张我军与夫人正在台中市访问故旧好友，事件中家父卷入台中市的风起云涌；张我军与夫人一家则受到台中师范校长洪炎秋及台中友人的照顾。

劫后余生的父执辈们，在其后旋踵而至的白色恐怖年代，如果说养家活口之余，还有些许的慰藉，可能只是还有少数几个昔日志同道合的相扶相持。

张我军先生的名字我自小就耳熟能详，曾否见过英年早逝的他？却不能记得了。光直先生很早就离开故乡，我不曾见过出国以前的他；却知道他少年时代因政治思想惹来的麻烦，以至于必须由杨肇嘉先生等台籍大佬担保，才得以出国留学。这些大约都是在家里听来的吧！小时候我们住着一栋日本式建筑的房子，父执辈们在客厅谈话，我在纸门纸窗旁常会听到几句话头话尾。

早在六十年代初期，就曾在父亲的书桌上看过戴老师的论文，我相信他与家父相知是很早的。但是，他们的初次见面，却要迟到一九六九年秋，长期名列黑名单的戴老师，首次得以安全返乡访问之时。父亲当日的日记记载着，那是一见如故，相见恨晚的相遇。

一九七四年，父亲与母亲漫游美加数月，秋天返台途中，特别在东京逗留近月。而有机会一睹吴浊流先生所叹誉的"蓬莱第一峰"，浏览戴老师长年来独力收藏的有关东亚史、中国史、台湾史研究的书籍，并与戴老师所主持的台湾近现代史研究会的成员交流。深深受到感动的父亲，返回台湾之后竟然重振雄心，要为保存及研究台湾史再有一番作为，曾经请王诗琅与康宁祥两位先生陪同去找吴三连先生，希望能借重吴先生来推动一个台湾史料及研究的机构。

充满挑战的戴老师

家父在一九七八年过世后，又过了数年，我才有机会在北加州初会戴老师。年过半百的他，一脸童稚的挑战，几近俏皮地说："我竟然不知道叶荣钟还有个能拿笔的女儿！"那是一九八三年的春夏之交，他在加州大学柏克莱校区担任客座教授一年，我为答辩《台湾与世界》月刊而到湾区拜访作家邀稿。

即使是今日，想起自己给戴老师写的第一封信，依然会背脊发凉，而冷汗三斗。就在信封上，他大名戴国煇三个字，我竟写错了两个字；不止一次，我被他修理得面红耳赤。但是，我知道戴老师不是怪我不敬，这只是他行事认真、求学问追根究底的个性。

一九八三年，戴老师即以"梅村仁"之笔名，在《台湾与世界》月刊上开辟专栏"二二八史料举隅"；同时，他也极力鼓励我往口述历史的方向发展。此为日后我们在一九九二年出版《爱憎二二八》之滥觞。

那些年月，我一边办杂志，一边寻觅二二八事件的历史见证人，不时还往来太平洋两岸，进行口述历史的探访工作。另一方面，我也是一个四口之家的主妇，还有一份补贴家计的工作。因而心力交瘁，陷于低潮之时在所难免；这种时候，戴老师又是瞪着一对大眼睛，充满挑战地对我说："叶总理，这么一点挫折就气馁，怎么可以？""叶总理"是他给我的戏称，大约是因为从杂志到家务事，要我分心照顾的事情太多了。从来告诫我要远离政治的戴老师，因缘际会接受李登辉的邀请，于一九九六年返台担任官职，的确让许多朋友不了解。

希言不争的光直先生

初识光直先生是在一九七四年，那时他方逾越不惑之年，已经是耶鲁大学考古人类学系的资深教授。希言不争的气度，让他更像是个沉潜的长者。他总是称呼我"叶先生"，因为他是在北京出生长大的，我只当那是北京人的习惯。但是，受尊称为"先生"，对一个从台湾来的年轻女孩而言，确是从未有过的经验。

那时，光直先生很积极地推动两岸的考古与人类学研究。我离开台湾才只有两三年，对大陆与台湾的三〇年代文学、日据下的台湾左翼政治社会运动、二二八事件、国共内战、延安时代与长征的中共、一九四九年以后的大陆，甚至于蒋介石的秘闻等等，只要在台湾是禁忌的，我都有强烈的好奇。耶鲁大学的校园里有壁垒分明的中国同学会和台湾同乡会，又常有介绍新中国的电影与演讲。对于这些热闹的学生活动，光直先生也会出席，但是他很少发言，私下也很少表示意见。

有一次，光直先生却颇为认真地对我说，台湾人应该好好研究二二八事件；又说耶鲁大学的东亚图书馆就有不少资料，可以从当时的《新生报》着手。记得他还特别提到《新生报》的"桥"副刊；不过并不会告诉我，"桥"副刊上有他文学少年时期的文章，虽不能说是光直先生这一番话，就让我走上了二二八研究之途，但我的确是从那时候慢慢出发的。

一九七七年，光直先生回到哈佛大学任教，一九七九年文典完成耶鲁大学的学位，我们也跟着搬到南加州，见面的机会就少了。八十年代，我主持的《台湾与世界》有一个访问台湾人物的专栏，光直先生也欣然同意；我乃请当时在耶鲁大学深造的陈弱水与周婉窈负责、采访成稿《旧垃圾堆中建立起来的学问》(《台湾与世界》#26，1985.11)。

一九九七年春天，我和文典一起返台，特地到"中央研究院"去看光直先生。苦于帕金森氏症多年的他，刚动过一个胚胎移植的手术。虽然说话不很清楚，但是思路非常清楚，记忆力尤其惊人。那天他跟我提起两件事，一是一九八八年十一月我们在北京他的哥哥光正家中见面，当天家母也在场，于是他问家母是否仍健在？并说就是那次到北京之前，才诊断出他的帕金森氏症。另外一件是，他想把早年因四六学潮而入狱的事写出来。那时，他拿笔写字已经很困难了，直说可以用电脑打字写作真是太好了。

那也是我最后一次见到光直先生。

洗涤的灵魂

光直先生和戴老师的同一世代，有许多人之所以出国留学，是因为当时的台湾，实在是待不下去了；这样一种近乎逃亡的心理，在五十年代的留学生当中，具有一定的代表性。被殖民的怨恨屈辱、战争的悲欢离合、光复的狂喜、二二八事件的惊骇与白色恐怖的血腥，织成一席如影无形的丝网，难以解脱的"自我认同的困扰"之枷锁。

远离故土浪迹天涯的光直先生和戴老师，如何超越他们少年的梦魇？

那至为孤独的跋涉，转折煎熬的心路，我只能约略了解一二。光直先生和戴老师所体现予我的，乃是一种启示，也是永恒的鼓舞："历史之昨日"的负面确能升华，成为百般坚韧而向上的动力与智慧。他们洗涤了自己的灵魂，而成为心灵更为健康、更为自由的人。从而，他们尊严地接受，那缠绕着自身为中国的台湾人的责任。

（二○○一年三月九日 于长岛石溪）

——原载《传记文学》第七十八卷第四册

经典永流传

——《爱憎二二八——神话与史实：解开历史之谜》简体版编后记

雷玉虹

台湾的近现代史，是与百余年来中国与中国人从封建帝制时代艰难地迈向现代化的历程紧密相连的。甲午战败后，台湾被割让于日本，经历了50年的殖民统治。1945年第二次世界大战后台湾回归祖国不到五年又因国共内战而被迫与祖国大陆再度分离。在这一百多年来，台湾民众经历了日本殖民者的武装军事镇压、也经历过残暴的"皇民化"运动，还经历了"二二八事件""白色恐怖"与国民党当局长达38年的"戒严"统治，"解严"至今又经过了30余年剧烈的社会转型。了解这漫长的120多年来的历史情境下台湾民众的心理历程以及心态变迁，对关心祖国统一大业的研究者、决策者及普通民众都是一道难题，但却对国家的统一与中华民族的伟大复兴具有非常重要的意义。戴国辉、叶芸芸的著作《爱憎二二八——神话与史实：揭开历史之谜》为我们打开了理解台湾民众心理历程及心态变迁的一扇窗口。笔者与戴国辉教授的相识，正是《爱憎二二八》这部著作首次出版前后，曾经在各种场合听他提起"二二八事件"。现在一并记下，作为历史的证言。

《悲情城市》里映射的二二八事件

台湾回归祖国后仅仅一年四个月零二天即发生的"二二八事件"，是当代台湾史上最重要的历史事件之一，至今对台湾社会及两岸关系仍在发生着深远的影响。

从1945年盛夏到1955年深秋这十年间，我经历了台湾光复、二二八、"白色恐怖"这段台湾社会政治翻腾搅扰不已的多事岁月，其中掺杂了欣喜、愤怒、悲哀、壮怀激烈的各种复杂情绪，我的许多朋友、同学、师长在二二八、"白色恐怖"中，有的怨死莫名，有的慷慨赴义，有的身陷囹圄，饱受身心摧残。另一方面，我也眼见耳闻了数之不尽的公报私仇、政治权力倾轧、斗争、欺骗、勒索、出卖等卑鄙丑陋的邪恶行径。可以说，人性的崇高与卑劣、真实与虚伪在这过程中，交互呈现，做了最彻底无遗的展露。

这是戴国煇在《爱憎二二八》一书前言里的一段话。对我们这些一直生活在祖国大陆，成长于和平年代的人而言，理解这段话、理解二二八事件及其后的"白色恐怖"对台湾民众、台湾社会的影响其实是相当困难的。

但由吴念真、朱天文编剧，侯孝贤导演，陈松勇、梁朝伟等人主演，1989年上映并曾获得第46届威尼斯国际电影节金狮奖的台湾电影《悲情城市》，通过讲述台湾光复初期基隆林家四兄弟的人生故事，给我们直观地展示了光复初期到二二八到"白色恐怖"这样大的时代背景下台湾历史的一个小片段与其中的小人物们的人生际遇，向我们陈说了那个时代的台湾与台湾人面临的困境、痛苦与挣扎。据说戴国煇教授曾为这部电影的拍摄提供支持，里边的部分情节，如被日军征召到南洋当医生却一直未曾回台的老二的故事等，似乎也有戴国辉曾经的叙述中的他被日本殖民当局征召到南洋当军医却一直未能回到台湾的叔叔的影子。老四文清及其好友宽荣及他的朋友们的故事据说部分改编自台湾作家蓝博洲的纪实文学作品《幌马车之歌》中钟浩东烈士的故事。

笔者曾于1994年6月11日在东京立教大学国际中心听过戴国辉教授题为"《悲情城市》与二二八事件"的演讲，他对这部电影的部分解读至今仍令我记忆犹新：影片开头为1945年4月15日的下午，在日本天皇宣布无条件投降的广播声中，林家老大文雄小妾的儿子降生，取名林光明，代表着经历了50年殖民统治的台湾住民对光复后的新生活满怀希望。贯穿于整部影片中的闽南话、客家话、日语、上海话、普通话、粤语的同时使用，表明了光复当初，台湾社会并未形成一体，连岛内居民间可以彼此沟通的通用语言都没有。老三文良被流氓举报以"汉奸罪"被逮捕后，老大文雄花钱请上海流氓帮助疏通关系时，需要请人将其闽南话的发言翻译成粤语，再请人将粤语翻译成上海话，上海流氓才能了解大致意思。反之，上海流氓的话，需翻译成粤语，再翻译成闽南话文雄才能知道大概。可见当时台湾人在与外省人沟通时语言方面的困境。二二八事件后，文清被抓，在监狱里面送别奔赴刑场的狱友时，响起的却是日本军歌《幌马车之歌》的歌声。这是因为台湾人被日本殖民统治剥夺了表达的手段，就像在二二八期间，身为客家人的青年戴国辉也曾因为闽南语不灵光而被迫唱日本军歌证明自己的本省人身份一样，这其实是对日本殖民统治罪恶的一种控诉。宽荣和他的朋友们到山中打游击那一段，讲的是谢雪红领导的二七部队的故事。片尾文清送宽美去医院生产，几声类似枪声或鞭炮声的声音后，文清与宽美的孩子出现，其实寓意的是二二八事件被镇压后，台湾民众寄希望于刚刚诞生的新中国。那个牙牙学语的婴儿就是寓意刚成立的中华人民共和国。电影在宽荣等起义者被叛徒告密牺牲、文清下落不明、失去大陆的蒋介石国民党集团逃到台湾、"白色恐怖"的序章中结束。

如果不是戴教授的解读，我无论如何想象不出电影中表达的前述寓意。以二二八事件为背景的《悲情城市》给我带来的震撼，是极为强烈的，甚至可以说颠覆了我之前对台湾的认知，激起我对台湾民众身份认同问题的好奇心，并引起我对这一课题的持续的兴趣。至今我不敢说我已经能看懂这部电影，但多年来的研究，使我深深感觉到，厘清二二八及之后的"白色恐怖"这段历史，我们才能理解戴国辉这一代人对台湾人身份认同问题探索的意义。两岸的长期隔离，使两岸人民间失去了共同的历史体验，只有当彼此都愿意以同理心去倾听彼此的故事，去理解彼此的遭遇的时候，那真正的疗伤才会成为可能，两岸真正的民族融合才能达成。

在美国开启二二八研究风气之先

戴国辉自 1955 年 11 月赴日本留学后，以"中国台湾出生的客家系中国人"身份在日本一边努力在专业领域取得成功获得安身立命之本，一边开始搜集、整理二二八相关资料，发誓研究二二八事件的历史真相并持续关心故乡台湾的发展。但因为 20 世纪 70 年代末至 80 年代初，戴国辉曾有 13 年因思想左倾被国民党当局列入黑名单，不但不能回台湾，也不能在日本发表在台湾是学术禁忌的与二二八相关的研究文章及著作。

1983 年 4 月至 1984 年 3 月间，身为日本东京立教大学教授的戴国辉获得一年休假，受加州大学伯克利分校中国研究中心与亚裔美国人研究计划之邀，赴美任客座研究员，得以将多年来搜集的二二八研究史料公布于世，并产生比较大影响。叶芸芸女士是台湾日据时代抗日志士叶荣钟先生之女。自1981年起，叶芸芸在北美、日本与海峡两岸采访了数十位二二八事件历史见证人，积累了不少第一手资料。1983年5月，叶芸芸与一群在海外关心两岸关系走向的朋友创办了《台湾与世界》杂志。戴国辉自1983年8月始以"梅村人"为笔名在《台湾与世界》上开辟了"二二八史料举隅"专栏，公布其收藏的二二八史料并进行注释与讲解，持续了一年。叶芸芸也发表了她在海峡两岸的访谈实录。这是戴国辉首次将其搜集的资料公开与读者见面并就二二八事件发表观点。这段经历为此后两人合作写作《爱憎二二八》奠定了基础。

在北美的那一年，是戴国辉生涯中值得特别关注的一年，通过与美国的学术界的广泛交流，其学术影响力开始从日本、东南亚扩展到了北美的华人世界与海峡两岸。戴国辉的二二八研究成果开始被重视，他被主张统一的人士冠上"统派的理论大师"之名，也与陈映真一起被主张"台独"人士戴上"大中华民族沙文主义者"的大帽子，成为美、加地区主张"台独"人士批判的对象。

踏上父祖之地学术交流

1987年7月15日，台湾当局宣布解除实行了38年的"戒严令"，并开始开放老兵赴大陆探亲，两岸关系出现和缓局面。戴国辉之后开始频繁来往于两岸间进行学术交流，1991年并获得在台政治大学任职半年机会，开始着手写作《爱憎二二八》。

1988年11月27日，戴国辉第一次踏上几代人未曾回去过的父祖之地——祖国大陆。1991年7月戴国辉夫妇第二次访问大陆，从香港到北京、新疆、广东、福建、上海，访问了自己的祖籍地梅县和吴伯雄、李登辉祖籍地福建永定的吴氏祠堂、李氏祠堂，并访问了各地的一些二二八事件亲历者，搜集了不少相关史料。同年8月戴国辉在首次访问中国社会科学院台湾研究所时发表了一通很长的谈话，过程中曾有一些哽咽。他谈到了二二八事件给台湾同胞带来的冲击，还谈到"有的台湾人到海外喊'台独'，其实是反对国民党"。"台湾本省人痛恨国民党，这些你们要了解到"。查戴夫人林彩美女士编的《戴国辉事记》（林彩美等：《戴国辉这个人——含生平事迹与著作目录》，远流·南天，2001），他自己标记的当天演讲题目是"东西德问题"，其实谈的是海峡两岸的中国统一问题，因为当年5月戴国辉夫妇曾经访问了欧洲，考察德国统一问题，并参观了柏林墙遗址。

1992年7月28日至8月23日，戴国辉教授因姜殿铭所长的邀请再次前往中国社会科学院台湾研究所进行学术交流活动，先后给台湾研究所全体研究人员做了四次有关台湾历史与现状的学术报告。出生于日本殖民地时代的大连，精通日语，并曾经有过九年驻日经历的姜殿铭所长在戴国辉教授演讲前曾介绍道："戴国辉教授是目前为止到过我所访问的海内外学者中最重量级的学者，所以，我们要珍惜这个机会。"台湾研究所请一位学者连续为全所人员做四次演讲这也是无前列之事。

戴国辉解析1895年台湾被割让后一些台湾住民形成自己是被抛弃的'养女"心态。台湾光复初期在"恋母情结"之下热切盼望回到祖国。二二八事件浇灭了其对祖国的期待，其后遗症即是出现身份认同的危机。用精神分析的方法看，"台独"是一种情绪障碍症候群，是"台湾情结"负面发展的结果，是二二八前后台湾人的怨气没法发泄而形成的一种精神病。一些主张"台独"的人士常常利用二二八事件来炒作"台独"议题。把二二八事件作为"台独"运动的图腾以及他们谋取政治利益的工具。因此有必要对二二八事件进行理性分析，弄清事件源头戳穿其谎言。他还用"医生出走论"来形容当时台湾民众不愿意立刻统一但也不支持"台独"的心态。

《爱憎二二八》这本书，其实是受到了主张"台独"的人士的批评的。戴国辉曾说："我在台湾，大陆籍的马英九（20年后的2011年，已经当选为台湾地区领导人的马英九曾出席了2011年4月台北举行的《戴国辉全集》新书发布会，对戴国辉其人其著作皆给予高度评价，并当场购买了两套《戴国辉全集》，一套自己保存，一套赠与资料室）对我评价越高，我就越要挨台籍人的骂、挨民进党的骂，甚至我写的《爱憎二二八》，很多过去认识的朋友都误解了，以为我在帮国民党讲话。这表明老一辈台籍人受到国民党二二八白色恐怖的影响很深。这种情况怎么扭转，怎么克服，看来问题很多。最麻烦的是把外省人等同于中共，这是多少年没有克服的问题，这是台湾的政治文化。"

经典永流传

近三十年来随着台湾当局公布二二八事件的相关档案，各种有关二二八事件的研究成果如雨后春笋般涌现。但戴国辉、叶芸芸合著的《爱憎二二八——神话与史实：解开历史之谜》在二二八事件研究领域中的经典地位，依旧无法动摇。因为本书的价值不仅仅在其引用了丰富的史料，更在于本书并非一般史料的堆积与求证，而是站在历史哲学与政治哲学高度，结合了社会学、心理学、精神分析等多学科的视角，通过对这段历史进行动态的考察，尝试着将台湾战后这段历史纳入中国史、东亚史、世界史框架内，从理论层面进行诠释与解读，无论在研究方法或研究内容上都给人耳目一新的感觉。该书的分析框架不仅对于我们了解战后台湾的历史、社会变迁有所裨益，而且对我们理解同样具有殖民地经验的其他地区或者国家在后殖民时代的社会建设所面临及必须解决的问题也同样有益。所以，这虽然是一本研究战后初期台湾发生的二二八事件的专著，但其实是一本对了解后殖民社会面临的主体性价值重建问题的具有普遍性意义的学术著作。从这个角度而言，这也是一本分析有殖民地体验的社会如何去殖民化的著作。

戴国辉指出，经过日本帝国主义五十年的殖民统治，光复后的台湾面临着两大问题。其一是秩序的重建，即从殖民体制的秩序转而重新建构自主的新秩序和从战乱破坏的混乱失序中恢复和平常态的秩序。其二是价值体系的重建，即光复后，台湾人不应让日本殖民统治时期的殖民价值体系继续存在，必须创造出属于自己的自主性的价值体系。而此时的台湾民众也面临着从"日本统治下的本岛人"到"中国台湾省住民——台湾人"这一重大的身份转变。

日本帝国主义殖民统治时期的歧视性教育政策，使台籍知识分子非但人数不多，且缺乏成熟的自主性思考。再加上日据时代不允许台湾人从政，使台湾人内部的社会力量没有成型，台湾光复初期没有任何成型的政党或政治团体足以取代日本总督府的支配权力，以填补其权力真空，只有等待大陆"国军"的接收。当时的台湾民众对大陆并不了解，经过五十年殖民统治后，大家都在"恋母情结"下，一心一意想要回到祖国的怀抱，他们憧憬着一个既富强且美丽的伟大中国。但抗战胜利后，大陆地方割据局面尚未打破，在政治、社会、经济上都难以整合一体，国共内战爆发在即。赴台接收的军队及官员只知中饱私囊、发劫收财的恶劣行径使台湾民众甚为失望，使二二八有可能由一起稽查私烟引起的冲突引发全岛性的骚乱。

戴国辉从精神分析的视角，就二二八事件发生后导致的台湾同胞心中的"历史的伤痕"、认同危机、省籍问题与语言、统"独"争议的本质与导向等与当时台湾岛内政治相关的重要问题进行了学理上的探讨，并对"台独"的社会根源及"台独"主张进行了剖析。戴国煇指出，应该站在中华民族的主体性立场来思考、处理台湾民众的认同危机，才能真正解决这个问题。

戴国煇一直强调历史是过去与未来的对话，当为历史的过去决定当为历史的现在并影响当为历史的未来。在该书中提到的"二二八后遗症"、台湾人的"认同危机"、"价值观的重建"、殖民地社会的"共犯结构"、"社会的记忆"与"社会性记忆"的偏差现象等，不仅依旧存在于现在的台湾社会，也在深刻地影响着当下的两岸关系走向。

在面临百年未有之变局，中华民族正在迈向伟大复兴进程的当下，了解二二八的真相，了解台湾民众百年来的心理历程，对促进两岸人民间的相互理解与沟通，寻找两岸融合、两岸人民共建国家认同的路径具有重要意义。

感谢台湾的王震邦教授、朱云汉院士的鼎力相助，使我们能够看到现在身居美国的戴国煇教授生前好友、历史学家许倬云院士为戴教授的著作所做的解读，成就这篇讲述两个历史学家间故事的名篇。作为戴国煇教授的大陆同时代人的陈孔立教授的序，也使我们读到了两岸对峙的年代里两个学者之间的故事，成为理解我们这个大时代的历史证言。感谢本书的作者叶芸芸女士慷慨授予《爱憎二二八》一书的版权，并且允诺将其论文《洗涤的灵魂》收录于本书中，使我们能读到张光直与戴国煇两位老朋友间那些感人的故事。感谢陈映真夫人陈丽娜女士，同意将陈映真先生纪念戴国煇教授的遗作《宿命的寂寞》收录于本书中，使我们能够更加深入地认识戴国煇及他所处的时代。感谢徐秀慧教授的热情帮助，让我们能够在疫情中及时联络上身在美国的叶芸芸女士。感谢九州出版社的张黎宏社长、王守兵先生、王宇团队、郝军启编辑，中信出版集团王强团队，我的好友刘国奋研究员等为本书能够与大陆读者见面付出的努力。感谢戴国辉夫人林彩美女士、女儿戴兴夏女士、女婿陈封平先生为本书的出版所提供的支持。

在台湾海峡魂游两岸的戴国辉教授，应当会感到欣慰。十四亿中国人，终于可以读到他上穷碧落下黄泉、踽踽独行三十余载而写就的这部经典之作。